Paweł Machcewicz
Der umkämpfte Krieg

Deutsches Polen-Institut

Polnische Profile

Herausgegeben von
Dieter Bingen und Peter Oliver Loew

Band 5

2018
Harrassowitz Verlag · Wiesbaden

Paweł Machcewicz

Der umkämpfte Krieg

Das Museum des Zweiten Weltkriegs in Danzig
Entstehung und Streit

Aus dem Polnischen übersetzt
von Peter Oliver Loew

2018

Harrassowitz Verlag · Wiesbaden

Gefördert aus Mitteln der ZEIT-Stiftung Ebelin und Gerd Bucerius

ZEIT-Stiftung
Ebelin und Gerd
Bucerius

Polnische Originalausgabe: Paweł Machcewicz: Muzeum
© Znak Horyzont, Kraków, 2017

Gutachter der polnischen Ausgabe: Prof. Dr. Rafał Stobiecki

Der Text wurde für die deutsche Ausgabe behutsam gekürzt.

Redaktion: Julia Röttjer

Bibliografische Information der Deutschen Nationalbibliothek
Die Deutsche Nationalbibliothek verzeichnet diese Publikation in der Deutschen Nationalbibliografie; detaillierte bibliografische Daten sind im Internet über http://dnb.dnb.de abrufbar.

Bibliographic information published by the Deutsche Nationalbibliothek
The Deutsche Nationalbibliothek lists this publication in the Deutsche Nationalbibliografie; detailed bibliographic data are available on the internet at http://dnb.dnb.de.

Informationen zum Verlagsprogramm finden Sie unter
http://www.harrassowitz-verlag.de

Gedruckt auf alterungsbeständigem Papier.
Umschlag: Tatjana Beimler
Druck und Verarbeitung: Memminger MedienCentrum AG
Printed in Germany

ISSN 2197-6066
ISBN 978-3-447-11035-8

Inhalt

Peter Oliver Loew, Julia Röttjer

Zur Einführung: Ein Museum als Lehrstück – ein Museum als Warnung?

Die Entstehung des Museums des Zweiten Weltkriegs in Danzig und der Streit um dessen Ausstellungskonzept sind ein Lehrstück sondergleichen. Hier kann besichtigt werden, was das Aufeinandertreffen unterschiedlicher Vorstellungen von Geschichtspolitik und Identität im Herzen Europas bewirkt.

Eigentlich sollte das Museum Polens intelligente Reaktion auf bestimmte deutsche Versuche sein, einfache Antworten auf komplexe Fragen zu finden. Als Erika Steinbach und der Bund der Vertriebenen zu Beginn des neuen Jahrtausends ein »Zentrum gegen Vertreibungen« forderten, um an deutsches Leiden vor und nach Ende des Zweiten Weltkriegs zu erinnern, stand die Befürchtung im Raum, damit solle verborgen werden, dass Deutschland Flucht und Vertreibung der deutschen Bevölkerung durch seine Verbrechen im Krieg selbst verschuldet hatte. Als Antwort konzipierten Paweł Machcewicz und sein Team aber keine national verengte Gegenerzählung, sondern sie wollten in einem großen Wurf die immense Bandbreite völlig uneinheitlicher Kriegserfahrungen verschiedenster Nationen und Gruppen zeigen. Das Museum des Zweiten Weltkriegs sollte ein wahrhaft europäisches Museum werden, über den globalen Kontext des Kriegs berichten und gleichzeitig das Leiden Polens und der in Polen lebenden Menschen in einer europäischen Dimension erzählen, in der nur allzu oft Ostmitteleuropa eine Leerstelle bleibt.

Es ist aufschlussreich zu lesen, wie schon unmittelbar nach Bekanntgabe der Museumspläne Vertreter der nationalen Rechten in Polen gegen die geplante Ausstellung angingen: Sie zeige viel zu wenig vom Heroismus polnischer Waffentaten im Krieg und viel zu viel vom Leiden der Zivilbevölkerung, die polnische Perspektive würde durch die transnationale Darstellung ungebührlich verwäs-

sert und überhaupt handele es sich – welch eine schreckliche Anschuldigung! – um ein »Anti-Kriegs-Museum«.
Das Aufeinandertreffen einer an der Welt interessierten, selbstbewussten Geschichtserzählung und eines komplexbeladenen, auf nationales Leiden, Heldengeschichten und Exklusion fixierten Narrativs ist nichts, was es nur in Polen gibt. Alle national-populistischen Bewegungen der Gegenwart suchen Identitätsstiftung in Konfrontation zu transnationalen Sichtweisen und bemühen sich darum, vorgeblich nationale Eigenart als quasi sakralen Wert einer eigenartslosen Globalperspektive gegenüberzustellen. Nun ist dieser Streit in Polen besonders rasch eskaliert und hat seit 2015 ein anscheinend stabiles liberal-demokratisches Gemeinwesen kippen lassen. Insofern ist Paweł Machcewiczs sehr persönlicher Bericht über das Museum des Zweiten Weltkriegs nicht nur ein Beitrag zur Erinnerungskultur an den Zweiten Weltkrieg, sondern auch eine Fallstudie zu den Mechanismen einer institutionellen und diskursiven »Übernahme« durch die Gegner einer liberalen, offenen und europäischen Erzählung.
Paweł Machcewicz und sein Team haben sich bei Konzeption und Bau des Museums des Zweiten Weltkriegs vehement dafür eingesetzt, die polnische Erinnerungskultur zu modernisieren und mit einer innovativen Ausstellung zum Weltkrieg sogar an die Spitze der europäischen Erinnerungskultur zu stellen. Ihre Idee war die Verwirklichung einer transnationalen Perspektive, die es so in keinem großen Museum über den Zweiten Weltkrieg gibt – immer auf der Basis der polnischen Kriegserfahrungen, deren Spezifik durch den erweiterten Horizont umso mehr zum Tragen kommen sollte. Die Erzählung über den Krieg sollte aus einer rein militärischen Sichtweise befreit werden und so in erheblichem Umfang auf die historischen Kriegserfahrungen der Zivilbevölkerungen ausgreifen. Man merkt es dem Autor immer wieder an, mit welch großem Engagement die Museumsmacher seit 2008 am Werk waren. Und ihr Einsatz wurde immer größer, je größer die Angriffe auf das Projekt wurden. Nach der Regierungsübernahme durch die Partei Recht und Gerechtigkeit im Herbst 2015 und dem folgenden massiven Rechtsruck, der sich rasch mehr als ein Systemwechsel denn

als ein bloßer Machtwechsel entpuppte, herrschte, wie Machcewicz schreibt, tatsächlich Krieg: Mit allen Mitteln und Tricks versuchte die Regierung, die verhasste Ausstellung zu verhindern. Nicht nur die unmittelbar am Museum Beteiligten protestierten dagegen und verteidigten die Pläne für das Museum: Es gab ebenso Unterstützungsbewegungen in der Fachwelt (in Polen wie im Ausland), lokale Proteste Danziger Bürgerinnen und Bürger sowie Beistand durch Mitglieder von Veteranenverbänden und andere Angehörige der Erlebnisgeneration, die hier sehr wohl ihre eigene Geschichte wiederfinden konnten, die doch zugleich eine von zahlreichen möglichen polnischen Perspektiven ist. Immerhin gelang es der Museumsleitung, gegen immense Widerstände die Fertigstellung und Eröffnung des Museums durchzusetzen. Kurz darauf, im Frühjahr 2017, wurden sie dann abgelöst – oder, was es sicherlich besser trifft: herausgeworfen und abserviert.

Die Geschichte der Entstehung dieser Ausstellung über den Zweiten Weltkrieg und des für sie konzipierten Hauses sowie die Entfaltung des Konflikts wird hier aus einer größtmöglichen Nahperspektive erzählt, subjektiv, persönlich, kenntnisreich und schonungslos. Für die deutschsprachigen Leserinnen und Leser mag dieser Einblick in die polnische Streitkultur um Geschichte und Identität in mehr als einer Hinsicht erstaunen, nicht zuletzt wegen der Intensität der Debatte und der Polarisierung der Lager. Schnell wird allerdings deutlich, dass diejenigen, die derartige Auseinandersetzungen damit erklären, dass eben manchmal die politischen Vorlieben einer Regierung durch die der nächsten ersetzt werden und dass zu diesem Mechanismus immer zwei Seiten gehören, mit ihrer Simplifizierung fehllaufen. Die in diesem Fall vorgenommene Beschneidung der kulturellen Autonomie, der wissenschaftlichen Beschäftigung mit der Vergangenheit und der öffentlichen Debatte hat viel systematischeren Charakter und damit langfristige und schwer revidierbare Auswirkungen auf die Demokratie.

Es war klar, dass das Museum unter seiner neuen, von der polnischen Regierung und Kulturminister Piotr Gliński installierten Leitung versuchen würde, die Ausstellung rasch zu verändern. Doch so einfach war das nicht: Auf der einen Seite hatten sie es mit einem kohärenten und aufwändigen Projekt zu tun, das nur schwer modifiziert werden kann, auf der anderen Seite erklärte die alte Museumsleitung, sie würde gegen alle Eingriffe in die Ausstellung als Urheberrechtsverletzung gerichtlich vorgehen. Dennoch kam es zu ersten Veränderungen. So wurde, wie Machcewicz am Ende seines Buches schildert, der abschließende Film ausgetauscht – statt einer nachdenklich machenden Reflexion über die Kontinuität von Krieg und Gewalt bis in die Gegenwart ist dort heute ein patriotisches Heldenepos über den selbstlosen Kampf Polens im Zweiten Weltkrieg zu sehen. Außerdem wurden einige neue Exponate eingefügt und andere beseitigt. Gegen diese Veränderungen legte die alte Museumsleitung Anfang 2018 Klage ein. Weitere Veränderungen wurden im Februar 2018 angekündigt. So dachte die neue Museumsleitung etwa darüber nach, die Darstellung der Ermordung der Juden von Jedwabne zu modifizieren, um zu verhindern, dass der polnischen Bevölkerung pauschal Antisemitismus unterstellt werde.[1]

Es dauerte auch eine Zeitlang, bis ein neuer Beirat für das Museum gefunden war. Erst Anfang Februar 2018 veröffentlichte der Kulturminister dessen neue personelle Zusammensetzung. Es ist aufschlussreich, sich diese Runde genauer anzuschauen. War der Beirat zuvor international besetzt gewesen (von Timothy Snyder bis Ulrich Herbert), so finden sich hier nun ausschließlich polnische Männer: Historiker, die sich seit Jahren im konservativ-nationalen Lager bewegen, wie der Krakauer Historiker Andrzej Nowak und Sławomir Cenckiewicz, der mit einer umstrittenen Biographie über Lech Wałęsa und seine angebliche Spitzeltätigkeit für die kommunistischen Sicherheitsdienste hervorgetreten ist, sowie die drei schon Ende 2015 von der Regierung beauftragten externen Rezensenten der Ausstellung, der Journalist Piotr Semka, der in die Politik gewechselte Historiker Jan Żaryn und sein an der Universität Danzig tätiger Kollege Piotr Niwiński. Weitere Mitglieder sind der dezidiert konservativ-nationale polnisch-amerikanische Historiker Marek

1 Estera Flieger: »Dobra zmiana« w Muzeum II Wojny Światowej chce poprawić Jedwabne [Der »Gute Wandel« im Museum des Zweiten Weltkriegs will Jedwabne verbessern]. In: Gazeta Wyborcza vom 16. Februar 2018.

Chodakiewicz, der mit vielen kontroversen Äußerungen hervorgetretene deutsch-polnische Historiker Bogdan Musiał, der Leiter des Nationalen Instituts für Museumskunde, Piotr Majewski (nicht zu verwechseln mit dem ehemaligen stellvertretenden Museumsleiter Piotr M. Majewski), zwei Historiker des Instituts für Nationales Gedenken, ein Militärhistoriker, ein Kunsthistoriker, ein Vertreter eines Veteranenverbands sowie der Priester Jarosław Wąsowicz, der sich besonders für die Seelsorge der Fußball-Fanszene einsetzt und regelmäßig für eine radikal rechte Tageszeitung schreibt.[2]

Die programmatische Ausrichtung, die dieses Gremium verheißt, spiegelt genau die erinnerungskulturellen Absichten der nationalkonservativen Regierung wider. Auch die Museumsleitung selbst vertritt ähnliche Ansichten. Es wird interessant sein, zu beobachten, wie diese Männer in der nächsten Zeit mit der von ihnen vorgefundenen Ausstellung umgehen werden, die eigentlich ein ganz anderes Bild vermittelt als sie es gerne hätten. Es bleibt abzuwarten, wie die für die Konstruktion einer national erbaulichen Deutung offenbar neuralgischen Punkte, die in Paweł Machcewiczs Bericht bereits skizziert sind, von ihnen angegangen werden und was als unerwünschter Teil der eigenen Geschichte entfernt wird. Ebenso interessant wird es sein, die Reaktionen des Publikums zu verfolgen. Zumindest bis Februar 2018 erfreute sich die noch kaum veränderte Ausstellung eines ungebrochenen Interesses, wobei auch die zahlreichen ausländischen Besucherinnen und Besucher in der Regel äußerst angetan sind von der differenzierten Darstellung im Museum.

Das Museum des Zweiten Weltkriegs in Danzig zeigt eindringlich, wie umkämpft die Deutung dieses Kriegs in Europa bis heute ist, und wie weitreichend er die Erinnerungskultur des Kontinents bis heute dominiert. Der Blick über den Tellerrand in einen anderen nationalen Kontext erlaubt auch eine neue Perspektive auf die Erin-

2 Witold Mrozek: Minister Gliński wyznaczył nową Radę Muzeum II Wojny Światowej. A w niej: Cenckiewicz, Semka, senator Żaryn i ksiądz kibic [Minister Gliński hat einen neuen Beirat für das Museum des Zweiten Weltkriegs ernannt. Und darin: Cenckiewicz, Semka, Senator Żaryn und ein Fußballfan-Priester]. In: Gazeta Wyborcza vom 8. Februar 2018.

nerung in der eigenen Gesellschaft und die betriebene Geschichtspolitik, die zuweilen gar nicht als solche wahrgenommen wird. Gerade im Staat Polen, dem ersten Opfer und einem der Hauptleidtragenden des Kriegs, beeinflusst er bis heute individuelle Emotionen, kollektive Identitäten und die gesamte politische Landschaft. Mit dieser von Deutschen verschuldeten Bürde dürfen Polen und all die anderen Staaten und Opfergruppen des Kriegs nicht alleine gelassen werden. Insofern sollte das Schicksal des Museums des Zweiten Weltkriegs in Danzig auch in Deutschland niemanden kalt lassen.

Paweł ist ein toter Mann

»Paweł ist eine toter Mann«. Diese kurze Nachricht übermittelte einer unserer gemeinsamen Historikerkollegen einem meiner engsten Mitarbeiter im Museum des Zweiten Weltkriegs in Danzig zehn Tage nach der Regierungsbildung durch die Partei Recht und Gerechtigkeit (Prawo i Sprawiedliwość, PiS) im November 2015. Der Wissenschaftler, der der Partei nahesteht, habe dies von führenden PiS-Politikern gehört, zu denen er ein vertrauliches Verhältnis pflege; außerdem habe er eine Liste von Personen gesehen, die im Museum entlassen werden sollten. Wir hätten keine Chance.
Die folgenden knapp anderthalb Jahre waren nicht arm an deutlichen Worten und Aktivitäten gegen meine Person und das von mir geleitete Museum. Das kam nicht ganz überraschend, da uns Beschuldigungen von Seiten der PiS sowie der sie unterstützenden Kreise schon von Anfang an begleitet hatten. Jarosław Kaczyński warf uns das Fehlen eines »polnischen Standpunkts« vor und hatte schon 2008 behauptet, das Museum des Zweiten Weltkriegs sei ein Werkzeug, das der »Desintegration der polnischen Nation« dienen solle. Andere schrieben, wir würden Anweisungen aus Brüssel und Berlin ausführen.
Dennoch war ich nicht in der Lage vorherzusehen, welche vielfältigen Mittel die Regierung meines eigenen Landes gegen das größte in Polen entstehende Geschichtsmuseum einsetzen würde, um seine Eröffnung zu verhindern und seine Ausstellung zu verändern. Ich hatte erwartet, dass man mich absetzen würde. Was ich nicht hatte kommen sehen, war, dass der Kulturminister zu diesem Zweck ein anderes, fiktives Museum gründen würde, das nur auf dem Papier existierte, und dass er dieses als Werkzeug verwenden würde, um das Weltkriegsmuseum zu zerstören. Ich hatte auch nicht geglaubt, dass er an einem Freitagabend im April 2016 auf

der Homepage des Ministeriums unerwartet verkünden würde, dass unser Museum von diesem nicht existierenden »Westerplatte-Museum« übernommen werde. Noch kurz zuvor hatte es den Anschein gehabt, als könnten derlei Geschichten gar nicht passieren, sie schienen vielmehr einer Welt der grotesken Erzählungen und Theaterstücke des polnischen Autors Sławomir Mrożek anzugehören. Und ich hatte nicht vorhersehen können, dass das Museum zu einer der wichtigsten öffentlichen Angelegenheiten in Polen werden würde, zu einem Symbol für die Verteidigung der Freiheit der Geschichte und der Kultur vor dem Zugriff der Politiker.
Diese Geschichte verlief jedoch nicht nach dem Wunsch von Jarosław Kaczyński, was man nur von wenigen Entwicklungen in unserem Land seit Herbst 2015 sagen kann. Wir wurden nicht wie geplant in Windeseile von der Regierungs- und Parteiwalze überrollt. Wir leisteten Widerstand, wir verteidigten die Ausstellung und versuchten, die Eröffnung des Museums für die Öffentlichkeit zu bewerkstelligen. Um es mit Kriegsmetaphern zu sagen – es war eine Art Stalingrad und kein Blitzkrieg, wie ihn die Regierung erwartet hatte. Unterstützt wurden wir durch die Mobilisierung der Öffentlichkeit für unsere Sache und dadurch, dass die Gerichte nach Klagen von mir und vom Ombudsmann für Bürgerrechte die Beseitigung des Museums einige Monate lang aufhielten. Ein Wettlauf mit der Zeit begann, um so viele vollendete Tatsachen wie möglich zu schaffen: Den Bau zu beenden, mit dem Aufbau der Ausstellung im Gebäude zu beginnen, so dass es immer schwieriger werden würde, in Zukunft etwas grundlegend zu ändern. All dies geschah unter gewaltigem Druck, unter den Bedingungen ständiger Belagerung und Lähmung unserer Arbeit durch den Kulturminister und seinen ganzen Behördenapparat. Aufgrund meines Widerstands wurde ich zu einem öffentlichen Feind der Staatsmacht; die Politiker und die Propaganda der Regierungspartei warfen mir »fehlende nationale Sensibilität« und »Kosmopolitismus« vor, außerdem würde ich eine »deutsche Geschichtspolitik« betreiben. Als Historiker fühlte ich mich immer stärker an die Volksrepublik Polen erinnert, vor allem an den März 1968 mit seiner »antizionistischen« Hetzkampagne, die so wie jetzt eben auch von Menschen betrieben wurde,

die ständig die Sorge um den guten Namen Polens auf den Lippen führten. Nach bewährten, autoritären Vorbildern versuchte man, mich zu einer Person zu stilisieren, die für angebliche »Unregelmäßigkeiten« und Missbräuche beim Bau des Museums verantwortlich war. Der Kulturminister wies einen großen Teil seines Stabes an, Makel zu finden, die dazu verwendet werden könnten, mich und meine Mitarbeitenden zu kompromittieren. Trotz dieser ganzen Mobilisierung – es gelang ihm nicht.

Für viele Menschen war unser Kampf um das Museum eine Quelle der Hoffnung, dass man erfolgreich Werte verteidigen kann und vor Gewalt nicht kapitulieren muss. Im Laufe dieser vielen Monate des Arbeitens unter höchster Anspannung glaubte ich nicht daran, dass dies siegreich enden könnte, also mit der Eröffnung des Museums. Ich dachte, dass man nicht aufgeben dürfe, dass man bis zum Ende so viel versuchen müsse wie möglich. Doch ich hatte nicht gedacht, dass ich den Augenblick erleben würde, als wir im März 2017 das Museum fertigstellten und eröffneten. Ich führte als erste Besucherin die 96-jährige Joanna Muszkowska-Penson durch die Ausstellung, eine Verbindungsfrau des Bunds für Bewaffneten Kampf (Związek Walki Zbrojnej), die im Warschauer Pawiak-Gefängnis und im Konzentrationslager Ravensbrück gewesen war und sich in den 1980er Jahren im Untergrund für die Solidarność engagiert hatte. Für mich war sie ein Symbol für das Allerbeste in der polnischen Geschichte. Das Museum erzählt von genau solchen Menschen, anders als dies alle jene Lügen wollen, die hierüber öffentlich geäußert worden sind.

Nach diesem Augenblick des Triumphs veränderte sich die Lage blitzschnell, übrigens nicht zum ersten Mal in diesen vielen Monaten, die an eine emotionale Achterbahn erinnerten. Zwei Wochen nach der Eröffnung, im April 2017, wurde das bisherige Museum des Zweiten Weltkriegs mit dem Westerplatte-Museum vereinigt. Der Oberste Verwaltungsgerichtshof lehnte es ab, Stellung zu beziehen und stellte fest, dass diese Entscheidung nicht zu den Befugnissen des Gerichts gehöre, was es dem Kulturminister ermöglichte, seinen Plan durchzusetzen. Und so endete die Operation »Vereinigung der Museen«, die ein Jahr zuvor in jener Freitagnacht begonnen hatte. Unser Museum wurde formell aufgelöst und aus dem Register gestrichen. Es musste mich noch nicht einmal jemand entlassen, da die Institution, deren Direktor ich gewesen war, schlicht und einfach verschwand. Der Kulturminister gründete an ihrer Stelle ein neues Museum mit demselben Namen und besetzte es mit seinen Leuten, die die Aufgabe haben, die von uns geschaffene Ausstellung zu verändern. Das zerstört jedoch nicht das, was wir erreichen konnten. Das Museum kann nicht mehr geschlossen werden, die bisherige Ausstellung ist innerhalb einiger Monate von mehreren Hunderttausend Menschen besucht worden. Alle Veränderungen, die auf Anordnung der Regierung umgesetzt werden, müssen nun auf offener Bühne vor sich gehen, vor den Augen der Öffentlichkeit.

Diese Geschichte sollte, wie ich finde, von Anfang an erzählt werden. Es soll gezeigt werden, wie das Museum des Zweiten Weltkriegs entstand und wie wir die Ausstellung schufen, wie wir sie entgegen dem Willen der Regierenden eröffnen konnten – zumal man das Museum in Kürze vielleicht nicht mehr in der bisherigen Form betrachten kann, so dass dieses Buch ein Zeugnis von seiner Existenz sein wird.

I Die Anfänge

Es begann mit einem Artikel …

Alles begann mit einem Artikel, den ich im November 2007 in der Tageszeitung Gazeta Wyborcza veröffentlichte.[1] Ich schrieb hier über die deutsch-polnischen Auseinandersetzungen um die Geschichte, die sich in den vorausgegangenen Jahren intensiviert hatten. Im Zentrum stand die Diskussion darüber, wie die Aussiedlung der Deutschen nach dem Krieg einzuordnen sei. In Polen wurde das Vorgehen von Erika Steinbach und des Bunds der Vertriebenen sehr kritisch eingeschätzt. Negativ gesehen wurde aber auch eine umfassendere Entwicklung: Aus polnischer Sicht schien es nämlich, als würde sich ein wachsender Teil der deutschen Öffentlichkeit auf das Leiden der Deutschen im Krieg und direkt danach konzentrieren, auf die Opfer der Flucht vor der Roten Armee (u.a. durch die Geschichte des Schiffes *Wilhelm Gustloff*, an die etwa in Günter Grass' Erzählung *Im Krebsgang* oder durch einen vieldiskutierten ZDF-Film erinnert wurde), auf die alliierten Luftangriffe oder auf die »Vertreibungen« nach dem Krieg. Es gab Befürchtungen, dass dies zu einer Revision des Bildes vom Zweiten Weltkrieg führen könnte, um anstatt deutscher Schuld deutsches Leiden hervorzuheben. Den größten Widerspruch rief in Polen die Frage der »Vertreibungen« hervor, denen ein neues, vom Bund der Vertriebenen in Berlin vorangetriebenes Museum gewidmet werden sollte. Hierüber gab es in Polen einen sehr breiten, überparteilichen und die unterschiedlichsten Kreise umspannenden Konsens, etwas Außergewöhnliches in ei-

1 Paweł Machcewicz: Muzeum zamiast zasieków [Museum statt Grabenkämpfe]. In: Gazeta Wyborcza vom 8. November 2007.

nem politisch und ideologisch immer stärker polarisierten Land. In meinem Artikel in der Gazeta Wyborcza schrieb ich:

> Die meisten Stimmen auf polnischer Seite stellen seit Jahren in Frage, dass es Grund dafür gibt, die Zwangsaussiedlungen als eines der wichtigsten Probleme in der Geschichte Europas im 20. Jahrhundert besonders herauszuheben. Hierdurch würden sie aus dem Kontext des Zweiten Weltkriegs, der deutschen Aggression und der deutschen Verbrechen gerissen, ohne die es überhaupt keine Umsiedlungen gegeben hätte. Es sollte daran erinnert werden, dass in der Auffassung vieler deutscher Historiker und Medien die Deutschen in eine Abfolge ethnischer Säuberungen und Zwangsaussiedlungen integriert werden, die in Europa nach den Balkankriegen von 1912/1913 beginnen und deren moderne Gestalt die Gewaltverbrechen und Vertreibungen im Zuge des Zerfalls von Jugoslawien sind. Das Hauptübel ist in einer solchen Sichtweise der Nationalstaat, der Minderheiten eliminiert, und gemeinsamer Nenner zur Beurteilung und Ablehnung von solchen Vorgängen sind die Menschenrechte in ihrem modernen Verständnis. Dieser Logik zufolge verwirklichten die Polen, indem sie die Deutschen vertrieben haben, das Bestreben nach einem einheitlichen Nationalstaat. Sie waren Opfer der nationalsozialistischen Verbrechen, aber auch Verursacher des Leidens unschuldiger Deutscher. Ähnlich wie die Serben, die Verbrechen an Bosniern oder Albanern verübten. […] Eine solche Perspektive deformiert das tatsächliche Bild der Geschichte. Aber nicht nur. Sie relativiert – nicht direkt, doch durch die gewählte Sichtweise auf das 20. Jahrhundert – die Außergewöhnlichkeit der Erfahrungen, sowohl im Zweiten Weltkrieg als auch in den totalitären Systemen, ihr größtes Übel und die von ihnen begangenen Verbrechen, die sich nicht logisch in eine Ereigniskette aufnehmen ließen, zu der die Balkankriege, der Zerfall Jugoslawiens oder auch die umfassendste und kritischste Interpretation des Nationalstaats mit seiner Unterdrückung von Minderheiten gehörten.

In meinem Artikel schlug ich vor, dass die polnische Seite sich nicht auf halbherzige Proteste beschränken solle, die ohnehin nichts am Entstehen des in Berlin geplanten Museums- und Bildungszentrums zu den »Vertriebenen« ändern würden. Ich argumentierte, dass es eine viel bessere Lösung wäre, eine eigene Erzählung über den Zweiten Weltkrieg und seine Folgen zu präsentieren. Die in den vorherigen Jahren an Bedeutung gewinnenden internationalen Auseinandersetzungen (u.a. zwischen Polen und Deutschland, Polen und Russland) um die Interpretation der Ereignisse zwischen 1939 und 1945 sowie ihre Konsequenzen hatten ganz klar gezeigt, dass nach wie vor der Zweite Weltkrieg die zentrale Erfahrung der europäischen Nationen war: Ohne diese Erfahrung kann man die auf ihn folgenden Jahrzehnte nicht verstehen, auch nicht die Gegenwart. Es wäre am besten, so fuhr ich im Text fort, in Polen ein Museum des Zweiten Weltkriegs zu schaffen, das Europa und der Welt sämtliche Erfahrungen des Zweiten Weltkriegs zeigen würde, mit besonderer Berücksichtigung des Schicksals von Polen und anderen Ländern Ostmitteleuropas, die im Westteil des Kontinents und in den Vereinigten Staaten insgesamt wenig bekannt sind. Dies hatte natürlich eine viel größere Bedeutung als nur die deutsch-polnischen Auseinandersetzungen um die Geschichte zu beeinflussen. Das neue Museum sollte sich nicht nur an Polen und Deutsche richten, sondern an alle Europäer, potentiell auch an Besucher von anderen Erdteilen. Es war die selbe Forderung, die ich öffentlich schon in den Jahren zuvor geäußert hatte: zu versuchen, die historische Erinnerung des »alten« Europas zu erweitern, das jahrzehntelang am Eisernen Vorhang geendet hatte und sich nicht allzu sehr für die komplizierte Geschichte jener Nationen interessierte, die sich nach Kriegsende unter sowjetischer Herrschaft befanden und deren Kriegserfahrungen nicht Teil der Vorstellungen waren, die Westeuropäer über diesen größten Konflikt aller Zeiten hatten. »Es ist Zeit für eine polnische Initiative, die dem Platz angemessen ist, den wir in der Europäischen Union einnehmen könnten«, führte ich in der Gazeta Wyborcza aus, »wenn wir uns selbst nicht zur Isolation in ihr verurteilen, wenn wir uns nicht in einer belagerten Festung einigeln würden. […] Ein solches Museum, wie es in Europa bislang nicht existiert, wäre der Ort, um die ganze Kriegserfahrung zu zeigen, auch aus der Perspektive jener Nationen, die nicht nur den nationalsozialistischen, sondern auch den sowjetischen Totalitarismus erfahren haben.«

Der Artikel in der Gazeta Wyborcza erschien einige Wochen nach den Parlamentswahlen in Polen und dem darauf folgenden Regierungswechsel.[2] Ich rechnete damit, dass dies zu einer politischen Öffnung und Veränderungen in vielen Gebieten führen würde, sowohl bei der Reflexion über historische Bildung (ich habe den Begriff »Geschichtspolitik« nie gemocht, da er untrennbar mit der instrumentalen Nutzung von Geschichte zusammenhängt) als auch bei dem Versuch, die stockenden deutsch-polnischen Beziehungen neu zu beleben, die in den vergangenen Jahren folgenreich von den Auseinandersetzungen um die Geschichte belastet worden waren. In meinem Artikel schrieb ich, dass der neue Ministerpräsident Donald Tusk die Einrichtung eines Museums des Zweiten Weltkriegs während seiner ersten Besuche in den europäischen Hauptstädten verkünden könnte, womit es sofort zum Gegenstand einer breiteren Debatte werden würde. Eine so rasche und positive Reaktion hätte ich aber nicht erwartet. Ehrlich gesagt ging ich eher davon aus, dass es gar keine Reaktion geben würde. Donald Tusk hatte ich nie zuvor getroffen. Ich war sicher, dass er nach der Übernahme der Regierungsgeschäfte viel wichtigere Dinge zu tun hätte als die Gründung eines Museums. Doch bald nach der Veröffentlichung des Artikels in der Gazeta Wyborcza bat mich Wojciech Duda darum, meine Überlegungen zu erweitern. Duda war Chefredakteur der geschätzten intellektuellen Zeitschrift Przegląd Polityczny und seit kurzem auch Berater von Ministerpräsident Tusk. Wir kannten uns, weil ich früher einige Texte in seiner Zeitschrift veröffentlicht hatte. Auf seine Bitte hin schrieb ich einen Text, in dem ich den Plan für eine Museumsgründung detaillierter erläuterte. Er wur-

2 Nach den Parlamentswahlen im Oktober 2007 wurde die von 2005 bis 2007 regierende PiS durch die liberalkonservative Partei Bürgerplattform (Platforma Obywatelska, PO), in Koalition mit der gemäßigt konservativen Polnischen Bauernpartei (Polskie Stronnictwo Ludowe, PSL) abgelöst [Anm. der Redaktion].

de Tusk vor seinem Besuch in Berlin im Dezember 2007 übergeben, wo – wovon auszugehen war – die deutsche Seite die Frage eines »Museums der Vertreibungen« ansprechen würde, also eines »Sichtbaren Zeichens gegen Flucht und Vertreibung«, wie man es mittlerweile in Deutschland nannte.

Ich schrieb in meinem Papier unter anderem:[3]

> Das Schicksal der Polen und der anderen Nationen Ostmitteleuropas im Krieg ist – abgesehen von einem schmalen Kreis von Spezialisten – im Westen sehr wenig bekannt, und die Entstehung eines ›Sichtbaren Zeichens‹ kann diese ungute Lage nur verfestigen, indem es die Aufmerksamkeit der deutschen und europäischen Öffentlichkeit auf das Leiden der Deutschen lenkt, das sie u.a. durch polnische Hände erlitten haben. Diese Gefahr ist selbst bei einer maximalen Europäisierung des ›Sichtbaren Zeichens‹ unvermeidlich, selbst wenn also dort auch die Zwangsumsiedlungen anderer Nationen gezeigt werden, darunter der Polen. Die bisherigen Erfahrungen etwa aus Ausstellungen und Veröffentlichungen in Deutschland zeigen, dass die tatsächlichen Ursachen der Ereignisse (Zweiter Weltkrieg, die deutschen Verbrechen) auch in einer derart höchst ›offenen‹ Sicht marginalisiert werden. Die Umsiedlungen werden vielmehr als Effekt der in Europa seit Beginn des 20. Jahrhunderts, seit den Balkankriegen von 1912/1913 bestehenden Bestrebungen zur Entstehung von Nationalstaaten ohne ethnische Minderheiten gezeigt werden. Da sich wahrscheinlich ein ›Sichtbares Zeichen‹ in Berlin in irgendeiner Form nicht verhindern lässt, *ist es notwendig, dass die polnische Seite bei diesem ›Erinnerungsstreit‹ mit einer eigenen Initiative hervortritt.* Sie müsste zeigen, dass wir eigene Pläne haben, die sich nicht alleine darauf beschränken, die deutschen

3 Paweł Machcewicz: Muzeum Drugiej Wojny Światowej w Polsce jako przeciwwaga wobec »widocznego znaku« w Berlinie [Ein Museum des Zweiten Weltkriegs in Polen als Gegengewicht gegen das »Sichtbare Zeichen« in Berlin], o.D. [11–12/2007]. Archiv des Verfassers.

> Projekte zu negieren. *Dies könnte darin bestehen, in Polen ein Museum des Zweiten Weltkriegs zu errichten.* [Hervorhebungen im Original]

Ich verwies auch darauf, dass die Verwirklichung eines Museums des Zweiten Weltkriegs in symbolischer Hinsicht von großer Bedeutung wäre:

> […]
> - sie würde verhindern, dass das deutsche und europäische historische Gedächtnis vom Problem der ›Vertreibungen‹ dominiert werden würde;
> - sie würde deren tatsächliche Ursachen und den Kontext aufzeigen, also den Krieg, die Besatzung, die von den totalitären Diktaturen (Drittes Reich und Sowjetunion) begangenen Verbrechen, die Opferrolle der Polen und anderer Nationen;
> - sie würde die westliche Öffentlichkeit mit der historischen Sensibilität der Polen und anderer Nationen Mittel- und Osteuropas vertraut machen, die sich einem solchen Projekt sicherlich anschließen würden, etwa der baltischen Staaten; es wäre insbesondere wertvoll, den Westeuropäern zu zeigen, dass für ihre ›jüngeren Brüder‹ in der Europäischen Union nicht nur der Nationalsozialismus, sondern auch der Kommunismus etwas Schlimmes war.

Während seines Besuchs in Berlin stellte Donald Tusk Kanzlerin Angela Merkel die Idee des Museums als einer Alternative zum »Vertriebenenmuseum« vor, erreichte aber nicht, dass die deutsche Seite auf ihre Pläne verzichtete, ein »Sichtbares Zeichen« zu schaffen.[4]

4 Jędrzej Bielecki: Propozycja Tuska dla Merkel [Ein Vorschlag von Tusk an Merkel]. In: Dziennik vom 10. Dezember 2007; ders.: Tusk z Merkel o Gdańsku [Tusk und Merkel über Danzig], in: Dziennik vom 11. Dezember 2007. In derselben Nummer ein Gespräch mit Wojciech Duda: To muzeum powinno być słynne jak Yad Vashem [Dieses Museum sollte so bekannt sein wie Yad Vashem].

Dieses so rapide Aufgreifen und Publikmachen meiner Idee empfand ich als Ausdruck des eindeutigen Willens, die deutsch-polnische Sackgasse auf dem Gebiet der Geschichte zu verlassen, aber auch als Ergebnis einer Suche des Ministerpräsidenten (und zugleich auch Historikers, denn er hat an der Universität Danzig Geschichte studiert) nach neuen Einfällen gleich zu Beginn seiner Amtszeit. Meine Idee war in einem außergewöhnlich passenden Augenblick und unter den bestmöglichen atmosphärischen Umständen aufgekommen, hatte aber auch das Glück, eine besonders wohlmeinende menschliche Konstellation vorzufinden – Historiker an der Macht. Denn Historiker war auch Wojciech Duda, Tusks enger Freund noch aus der Studienzeit. Gemeinsam hatten sie den PRZEGLĄD POLITYCZNY schon herausgegeben, als er in den 1980er Jahren noch im Untergrund erschien. Dadurch wurde aus den wenigen Seiten Zeitungsartikel, die ich im November 2007 aufs Papier geworfen hatte, bald darauf tatsächlich ein Plan zur Schaffung eines großen historischen Museums. Das war auch für mich selbst eine Überraschung. Historiker veröffentlichen viele Texte, manchmal auch für eine große Öffentlichkeit in vielgelesenen Zeitungen, doch die meisten von ihnen haben keine konkreten Effekte. Diesmal sollte es ganz anders kommen.

In den folgenden Monaten bereitete ich auf Bitten von Wojciech Duda und dem Chef der Kanzlei des Ministerpräsidenten, Tomasz Arabski (der aus demselben Danziger Milieu kam), einige weitere Papiere zu dem Museum vor, über die Form der Hauptausstellung, aber auch über die notwendigen organisatorischen Schritte. Donald Tusk entschied, dass das Museum in Danzig entstehen solle, in der Stadt, in der er geboren worden war und in der er den Großteil seines Lebens verbracht hatte. Für diese Wahl sprachen wichtige historische und symbolische Argumente: Erstens die in die Danziger Bucht hineinragende Halbinsel Westerplatte, die am 1. September 1939 vom deutschen Kriegsschiff *Schleswig-Holstein* angegriffen wurde – diese Ereignisse gelten nach der in Polen vorherrschen-

S. auch das Interview: Die Geschichte ist wieder Ballast. Gespräch mit Donald Tusk. In: FRANKFURTER ALLGEMEINE ZEITUNG vom 10. Dezember 2007.

den Interpretation als die ersten Schüsse des Zweiten Weltkriegs. Zweitens war Danzig auch Symbol auf dem polnischen Weg zur Freiheit – hier hatte im August 1980 der Streik auf der Werft stattgefunden, der zum Entstehen der Solidarność geführt hatte. Von diesen Ereignissen sollte das in Danzig bereits entstehende Europäische Solidarność-Zentrum berichten. Das Museum des Zweiten Weltkriegs sollte die andere Seite dieser Geschichte zeigen, und gemeinsam würden sie ein großes Diptychon über die Geschichte Polens und Europas im 20. Jahrhundert bilden.

Anfangs war ich dafür, das Museum des Zweiten Weltkriegs in Warschau zu bauen, doch als ich häufiger nach Danzig fuhr und die Stadt kennenlernte, musste ich einräumen, dass das Museum sehr gut in die lokale Geschichtslandschaft passte. Es würde auch Nutznießer des gewaltigen Touristenbooms werden, den die Stadt erlebte. In Warschau gab es schon einige historische Museen, an der Spitze das Museum des Warschauer Aufstands. Weitere entstanden: das Museum für die Geschichte der Polnischen Juden, das Museum der Geschichte Polens, bald darauf auch das Józef-Piłsudski-Museum. So gesehen war Danzig tatsächlich eine gute Wahl. Tusk hatte beschlossen, dass das Museum ausschließlich mit polnischem Geld gebaut werden sollte, nicht in Partnerschaft mit internationalen Institutionen wie dem Europäischen Parlament oder dem Europarat. Dies hatte ich in einer relativ frühen Notiz vom Dezember 2007 vorgeschlagen, als ich darin einen Weg sah, um dem Museum einen möglichst großen Einfluss auf die europäische öffentliche Meinung zu sichern, aber auch um Geldmittel einwerben zu können, an denen es im polnischen Staatshaushalt mangelte, vor allem für Museen. Als später die Angriffe auf das Museum des Zweiten Weltkriegs einsetzten, als man uns »Kosmopolitismus«, »Pseudouniversalismus« vorwarf oder auch, »den Interessen Berlins und Brüssels zu dienen«, stellte sich heraus, dass Tusks Entscheidung mit Sicherheit richtig gewesen war, obwohl uns dies nicht davor bewahrte, dass man uns »Verrat« vorwarf, was und noch jahrelang begleiten sollte.

Bald darauf wurde aus dem Umfeld des Ministerpräsidenten der Vorschlag geäußert, ich solle mich der Entstehung des Museums annehmen. Als ich meine Idee veröffentlichte, hatte ich nicht im Geringsten daran gedacht, Direktor eines Museums zu werden und damit eine gigantische Aufgabe zu übernehmen, die nicht nur darauf beruhen würde, eine Ausstellung zu erstellen, sondern auch ein Gebäude hochzuziehen und die Verantwortung für alle organisatorischen, rechtlichen und finanziellen Dinge zu tragen. Ich hatte allerdings Erfahrungen bei der Neugründung einer anderen großen Institution gesammelt, des Instituts für Nationales Gedenken (Instytut Pamięci Narodowej, IPN). Diese Geschichte ähnelte der des Museums ein wenig. Ich wurde im Jahre 2000 Direktor und zugleich erster Mitarbeiter des Büros für Öffentliche Bildung des IPN. Ich dachte mir ein Arbeitsprogramm aus, stellte Mitarbeiterinnen und Mitarbeiter ein und leitete das Büro über fünf Jahre lang. All dies geschah in einer Atmosphäre großer Kontroversen, da die Gründung und Tätigkeit des Instituts vom linksliberalen Teil der polnischen Öffentlichkeit kritisiert wurde. Ohne diese Erfahrungen hätte ich es sicherlich nicht in Betracht gezogen, ein Museum auf die Beine zu stellen. Da ich mich in meiner Arbeit für das IPN mit historischen Themen befasst hatte, die ein gewaltiges öffentliches Interesse und rege Auseinandersetzungen hervorriefen – etwa die Dokumente des kommunistischen Sicherheitsapparats oder das Verbrechen von Jedwabne –, war ich vom Bazillus der »öffentlichen Geschichte« (*public history,* wie die Angelsachsen sagen) infiziert worden.

Ich war mir jedoch darüber bewusst, dass die Aufgabe dieses Mal noch schwieriger werden würde als im IPN, selbst wenn ich überhaupt nicht voraussehen konnte, was das in den kommenden Jahren alles mit sich bringen würde. Dabei verspürte ich gar kein großes Bedürfnis, mein Leben zu ändern. Ich arbeitete einerseits am Institut für Politische Studien der Polnischen Akademie der Wissenschaften, dem ich seit dessen Entstehung 1990 verbunden war. Außerdem lehrte ich an der Nikolaus-Kopernikus-Universität Thorn, wo ich viele ehrgeizige, intelligente Studierende hatte – die Arbeit mit ihnen machte mir viel Freude. Ich hatte ein Buch über Radio Freies Europa veröffentlicht, das auf langjährigen Forschungen gründete; ich hatte schon Pläne für weitere Bücher, und schließlich war auch die Verleihung des »großen« Professorentitels durch den

Staatspräsidenten weit gediehen – ich erhielt ihn schließlich im Februar 2009 durch Präsident Lech Kaczyński. Es gab also keinen Anlass, mein Leben auf den Kopf zu stellen. Wenn ich überhaupt an Veränderungen dachte, dann eher an den damals an der Columbia University in New York geschaffenen Lehrstuhl für Polenstudien. Man streckte von dort Fühler aus, ob ich nicht Interesse hätte. Eine Professur an einer der weltbesten Universitäten hätte natürlich völlig neue Lebens- und Wissenschaftsperspektiven eröffnet, doch war ich damals nicht dazu bereit, Polen für längere Zeit zu verlassen.
Nach einigen Wochen Zögern, Gesprächen mit der Familie und Freunden entschloss ich mich aber, den mir im Namen des Ministerpräsidenten unterbreiteten Vorschlag anzunehmen. Ich war zu dem Schluss gelangt, dass ein solches Angebot, ein großes Geschichtsmuseum nach eigenen Vorstellungen von Grund auf aufbauen zu können, absolut einzigartig ist, sich nie wiederholen würde und dass ich es trotz allem versuchen sollte, unabhängig von allen Zweifeln und von der Notwendigkeit, mein eigenes Leben revolutionär zu ändern. Ich wurde also 2008 Bevollmächtigter des Präsidenten des Ministerrates für Fragen des Museums des Zweiten Weltkriegs, und zwar am 1. September, an einem Datum, das für eine Einrichtung, die über die Geschichte des Kriegs berichten sollte, von symbolischer Bedeutung war.
Das Museum war formell noch nicht gegründet. Um also vorbereitende Arbeiten in Angriff nehmen zu können, erklärte ich mich damit einverstanden, als Berater des Ministerpräsidenten in seiner Kanzlei zu arbeiten. Nun hatte ich ein organisatorisches Standbein in Warschau, ein Sekretariat und die Möglichkeit, Begegnungen zu arrangieren und Menschen zu erreichen, die über die Gründung des Museums und die Finanzierung seines Baus entschieden. Ohne diese Möglichkeiten wäre das Museum wohl nie verwirklicht worden, doch meine nominelle Funktion als Berater von Donald Tusk sollte später noch oftmals gegen mich verwendet werden. Ich sollte beschuldigt werden, selbst zum Politiker geworden zu sein.

Ein Museum, aber was für eines?

Einer der ersten Schritte, noch vor der formalen Gründung des Museums im Dezember 2008, war es, seine Form und vor allem seine Ausstellung flüchtig zu skizzieren. Krönung dieser einleitenden Etappe war eine Ausarbeitung mit dem Titel *Museum des Zweiten Weltkriegs – Grundlagen eines Programmkonzepts,* die ich gemeinsam mit Piotr M. Majewski vorbereitete, einem Historiker an der Universität Warschau. Ich kannte ihn von unserer früheren, gemeinsamen Arbeit in der populärhistorischen Monatszeitschrift MÓWIĄ WIEKI. Wir schrieben, dass das polnische Schicksal in dem Museum besonders herausgestellt werden müsse, allerdings vor einem breiteren Hintergrund, als Teil der Geschichte Europas und der Welt. Wir erklärten gleich zu Beginn:[5]

> Eine der Möglichkeiten, die Proportionen zwischen den polnischen und den ›fremden‹ Dingen ausgewogen darzustellen, könnte es sein, in der Erzählung eine vergleichende Perspektive zu wählen. Sie könnte dazu dienen, Ähnlichkeiten und Unterschiede zwischen dem Charakter des Kriegs und der Besatzung in Westeuropa und in Ostmitteleuropa aufzuzeigen.

Außerdem unterstrichen wir, dass dort, wo dies möglich wäre, die Spezifik des Kriegs und der Besatzung in Pommerellen, also im Gebiet rund um Danzig, aufzuzeigen wäre. Dadurch könnte das Museum auch ein Teil der lokalen historischen Landschaft werden, und zwar ein sehr interessanter, der zugleich Motive von universeller Bedeutung vereinen würde. Wir machten auch deutlich, dass wir ein Kriegsmuseum schaffen wollen, aber kein Militärmuseum, wie es auf der Welt viele gibt. Im Zentrum unserer Aufmerksamkeit sollte die Zivilbevölkerung stehen, die das Hauptopfer des Krieges war. Dies sollte später einer der ständigen Vorwürfe gegenüber dem

5 Paweł Machcewicz, Piotr M. Majewski: Muzeum II Wojny Światowej – zarys koncepcji programowej [Museum des Zweiten Weltkriegs – Grundlagen eines Programmkonzepts]. In: PRZEGLĄD POLITYCZNY Nr. 91/92, 2008, S. 46–51; Historikerdiskussion: S. 52–62; ebenfalls über die Museumsidee äußerte sich der Historiker und Philosoph Krzysztof Pomian (S. 62–65).

Museum werden – neben dem Vorwurf, wir würden auch die Erfahrungen anderer Nationen berücksichtigen.
Relativ viel Beachtung schenkten wir den Zwangsumsiedlungen, die damals im Zentrum der deutsch-polnischen Auseinandersetzungen standen:

> Die Narration über die Zwangsmigrationen sollte von den Aktionen des Dritten Reichs und der Sowjetunion im Kriegsverlauf direkt seit Beginn ausgehen (Deportation von Polen aus Pommerellen und Großpolen bereits 1939, »Befriedung« des Zamośćer Landes, Vertreibung der Bevölkerung von Warschau nach dem Ausbruch und der Niederschlagung des Warschauer Aufstands 1944, Umsiedlungen von Volksdeutschen durch das Dritte Reich aus dem Baltikum, aus der Sowjetunion, aus Rumänien und Südtirol, Deportationen von Polen und Balten innerhalb der Sowjetunion 1940 und 1941, auch von Wolgadeutschen, Krimtataren, Inguschen, Karatschaiern, Kalmücken u.a. seit 1941). Erst vor diesem Hintergrund können die Flucht der deutschen Zivilbevölkerung vor der heranrückenden Roten Armee und die Aussiedlung der Deutschen aus Polen, der Tschechoslowakei, Ungarn und Jugoslawien sinnvoll gezeigt werden.
> […]
> [Dies ist] einer der wichtigsten Abschnitte der Ausstellung, der zeigen soll, dass die Aussiedlung der Deutschen nach Kriegsende nicht das Ergebnis von Bestrebungen zur Schaffung einheitlicher Nationalstaaten war, wie dies der Bund der Vertriebenen erklärt, sondern vor allem die Fortsetzung von Zwangsmigrationen, die zuvor in bis dahin ungekanntem Ausmaß vom Dritten Reich und von der Sowjetunion in Angriff genommen worden waren. In diesem Teil der Ausstellung sollte auch betont werden, dass die deutschen Verbrechen sogar in dem für die deutsche Zivilbevölkerung tragischsten Augenblick der Flucht vor der Roten Armee fortgesetzt wurden: Durch die »Todesmärsche« aus Auschwitz und anderen Lagern, z.B. an der Ostseeküste, in Palmnicken bei Pillau, wo

> am 31. Januar, einen Tag nach dem Untergang der *Wilhelm Gustloff*, 3000 Gefangene ermordet wurden, die aus ostpreußischen Außenlagern des Konzentrationslagers hergetrieben worden waren; einige Tausend weitere Häftlinge starben während der »Evakuierung« oder wurden dabei ermordet.

Wir kündigten auch an, dass die Ausstellung jene Ereignisse zeigen würde, die aus der Sicht Polens und anderer Nationen Ostmitteleuropas eine große Bedeutung haben, in Westeuropa aber kaum bekannt sind: Die von den Deutschen an der Zivilbevölkerung Polens schon im September 1939 begangenen Verbrechen, die von ukrainischen Nationalisten 1943 und 1944 in Wolhynien und Ostgalizien verübten Verbrechen, aber auch die ganz unterschiedliche Bedeutung des Kriegsendes für einzelne Nationen. Das Museum sollte zeigen, dass das Jahr 1945 den Westeuropäern Freiheit gebracht hat, den Polen hingegen zwar die Befreiung von der deutschen Besatzung, zugleich aber auch den Beginn einer neuen Unfreiheit: die Abhängigkeit von Moskau und die kommunistische Diktatur. Sie konnte erst 1989 abgeschüttelt werden – man kann dieses viel spätere Ereignis also als Ende der Kriegsfolgen für jene Nationen bezeichnen, die sich im sowjetisch beherrschten Block befunden hatten.

Wenn ich die *Grundlagen eines Programmkonzepts* nach neun Jahren und nach der Eröffnung des Museums lese, so bin ich einerseits von der Konsequenz bei unseren viele Jahre dauernden Arbeiten an der Ausstellung beeindruckt. In ihrer endgültigen Gestalt finden sich tatsächlich die wichtigsten Ideen wieder, die wir ganz zu Beginn des Vorhabens gehabt hatten. Sie enthalten sogar schon einige konkrete Ideen für die Ausstellung, wie etwa die Präsentation eines interaktiven Modells der deutschen Chiffriermaschine Enigma, die bereits vor dem Krieg von polnischen Mathematikern geknackt worden war. Die Besucherinnen und Besucher können hier ihre eigenen Nachrichten verschlüsseln. In einem Saal sollte das Leiden der deutschen Zivilbevölkerung gezeigt werden – symbolisch steht hier die Tragödie der *Wilhelm Gustloff* im Mittelpunkt, mit der aus dem Schiffswrack geborgenen Glocke als Exponat –, doch

im selben Saal berichten wir über die deutschen Verbrechen in den letzten Kriegswochen, über den »Todesmarsch« aus dem Konzentrationslager Stutthof nahe Danzig und über das Massaker in Palmnicken, an dem auch Hitlerjungen beteiligt waren. All dies steht bereits in der Programmskizze von 2008. Andererseits hat sich in den acht Jahren Arbeit an der Ausstellung die uns umgebende Wirklichkeit verändert. Der deutsch-polnische Streit über die Vertreibungen verlor sehr an Schärfe. Die Zwangsdeportationen – sowohl während des Kriegs als auch danach – sind ein wichtiger Teil der Ausstellung, doch rufen sie keine besonders großen Emotionen und Kontroversen mehr hervor, sie sind kein Gegenstand der stürmischen Diskussionen gewesen, die mit der letzten Entstehungsphase des Museums und seiner Eröffnung einhergingen.
Von Anfang an waren wir davon ausgegangen, dass der Entwurf für ein so wichtiges Museum öffentlich diskutiert werden sollte. Die von uns ausgearbeiteten *Grundlagen eines Programmkonzepts* schickten wir den namhaftesten polnischen Historikerinnen und Historikern, die sich mit dem Zweiten Weltkrieg beschäftigen, aber auch an Museumsfachleute. Sie trafen sich auf unsere Einladung im Oktober 2008 in Warschau, um darüber zu urteilen. Die *Grundlagen* wurden anschließend im Przegląd Polityczny [6] und auch auf der Museumshomepage veröffentlicht. Von den rund vierzig Personen äußerte sich die große Mehrheit positiv, ja sogar begeistert über die Pläne. Tomasz Szarota sah hier die Ankündigung[7]

> eines klugen und mutigen Unterfangens, das einerseits der Welt das Schicksal der Polen im Zweiten Weltkrieg zeigt, andererseits uns Polen das Leiden und die Opfer anderer Nationen, die Existenz einer menschlichen Schicksalsgemeinschaft in den besetzten Gebieten, aber auch das Bestehen einer internationalen Widerstandsbewegung zeigt. In diesem Sinn kann das Museum des Zweiten Weltkriegs auch als eine Art Gegenmittel gegen die für uns so typische Verbindung von Größenwahn und Minderwertigkeitskomplex dienen.

6 Ebenda.
7 Ebenda, S. 53 f.

Es handelte sich also um einen sehr transparenten Entstehungsprozess. Das Konzept wurde zunächst zum Gegenstand von Fachdebatten und anschließend der Öffentlichkeit vorgestellt, was bei anderen neu gegründeten historischen Museen in Polen keineswegs die Regel war.

»Desintegration der polnischen Nation«

Im Herbst 2008 entbrannte eine große Diskussion über die Programmgrundlagen des Museums, die mich und meine Mitarbeitenden durch ihre Intensität und Schärfe überraschte. Sie war die Ankündigung jenes gnadenlosen Kriegs, den die Partei Recht und Gerechtigkeit nach der Machtübernahme in Polen 2015 erklären sollte, auch wenn ich das damals natürlich noch nicht vorhersehen konnte. Selbst die Akteure waren damals dieselben, die auch acht Jahre später die Hauptrolle bei der Zerstörung des Museums spielen sollten – Jarosław Kaczyński, der Historiker und mein Nachfolger als Direktor des Büros für Öffentliche Bildung des IPN Jan Żaryn sowie der Publizist Piotr Semka. Wir waren uns natürlich schon zuvor darüber im Klaren, dass die Geschichte in Polen seit jeher große Emotionen und Kontroversen auslöst. Einige von uns – diejenigen, die im IPN gearbeitet hatten – hatten dies an der eigenen Haut zu spüren bekommen. Der erste Akt im Krieg um das Museum dauerte einige Monate und gehörte meiner Überzeugung nach zu den wichtigsten historischen Kontroversen, die damals in Polen geführt wurden. Er offenbarte die unterschiedlichen historischen Sensibilitäten und Visionen bei der Beschäftigung mit der Vergangenheit, die sich seit längerer Zeit einander gegenüberstanden. Die Debatte begann mit einer Kritik der Museumspläne in der Tageszeitung RZECZPOSPOLITA, die damals unter Chefredakteur Paweł Lisicki eine deutlich rechte Linie vertrat. Piotr Semka als Redakteur warf den Verfassern der Programmgrundlagen des Museums vor, eine transnationale, universalistische Perspektive des Kriegs übernommen zu haben, was dazu beitrage, dass die Rolle verwischt würde, die Polen hier gespielt habe: [8]

> Die Ausstellung will sich auf die Plagen konzentrieren, denen die Zivilbevölkerungen ausgesetzt waren: Vertreibungen, ethnische Säuberungen, Bombardements und Massaker. Eine solche Logik der Geschichte stellt die Schicksalsgemeinschaft der Gesellschaften an die erste Stelle. Leider führt dies in der Konsequenz dazu, dass die Geschichte des Zweiten Weltkriegs als Konflikt von Nationen wahrgenommen wird. Als Kampf von Hitlerdeutschland und seinen Verbündeten gegen die Länder, die zu Opfern ihrer Aggression wurden oder sich ihnen entgegenstellten. Die Verfasser des Projekts unterstreichen, dass es sie nicht interessiert, ein Museum der Opfergeschichte der polnischen Nation oder des polnischen Waffenruhms zu errichten. [...]
> [Es ist] für Deutschland und die Nationen, die mit dem Dritten Reich kollaboriert haben, von Vorteil, wenn der Zweite Weltkrieg als anonymes Leiden von Europäern dargestellt wird. Wenn man die Bedeutung des individuellen Leidens hervorhebt, verliert es an Bedeutung, dass es Nationen gab, die den Kampf gegen Hitler aufnahmen, aber auch solche, die sich Hitlers Willen unterwarfen.
> Eine solche Absicht in einem Land, in dem noch Veteranen vom September 1939, von der Schlacht um England oder von den Kämpfen um Berlin leben, scheint eine absonderliche Arroganz zu sein.

Einige Tage später veröffentlichte die Tageszeitung einen weiteren Angriff auf das Museum. Semka und ein weiterer Autor protestier-

8 Piotr Semka: Dziwaczny pomysł na muzeum II wojny światowej [Eine sonderbare Idee für ein Museum des Zweiten Weltkriegs]. In: Rzeczpospolita vom 28. Oktober 2008. Vgl. auch die Antwort der Verfasser der Programmgrundlagen: Paweł Machcewicz, Piotr M. Majewski: Jak opowiadać polską historię [Wie man die polnische Geschichte darstellen kann]. In: Rzeczpospolita vom 30. Oktober 2008.

ten gegen die Universalisierung und »Europäisierung« der geplanten Ausstellung, wobei sie davor warnten, welche Folgen eine solche Herangehensweise haben könnte:[9]

> Die Verfasser des Plans für das Danziger Museum wollen uns überzeugen, dass ihr Konzept durch den Wunsch bedingt ist, eine größtmögliche Zahl von Rezipienten zu erreichen. Sie schlagen also vor, der Ausstellung einen universellen Charakter zu verleihen. Damit kann man sich nur schwer abfinden. Niemand würde schließlich den Israelis vorschlagen, Yad Vashem zu universalisieren. Wozu aber die Europäisierung bestimmter Probleme führen kann, ist zu sehen, wenn man die Ausstellung Erika Steinbachs in Berlin besichtigt. Die deutschen Medien haben berichtet, dass hier nicht nur den deutschen Vertriebenen gehuldigt wird – und so ist es auch gewesen. Kaum jemand bemerkte aber, dass man, indem man die Vertreibungen vor einen europäischen Hintergrund stellt, die Deutschen in den Klub der Opfer aufnimmt.

Die Autoren stellten das kritisch beurteilte Projekt des Weltkriegsmuseums dem 2004 vom damaligen Stadtpräsidenten von Warschau, Lech Kaczyński, geschaffenen Museum des Warschauer Aufstands gegenüber. Dieses gilt in Kreisen, die für konservative Ideen empfänglich sind, als Vorbild für Geschichtspolitik und Museumsinitiativen. Diese Gegenüberstellung sollte sich in den meisten kritischen Stellungnahmen wiederholen.

Unser Entwurf wurde auch mit einem anderen Museums-Projekt verglichen – dem vom Europaparlament in Brüssel verwirklichten Haus der Europäischen Geschichte. Dieses sollte die gemeinsame Geschichte vieler Nationen aufzeigen, was ebenfalls den Widerstand der polnischen Rechten hervorrief. »Man versucht mit obrigkeitlichen Methoden eine europäische Erinnerung zu modellieren, die mit der tatsächlichen Erinnerung der einzelnen europäischen

9 Piotr Semka, Cezary Gmyz: Przypominajmy światu polską historię [Erinnern wir die Welt an die polnische Geschichte]. In: Rzeczpospolita vom 3. November 2008.

Nationen nicht viel zu tun hat«,[10] schrieb der Ideenhistoriker Dariusz Gawin über die Pläne für das Museum des Zweiten Weltkriegs, das Haus der Europäischen Geschichte sowie über das deutsch-französische Geschichtsschulbuch. Sein Standpunkt ist auch deshalb wichtig und interessant, weil er Mitschöpfer und stellvertretender Direktor des Museums des Warschauer Aufstands war. Zugleich war er einer der intellektuellen Urheber einer konservativen Geschichtspolitik, die zu einem wesentlichen Element im Programm der Partei Recht und Gerechtigkeit in deren erster Regierungszeit 2005 bis 2007 wurde.[11]

Gawin machte sich auch seine Gedanken über die Äußerungen in den Programmgrundlagen des Weltkriegsmuseums, nicht ausschließlich ein Museum der polnischen Opfergeschichte zu errichten. Er glaubte, dies rühre »aus der Überzeugung her, dass man um jeden Preis Mythen dekonstruieren, Stereotype zerstören müsse, was eine der Hauptaufgaben eines polnischen Intellektuellen sei«. Dadurch fügte Gawin das Projekt in eine seit langem bestehende Strömung des polnischen Geisteslebens ein, deren Merkmal es sei, nationale Mythen, die im Modell des traditionellen Patriotismus dominieren, in Frage zu stellen. In den Museumsplänen erkannte er auch einen versteckten Pazifismus, vielleicht sogar eine Verneigung vor einer Art von europäischer »politischer Korrektheit«, die es verhindere, Kriege und militärische Tugenden zu glorifizieren. Der konservative Intellektuelle spekulierte: »Die Tatsache, dass militärische Fragen in den Hintergrund rücken, rührt meiner Meinung nach aus der Annahme her, dass man derlei Gefühle nicht anspre-

10 Oczekujemy szacunku dla naszej historii [Wir erwarten Respekt für unsere Geschichte]. Gespräch mit Dariusz Gawin. In: Rzeczpospolita vom 3. Dezember 2008.

11 Gawin war Ko-Autor eines programmatischen Manifestes konservativer Intellektueller, in dem eine prinzipielle Kritik an der Haltung des polnischen Staates nach 1989 zu Geschichte und Tradition geäußert wurde und das einen neuen Ansatz vorschlug – eine viel größere Aktivität staatlicher Institutionen, die ausgewählte historische Motive dazu verwenden sollten, um den Nationalstolz und die Solidarität der staatsbürgerlichen Gemeinschaft zu stärken. Siehe Robert Kostro, Tomasz Merta (Hg.): Pamięć i odpowiedzialność [Erinnerung und Verantwortung]. Kraków, Wrocław 2005.

chen dürfe, weil dies zu Vorwürfen führen werde, man lehre Hass, Nationalismus usw.« So wurde die Ankündigung interpretiert, dass das Museum des Zweiten Weltkriegs sich nicht auf militärische Themen konzentrieren, sondern den Krieg vor allem anhand des Schicksals der Zivilbevölkerung sowie als politischen und ideologischen Konflikt zeigen wolle. Gawin zeigte sich auch beunruhigt darüber, dass zahlreiche Weltkriegsforscher aus anderen Ländern in den Programmbeirat des Museums eingeladen werden sollten. Kurz darauf wurden noch weitergehende Vorwürfe aufgebracht. Jan Żaryn warf dem Museum des Zweiten Weltkriegs vor, sich »an den immer populäreren Plänen zu beteiligen, auf Kosten der nationalen Identität eine gemeinsame europäische Identität zu erzeugen«. Auf diese noch relativ neutrale Behauptung folgten weitaus gravierendere Vorwürfe, die sich auf die Wahl Danzigs als Museumssitz bezogen:[12]

> Ich habe den Eindruck, als gäbe es in Danzig eine lebhafte Erinnerung an die Freie Stadt als gewissermaßen exterritorialer Ort, der Europa geistig eint und nicht teilt. Die Danziger Behörden bemühen sich, eine Zukunftsvision der Stadt als einer Stadt mit neuer europäischer Tradition zu konstruieren, deren Grundlage vor unseren Augen entsteht. [...] Ist dies das Ziel des Museums des Zweiten Weltkriegs? Und eignet sich gerade die polnische Erfahrung, die bis heute in vielen Familien lebendig ist, um ideologisch irgendwie verwendet zu werden? Das Projekt des Museums des Zweiten Weltkriegs macht glauben, dass hier der Wunsch besteht, eine solche neue europäische Identität zu bauen.

Es geht also um eine gesellschaftliche Manipulation zugunsten der Entstehung einer europäischen Identität auf Kosten der polnischen, nationalen Identität. Am Standort Danzig herrschten im Hinblick auf die Tradition der Freien Stadt Danzig zwischen den Weltkriegen

12 Polska wyjątkowość [Polnische Einzigartigkeit]. Gespräch mit Jan Żaryn. In: Rzeczpospolita vom 28. Oktober 2008.

angeblich besonders gute Bedingungen, um derlei Eingriffe durchzuführen. Von diesen Warnungen Żaryns war es nur noch ein kleiner Schritt bis zu den Urteilen eines anderen IPN-Historikers (beide waren dort übrigens von mir eingestellt worden), der im Plan des Weltkriegsmuseums im Verein mit dem geplanten Haus der Europäischen Geschichte einen Beleg für Brüsseler Imperialismus gegenüber den neuen EU-Mitgliedern sah. Der Autor bekannte:[13]

> Vier Jahre nach dem Beitritt Polens zur EU werden wir von den Erben des Frankenreiches Karls des Großen (Frankreich und Deutschland) immer noch wie Bittsteller behandelt, die auf den guten Willen des deutsch-französischen Bündnisses angewiesen sind. Ich gestehe offen ein, dass mir die Rolle des Hündchens Nipper (den Musikliebhaber von den Vinyl-Platten der Firma EMI kennen), der der eintönigen, aus Brüssel kommenden Stimme lauscht, nicht besonders gefällt.

In die Diskussion schalteten sich auch die Leserinnen und Leser ein. Die Rzeczpospolita veröffentlichte den Brief eines Lesers, der schrieb: »Gegen diesen Plan muss gekämpft werden. Ich finde, dass unser dramatisches Schicksal in diesem Krieg vor dem Hintergrund der europäischen Ereignisse verschwimmt. […] Das ist nicht nur ein irriger, sondern ein für unsere Zukunft auch bedrohlicher Plan.«[14]

Besonders lebhaft interessierte sich der Vorsitzende der Partei PiS, Jarosław Kaczyński (der bis Herbst 2007 Ministerpräsident gewesen war), für das Museum. Im November 2008 kritisierte er die Pläne und befand, dass das Museum ein Werkzeug sei, um »die polnische Nation zu desintegrieren«. Am umfassendsten äußerte er sich im Sejm bei einer Debatte über das erste Regierungsjahr von Donald Tusk, bei der er das Museumsprojekt in einen breiteren Zusammen-

13 Bogusław Kopka: Własnym głosem o naszej historii [Mit eigener Stimme über unsere Geschichte]. In: Rzeczpospolita vom 15. Dezember 2008.

14 Andrzej Rzewnicki (Nadarzyn): Leserbrief »Jak opowiadać polską historię« [Wie man die polnische Geschichte darstellen kann]. In: Rzeczpospolita vom 20. November 2008.

hang von internationaler Politik und Auseinandersetzungen um die Geschichte stellte:[15]

> Es gibt die Frage all dessen, was heute in Deutschland geschieht und was im Grunde die Neudefinition eines moralischen Sinns bedeutet, also auch des politischen Sinns des Zweiten Weltkriegs. Es gibt, meine sehr verehrten Damen und Herren, die Frage des Museums des Zweiten Weltkriegs. Worüber soll es erzählen? Über die polnische Opfergeschichte [*Beifall*] oder über das Leiden der Deutschen? Nun, meine sehr verehrten Damen und Herren, es sollte über die polnische Opfergeschichte erzählen [*Beifall*], über den Holocaust, der die Polen betraf, denn anderenfalls würden wir, realistisch gesehen, damit übereinstimmen, dass die Verbrechen von Nazis ohne Nationalität begangen wurden, während es in Polen polnische Todesfabriken gegeben hat – wie unlängst geschrieben wurde. Das ist faktisch ein Einverständnis hiermit und eine Abkehr von der Politik, die wir in dieser Frage betriebenhaben, es ist eine schwere Schädigung Polens [*Beifall*].

Seine Kritik am Museum des Zweiten Weltkriegs verband Kaczyński mit einer negativen Bewertung der Außenpolitik der Regierung Tusk. Er warf ihm vor, in den Beziehungen zu Deutschland den Status des jüngeren, schwächeren Partners einzunehmen, und die Ernennung von Władysław Bartoszewski zum Bevollmächtigten des Ministerpräsidenten für Fragen des Internationalen Dialogs (der unter anderem für die deutsch-polnischen Beziehungen zuständig war) nannte er »Politik des ›hässlichen Entleins‹«.[16] Diese Metapher sollte die Untertänigkeit und den Vasallencharakter Polens gegenüber seinem westlichen Nachbarn zum Ausdruck bringen.

15 29. Sitzung des Sejms, 20.11.2008: Information des Vorsitzenden des Ministerrates über die Umsetzung des Regierungsprogramms ein Jahr nach dem Regierungsantritt. http://orka2.sejm.gov.pl/StenoInter6.nsf/0/535759F621D11EB3C1257508004B8E2A/$file/29_b_ksiazka.pdf (29.01.2018), S. 170.

16 Ebenda, S. 171.

In dieser Parlamentsdebatte wies Donald Tusk die Beschuldigungen des Oppositionsführers zurück und wandte sich direkt an Jarosław Kaczyński:[17]

> [...] was das Museum des Zweiten Weltkriegs betrifft, so haben wir darüber lange mit sehr interessanten Personen gesprochen, die eine große politische wie auch historische Autorität besitzen. Vielleicht erinnern Sie sich nicht mehr daran [...], doch die Initiative zum Bau des Museums war und ist als polnische Antwort auf die Versuche gedacht, die Geschichte des Zweiten Weltkriegs zu verfälschen. [...] Sie haben kein Recht, so zu sprechen [*Stimme aus dem Saal: Oooh! ...*] Sie haben kein Recht, so über Władysław Bartoszewski oder über Professor Machcewicz zu sprechen, oder über andere Menschen, die sich politisch und inhaltlich für dieses Projekt engagieren. Sie haben kein Recht, dieser Art von Menschen vorzuwerfen, dass sie zugunsten eines anderen Staates agieren, gegen die polnische Erinnerung und die polnische Geschichte, denn es ist genau andersherum [*Beifall*]. Niemand hat Ihnen das Monopol auf Patriotismus und Wahrheit gegeben.

Gemeinsam mit Piotr M. Majewski, dem Koautor der Programmgrundlagen, versuchte ich, in Zeitungsartikeln und Interviews auf die uns gegenüber geäußerten Vorwürfe zu antworten, ja ich stellte mich (zusammen mit dem Historiker Rafał Wnuk) sogar Piotr Semka und Jan Żaryn in einem TV-Programm des rechten Journalisten Jan Pospieszalski. Oft war es jedoch sehr schwer, diese Polemiken zu führen, da dies in etwa bedeutete, zu erklären, dass man kein Agent von Berlin oder Brüssel sei, kein Verräter, kein »Kosmopolit« usw. Mit der Schaffung des Museums wollten wir die polnische Geschichte in den europäischen Mainstream und in das globale historische Gedächtnis eingliedern, der Welt die unbekannten und oft nicht verstandenen Seiten der polnischen Geschichte zeigen, doch die Antwort von Seiten der polnischen Rechten waren Beschuldi-

17 Ebenda, S. 172.

gungen, die nationale Identität und das Ansehen Polens in der Welt zu schädigen. Diese Loslösung von den Tatsachen und die Unterstellung, wir hätten die schlimmsten Absichten, sollten unsere Arbeiten an der Entstehung des Museums all die folgenden Jahre über begleiten. Einige Anschuldigungen waren so scharf und geradezu absurd, dass sie den ganzen Streit zuweilen fast surreal wirken ließen. Wenn man das Finale einige Jahre später berücksichtigt, so kommt einem die dichte Atmosphäre von Franz Kafkas Romanen – vor allem von *Der Prozess* – in den Sinn, deren Helden nicht wirklich wissen, wessen sie man beschuldigt, während sie langsam zu der Überzeugung gelangen, dass die Verteidigung keinen Erfolg haben kann und alles in eine ungute Richtung strebt.

Am wichtigsten in der öffentlichen Debatte war die Unterstützung der Museumspläne durch bedeutende polnische Historiker. Rafał Wnuk, der damals noch nicht im Museum arbeitete, sah nicht nur in der Absicht, die Kriegserfahrungen verschiedener Nationen zu vergleichen, einen großen Vorzug, sondern auch in den Plänen, mithilfe der polnischen Geschichte größere, universellere Dinge aufzuzeigen:[18]

> Die Attraktivität der polnischen Geschichte beruht darauf, dass dies die Geschichte eines Grenzlandes ist; sie enthält Bestandteile, die für Menschen aus dem Osten und aus dem Westen verständlich sind. Ein durchschnittlicher Franzose, Amerikaner oder Engländer findet hier sowohl Elemente, die für ihn selbstverständlich sind (der Kampf auf Seiten der Westalliierten, der Widerstand, der Holocaust), als auch solche, die neu und unverständlich sind (die sowjetische Besatzung, die Einschätzung der Konferenzen in Jalta und Potsdam als Niederlage, nicht als Sieg). [...] Im Vorschlag von Paweł Machcewicz und Piotr Majewski finde ich Verständnis dafür, dass der besondere Charakter der polnischen Erfahrungen ohne Verlust der nationalen Perspektive dazu verwendet werden kann, eine universelle Botschaft zu vermitteln. Ein

18 Rafał Wnuk: Atrakcyjna historia pogranicza [Eine ansprechende Geschichte des Grenzlandes]. In: Rzeczpospolita vom 18. November 2008.

> Museum, das sich ausschließlich auf die polnische Opfergeschichte oder auf den Widerstand konzentrieren würde, wäre für einen passiven Besucher gemacht, während die vorgestellten Programmgrundlagen darauf abzielen, ein Museum ins Leben zu rufen, das ein Diskursraum ist, ein Ort, an dem die polnischen Besatzungserfahrungen eine Art »Urmeter« sind, ein Bezugspunkt für andere Staaten, die am Zweiten Weltkrieg beteiligt waren.
> […] in der kollektiven Erinnerung der westlichen Gesellschaften erscheint der Zweite Weltkrieg als Zeit von Widerstand, der mit einem Sieg endete – dasselbe Bild wird in der russischen, weißrussischen und ostukrainischen Erinnerung gepflegt. Die Erinnerung der Einwohner Mitteleuropas ist eine andere. Die Grausamkeiten der Besatzer und der heldenhafte Widerstand werden nicht von einem Sieg, sondern von Unfreiheit gekrönt. Die Denkweise, die in den Programmgrundlagen des Weltkriegsmuseums vorgeschlagen wird, ist der Versuch, die unbeachtet gebliebenen mitteleuropäischen Erfahrungen als gleichberechtigt zu den Erfahrungen der Einwohner im Osten und im Westen darzustellen.

Der Warschauer Historiker und Soziologe Marcin Kula warf den Kritikern an den Plänen des Weltkriegsmuseums vor, sie wollten »Stammesgeschichte« betreiben:[19]

> Die Kritiker des Projekts hätten es im Grunde am liebsten, dass Polen dem eigenen Opfer und dem eigenen Ruhm ein Denkmal setzt […], Denkmäler sollten für Opfer und Helden errichtet werden. Museen sind Teil der Welt des Wissens. Das Wissen sollte jedoch übernational sein. Gerade eine problemorientierte Geschichte ermöglicht es, die nationalen Barrieren der Geschichtswissenschaft zu durchbrechen. […] Je reflektierter die polnische Geschichtswissenschaft, je weniger sie auf Gedenken orientiert ist und sich an die eigene Brust

19 Marcin Kula: Bębenek historii plemiennej [Die Trommel der Stammesgeschichte]. In: Gazeta Wyborcza vom 2. Januar 2009.

> schlägt, desto größere Chancen werden wir haben. Alles andere ist, wie ich fürchte, Gefuchtel mit dem Säbel. Eine solche Botschaft hätte einen gewissen provinziellen Reiz, doch die Welt wird das nicht zu schätzen wissen.

Ein anderer Historiker von der Universität Warschau, Jerzy Kochanowski, verteidigte die Sinnhaftigkeit, ja die Notwendigkeit, die polnischen Erfahrungen vor dem Hintergrund der Geschichte anderer Nationen zu zeigen. In der Gazeta Wyborcza schrieb er:[20]

> Der globale Konflikt der Jahre 1939 bis 1945 war ein komplexes Geschehen, das auf vielen Ebenen ablief – geographisch, gesellschaftlich, wirtschaftlich, technologisch, ideologisch und ethisch. An alle diese Ebenen müssten entsprechende polnische Elemente angepasst werden, da das Bild ansonsten unvollständig wäre. Dadurch wird die Spezifik des »polnischen Kriegs« vor »anderem Hintergrund« deutlicher.

Die angeführten Argumente spiegeln die in Polen geführte Debatte, bei der viele Kritiker des Museums alleine schon die Absicht, die polnische Geschichte in einem internationalen Kontext zu zeigen, als bedrohlichen Versuch ansahen, das Schicksal von Polen und anderen Nationen zu vergleichen. Kochanowski wies auch auf das sehr geringe Wissen in Polen über die Geschichte anderer Länder hin:

> Wir konzentrieren uns auf das eigene Leiden und nehmen manchmal nur mit Mühe die Tragödie der anderen wahr. Ich erinnere mich an meine eigene Ungläubigkeit (und Verlegenheit), als ich im Dezember 2000 während der Eröffnungstagung zu dem internationalen Projekt »The Impact of National Socialist and Fascist Occupation in Europe, 1938–1950« von einem niederländischen Kollegen hörte, wie tragisch und blutig die Besatzung seines Landes war. Als ich

20 Jerzy Kochanowski: O jaką wojnę walczyliśmy? [Für welche Art von Krieg haben wir gekämpft?]. In: Gazeta Wyborcza vom 4. Februar 2009.

> dann an den Projektarbeiten teilnahm, wurde mir klar, wie wenig wir über die anderen wissen.

Seinen Text beendete Kochanowski mit einer vielsagenden Erklärung, die zeigt, welche Hitzegrade schon damals die Auseinandersetzung rund um das Museum des Zweiten Weltkriegs erreicht hatte:

> Ich hoffe, dass sowohl die Verfasser des Projekts als auch diejenigen, die über seine Umsetzung entscheiden, die Belagerung aushalten werden. Die Aggressoren sind zwar zahlreich, verfügen aber nur über stark veraltete Waffen. Ich glaube, dass ein Museum entsteht, dank dessen niemand mehr die deutsche Widerstandsbewegung bagatellisieren und auch niemand mehr von »polnischen« Konzentrationslagern sprechen wird.

Das Wort ergriff auch Grzegorz Motyka von der Polnischen Akademie der Wissenschaften: »Die Kritiker des Plans für eine Einrichtung des Museums sprechen viel davon, wie außergewöhnlich die polnische Geschichte sei, zugleich aber scheinen sie ihren eigenen Worten nicht zu glauben, da sie sich vor einem Vergleich mit anderen Staaten fürchten«, schrieb der Spezialist für die polnisch-ukrainischen Beziehungen. Er argumentierte, dass die Ängste völlig grundlos seien,[21]

> [denn] gerade dadurch kann man die Einzigartigkeit unserer Geschichte besser verstehen. Beispielsweise ist ein Vergleich des Warschauer Aufstands mit ähnlichen Aufständen in Paris, in der Slowakei oder in Prag für die Aufständischen alles andere als verunglimpfend. Ganz im Gegenteil, er zeigt, dass man nur Warschau keine nennenswerte Hilfe geleistet hat. Nach dem Ausbruch der Aufstände in Paris (August 1944) und Prag (Mai 1945) eilten ihnen die Armeen der Alli-

21 Grzegorz Motyka: Takiego muzeum potrzebujemy [Ein solches Museum brauchen wir]. In: Gazeta Wyborcza vom 8. April 2009.

ierten sofort mit allen verfügbaren Kräften zu Hilfe. Um den Aufständischen in der Slowakei zu helfen, wurde die Richtung der sowjetischen Offensive geändert. Der Versuch, die Karpatenpässe zu erobern, kostete die Sowjets rund 80.000 Gefallene und Verwundete.

Die Diskussion um das Museum war nicht nur eine Auseinandersetzung über die Interpretation der Geschichte, sondern auch über die Beziehung Polens zu seinen Nachbarn, über seinen Platz in Europa sowie insgesamt über die Ausgestaltung der zwischenstaatlichen Beziehungen. Im heftigen Angriff der national-konservativen Kräfte auf die Pläne für das Weltkriegsmuseum lassen sich die Reaktionen von »Euroskeptikern« erkennen, die die polnische Eigenständigkeit, die besondere »Eigenart« verteidigen wollen. Deshalb sehen sie ein Projekt, das die polnische historische Erfahrung in eine größere Erzählung über das Schicksal Europas und der Welt einfügen möchte, als Bedrohung für die nationale Identität an. Nicht zufällig verband sich die Kritik an den Museumsplänen vielfach mit einer negativen Haltung gegenüber dem Haus der Europäischen Geschichte in Brüssel oder den Projekten für gemeinsame internationale Geschichtsschulbücher (dies betraf neben dem damals bereits erscheinenden deutsch-französischen auch das seinerzeit noch in Planung befindliche deutsch-polnische Lehrbuch).
Alles rief Widerspruch hervor, was eine streng nationale Perspektive überstieg. Die Debatte über das Museum betraf von Anfang an viel umfassendere und grundlegendere Dinge als nur den Zweiten Weltkrieg. Sie war Teil einer in den letzten Jahren in Polen anwachsenden intellektuellen, ja geradezu zivilisatorischen Auseinandersetzung über das Verständnis der polnischen Geschichte, über den Platz unseres Landes in den Beziehungen zu den Nachbarn und im zusammenwachsenden Europa, ja noch mehr: Sie war Teil einer Auseinandersetzung darüber, wie sich der europäische Kontinent und die ihn beeinflussenden intellektuellen, kulturellen und politischen Trends entwickeln sollten – etwa welcher Platz den Nationalstaaten und dem Verständnis staatlicher Souveränität zugedacht werden sollte. Auch wenn die Szenen in der Diskussion über das

Museum einander rasch ablösten und immer wieder neue Themen zum Vorschein kamen, so war dies doch immer noch dieselbe Auseinandersetzung.

Der Streit um das Museum hatte auch noch eine zweite Dimension, die auf den ersten Blick weniger deutlich ist. In den Jahren zuvor war die öffentliche Rolle von Geschichte als eines wichtigen Faktors für das Entstehen von nationaler und staatsbürgerlicher Gemeinschaft vor allem von konservativen, rechten Kreisen herausgestellt worden. Die PiS-Regierung der Jahre 2005 bis 2007 hatte aus der »Geschichtspolitik« ein Fundament ihres Programms gemacht, womit sie sich von den liberalen und linken Milieus unterschied, denen man Gleichgültigkeit gegenüber der nationalen Geschichte und Tradition vorwarf. Die Initiative der Regierung Tusk für den Bau eines großen historischen Weltkriegsmuseums drohte, dieses bequeme politische Argument zu konterkarieren, den national-konservativen Kreisen das alleinige Recht auf Geschichtsinteresse zu nehmen, ja sogar auf Patriotismus, wie dies von vielen rechten Politikern und Intellektuellen in Anspruch genommen wurde. Wohl deshalb gab es von Anfang an eine so umfassende und langwierige Kampagne gegen den Plan für ein Museum des Zweiten Weltkriegs, teils auch persönlich gegen die Verfasser der Programmgrundlagen. Es war offensichtlich der Versuch, das Projekt bereits im Ansatz zu blockieren und Ministerpräsident Tusk davon zu überzeugen, dass seine Umsetzung mehr politischen Schaden als Vorteile bringen könne. Selbst wenn der Erfolg ausbliebe, so würde man das Museum dadurch in den Augen eines Teils der Öffentlichkeit diskreditieren können. Nicht zufällig hatte Jerzy Kochanowski deshalb davon gesprochen, dass man diese »Belagerung« überstehen müsse.

Zum Höhepunkt des ersten Akts im Streit um das Museum kam es Ende 2008, Anfang 2009, doch in den Folgejahren blieb es ein wichtiges Thema der öffentlichen Debatte. Weitere Diskussionen entzündeten sich in der Regel an diversen Aktivitäten des Museums. Im Herbst 2009 wurden die Ergebnisse einer vom Museum in Auftrag gegebenen großen Meinungsumfrage zur differenzierten Analyse des sozialen Gedächtnisses an den Zweiten Weltkrieg veröffentlicht.[22] Die Untersuchung zeigte unter anderem eine Art von Regionalisierung der Kriegserinnerung. Die Befragten aus den östlichen Teilen Polens, deren Familien die sowjetische Besatzung, aber auch den polnisch-ukrainischen Konflikt erlebt hatten, stellten genau diese Ereignisse ins Zentrum ihrer Erinnerung. Die Menschen aus Pommerellen, Oberschlesien und Großpolen, also der 1939 ans Reich angegliederten Gebiete, erinnerten sich vor allem an den deutschen Terror, an die Ausweisungen, aber auch an die Eintragung in die Deutsche Volksliste – meist durch verschiedenerlei Druck durch die Besatzer – sowie an die Zwangseinziehung zur Wehrmacht. In geringerem Maße als im Generalgouvernement konzentrierten sie sich auf die Erinnerung an Widerstand und Untergrundarbeit, da dies in den ans Reich angegliederten Gebieten, wo Terror und Germanisierung noch brutaler waren, viel schwächer war als dort, wo der polnische Bevölkerungsteil stärker war.

Dieser Befund wurde von einigen rechten Publizisten und Historikern heftig angegriffen, da sie meinten, dass das Bild des Krieges, wie es aus der Umfrage hervorginge, eine Gefahr für die Heldenerzählung von dieser Zeit sei, wie sie in der schönen Literatur und im Film festgehalten wurde, welche sich vor allem auf die Erfahrungen im Generalgouvernement, auf den Partisanenkampf oder den Warschauer Aufstand stützt.[23]

Interpretieren kann man diese Auseinandersetzung als Konflikt zwischen den »Sachwaltern der nationalen Tradition« (oder, ge-

22 Piotr T. Kwiatkowski, Lech M. Nijakowski, Barbara Szacka, Andrzej Szpociński (Hg.): Między codziennością a wielką historią. Druga wojna światowa w pamięci zbiorowej społeczeństwa polskiego [Zwischen Alltag und großer Geschichte. Der Zweite Weltkrieg im kollektiven Gedächtnis der polnischen Gesellschaft]. Gdańsk, Warszawa 2010.

23 Vgl. die Stimmen der Kritiker der Umfrage: Andrzej Nowak: Co naprawdę przechowuje polska pamięć [Was das polnische Gedächtnis in Wirklichkeit aufbewahrt]. In: Rzeczpospolita vom 19. August 2009; Paweł Lisicki: Przeklęta polska pamięć [Die verfluchte polnische Erinnerung]. In: Rzeczpospolita vom 22./23. August 2009; Jan Żaryn: Nasza historia jest wyjątkowa [Unsere Geschichte ist einzigartig]. In: Rzeczpospolita vom 26. August 2009; meine Antwort: Paweł Machcewicz: W okopach pamięci [In den Schützengräben der Erinnerung]. In: Gazeta Wyborcza vom 28. August 2009.

nauer – denjenigen, die sich selbst diese Rolle zuschrieben), die in neuen Interpretationen der polnischen Geschichte eine Bedrohung für die nationale Identität sahen, und denen, die der Auffassung waren, dass die Vergangenheit Gegenstand einer stets erneuerten Reflexion sein sollte, während die Tradition für unterschiedlichste Interpretationen offen zu sein hat (was zuweilen zu Revisionen von Erkenntnissen führt, die bis dahin als unumstößlich gegolten haben). Anderenfalls wird sie leblos und für die meisten heute lebenden Menschen uninteressant.

Die vom Museum des Zweiten Weltkriegs in Auftrag gegebene Umfrage hat – neben der regionalen Differenzierung – noch andere, sehr wichtige Erkenntnisse gezeitigt. Sie hat ergeben, dass die Polen sich nicht so sehr an die Kampfhandlungen erinnern, sondern an die Erfahrungen der Zivilbevölkerung. Die Befragten nannten auf die Frage nach familiären Überlieferungen an den Krieg folgende Ereignisse: Armut, Hunger, Mangel (9,3%) – Bombardierung, Luftangriffe (8,8%) – Zwangsumsiedlungen, Vertreibung aus den Wohnungen (8,2%) – Flucht, Verstecken vor Gefahr, Verbergen von Besitz (7,7%) – Hinrichtungen, Völkermord (6%) – Zwangsarbeit für die Deutschen (5,5%).

Diese Ergebnisse bestätigten voll und ganz unsere Absicht für die Darstellung des Kriegs in der geplanten Ausstellung, in der wir von Anfang an der Zivilbevölkerung viel Raum geben wollten – den Erfahrungen von Terror durch die Besatzer, von Bombardierungen, Hunger, Deportationen, Zwangsarbeit. Dies passte zur gesellschaftlichen Erinnerung an den Krieg in Polen, was die selbsternannten Verteidiger der polnischen Geschichte nicht erkennen wollten; sie kritisierten das Museum des Zweiten Weltkriegs unter anderem dafür, dass es den Zivilisten zu viel Aufmerksamkeit schenke und dadurch die militärischen Aspekte der Nationalgeschichte vernachlässige.

Geschichtsmuseen – zwischen kollektiver Vorstellung und Politik

Der politische Kontext des Entstehens und der Arbeit von Geschichtsmuseen ist natürlich nicht nur eine polnische Erfahrung. Der Entstehung des Holocaust-Museums in Washington, des ersten narrativen Geschichtsmuseums der Welt, lagen absolut politische Motive zugrunde. Im Jahr 1977 nahmen die USA Beziehungen zur Palästinensischen Befreiungsorganisation auf und entschlossen sich, Waffen an Ägypten und Saudi-Arabien zu verkaufen. Dies stieß auf sehr scharfe Kritik von Seiten Israels sowie jüdischer Kreise in Amerika und in der Welt. Um diese Imageschäden und politischen Komplikationen zu beheben, setzte Präsident Jimmy Carter ein Komitee ein, das sich darüber Gedanken machte, wie das im Krieg an den Juden begangene Verbrechen auf amerikanischem Boden erinnert werden könnte. Dieser Gedenkort sollte zum einen die Unterstützung des Staates Israel durch die Vereinigten Staaten ausdrücken, zum anderen bekunden, dass dieser »aus der Asche des Holocaust« entstanden war.[24] Als diese anfängliche Idee in konkretere Überlegungen zur Form der Ausstellung übergingen, gab es Druck von verschiedenen Interessengruppen und Organisationen in den USA – unter anderem vom Kongress der Amerikanischen Polonia –, um auch an die Tragödie anderer Nationen zu erinnern. So geschah es im Fall der von den Deutschen an den Polen verübten Verbrechen, doch die Erwartungen der Armenier wurden enttäuscht, dass die Ausstellung auch die von den Türken im Ersten Weltkrieg an ihnen begangenen Verbrechen zeigen sollte.[25]

Diese politische Genese hinderte das Holocaust-Museum nicht daran, zu dem wohl bekanntesten Geschichtsmuseum der Welt zu werden. Seit seiner Eröffnung 1993 ist es von mehr als 40 Millionen Menschen besucht worden. Zudem hat das Washingtoner Museum eine Vorreiterrolle für die Entstehung von narrativen Geschichtsmuseen gespielt, die von Grund auf nach einem einheitlichen Drehbuch entstehen und in dem die Exponate, Bilder und Installationen Teil einer von vornherein geplanten Erzählung sind. Es regte auch Museen in

24 Edward T. Linenthal: Preserving Memory. The Struggle to Create America's Holocaust Museum. New York 2001, S. 17–19.

25 Ebenda, S. 49–51, 112 f.

vielen anderen Ländern an, unter anderem das Haus des Terrors in Budapest oder das Museum des Warschauer Aufstands.
Politisch war zweifellos auch der Kontext, in dem das Deutsche Historische Museum in Berlin oder das Haus der Geschichte der Bundesrepublik Deutschland in Bonn entstanden. Es handelte sich um geschichtspolitische Flaggschiffe von Bundeskanzler Helmut Kohl (der ebenfalls Doktor der Geschichte war), nachdem er 1982 die Regierung übernommen hatte, während er von den Oppositionsparteien sowie von liberal und links eingestellten Historikern kritisiert wurde. Sie warfen der regierenden CDU vor, die Geschichte dazu nutzen zu wollen, eine neue nationale Identität zu konstruieren.[26] Der Historiker Norbert Frei sah in diesen Aktivitäten den Versuch, den bis dahin überwiegend selbstkritischen Umgang mit der deutschen Geschichte zu überwinden, der vor allem durch die Bewältigung der NS-Zeit, des Kriegs und des Holocausts geprägt gewesen war. Seitdem habe sich, so Frei, in Deutschland der Begriff »Geschichtspolitik« durchgesetzt. Knapp 20 Jahre später wurde er in Polen kopiert, auch wenn er hier eine andere Bedeutung erlangen sollte.
Ein Beispiel für eine weitreichende Instrumentalisierung von Museen zu politischen Zwecken ist das Haus des Terrors in Budapest. Diese 2002 eröffnete Institution befindet sich in einem Gebäude, das zunächst Sitz der Pfeilkreuzler (der ungarischen Faschisten) und ab 1945 der kommunistischen Sicherheitsdienste war. Hauptbotschaft der Ausstellung ist es, die Verbrechen von Nationalsozialisten und ungarischen Faschisten mit den kommunistischen Verbrechen zu vergleichen und dabei zu zeigen, dass es im Vorgehen der Täter eine Kontinuität gibt. Nur etwa ein Fünftel der Ausstellung behan-

26 Manuel Becker: Geschichtspolitik in der »Berliner Republik«. Konzeptionen und Kontroversen. Wiesbaden 2013, S. 118–120; Edgar Wolfrum: Geschichtspolitik in der Bundesrepublik Deutschland. Der Weg zur bundesrepublikanischen Erinnerung 1948–1990. Darmstadt 1999, S. 336–340. Eine interessante Analyse der Geschichtspolitik in der Ära Kohl liefert Michał Łuczewski: Polityki historyczne. Tworzenie kapitału moralnego w późnej nowoczesności [Geschichtspolitik. Schaffung von moralischem Kapital in der Spätmoderne], Manuskript.

delt die Kriegszeit, der Rest dreht sich um die Nachkriegszeit. Dies steht in eklatantem Widerspruch zur tatsächlichen historischen Bilanz: Der ungarische Stalinismus war zwar sehr repressiv, doch die Zahlen seiner Opfer reichen auch nicht annähernd an die halbe Million ermordeter ungarischer Juden heran. Einer der spektakulärsten Teile der Ausstellung ist die multimediale Präsentation eines Pfeilkreuzlers, aus dem ein Beamter der kommunistischen Staatssicherheit wird, einfach indem er eine andere Uniform erhält. Pfeilkreuzler wie Kommunisten werden als Agenten fremder Mächte dargestellt, der Deutschen und der Sowjets; ihre Verbrechen belasten die ungarische Nation nicht, die sich jahrzehntelang unter fremder Besatzung befunden habe, erst kurz unter der deutschen und dann viel länger unter der sowjetischen. Die Ausstellung übergeht letztlich schweigend die Tatsache, dass der Großteil der ungarischen Juden unter Mithilfe des mit dem Dritten Reich verbündeten ungarischen Staates nach Auschwitz-Birkenau deportiert wurde, und zwar noch bevor die Pfeilkreuzler im Oktober 1944 die Macht übernahmen. Ungarn wird als Opfer zweier Totalitarismen gezeigt, während das Bündnis mit dem Dritten Reich eigentlich nicht thematisiert wird.

Die übereilte Eröffnung des Museums war ein Hauptereignis im Parlamentswahlkampf 2002. Ministerpräsident Viktor Orbán lag daran, sowohl die Mitverantwortlichkeit seiner sozialistischen Rivalen für die Verbrechen der kommunistischen Zeit zu demonstrieren als auch seine eigenen Verdienste hervorzuheben. Die Ausstellung mündet in Filmszenen im Juni 1989, bei der Orbán als junger, radikaler Fidesz-Anführer dazu aufruft, die Rote Armee aus Ungarn abzuziehen. Anschließend wird gezeigt, wie die letzten sowjetischen Soldaten 1991 das Land verlassen. Damit endet die Besatzung, von der das gesamte Museum erzählt. Ganz zum Schluss sieht man noch einen Filmausschnitt von der Eröffnung des Hauses des Terrors, wieder mit einer Orbán-Rede. Um keinen Zweifel aufkommen zu lassen, ist vor dem Eingang ein Marmorblock mit der Aufschrift aufgestellt worden, dass die Entstehung des Museums dem Ministerpräsidenten und Fidesz-Anführers zu verdanken sei.

Trotz der Eröffnung des Hauses des Terrors verlor Fidesz die Wahlen; die neue sozialistische Regierung betrachtete es als Geschöpf und Werkzeug von Orbáns Politik, weshalb sie bemüht war, das Budget der Einrichtung drastisch zu kürzen. Die Museumsleiterin Maria Schmidt, eine enge Mitarbeiterin von Orbán, drohte, an der Fassade des Museums großformatige Fotografien von kommunistischen Funktionären und Mitarbeitern der Sicherheitsdienste aufzuhängen, die Eltern oder Großeltern der heutigen Anführer der ungarischen sozialistischen Partei waren. Unter diesem Druck gab die Regierung nach und nach Orbáns Rückkehr an die Macht wurde das Haus des Terrors zum Hauptwerkzeug seiner Geschichtspolitik.[27] Man kann freilich viele Beispiele finden, in denen Museen und Geschichtsausstellungen nicht nur zu kurzfristigen Partikularinteressen verwendet wurden, sondern in einem weitreichenderen Kontext. Im Atombombenmuseum Nagasaki wurden 1996 Fotografien und Texte beseitigt, die sich mit der Ermordung einer Viertelmillion Chinesen (Kriegsgefangene und Zivilisten) in Nanjing 1937 durch die japanische Armee befassten. Das Museum sollte von nun an nur die japanische Tragödie zeigen, nicht die vorausgegangenen Aggressionen und Verbrechen. In Nagasaki geschah dies auf Initiative konservativer Lokalpolitiker, doch bald darauf hielt dieses Denken auch in Regierungskreisen Einzug. Der japanische Ministerpräsident ordnete an, überall Teile von Ausstellungen über japanische Verbrechen zu überprüfen: Es müsse geklärt werden, ob alle gezeigten Fotos und erwähnten Fakten authentisch seien. Dies diente als Vorwand, um unbequeme Inhalte zu beseitigen. Im Friedensmuseum von Osaka wurde für mehrere Monate ein Teil der Ausstellung geschlossen – nach ihrer Wiedereröffnung stellte sich heraus, dass sie nun nicht mehr über die japanischen Verbrechen in Asien erzählte, sondern über das Leiden der japanischen Zivilbevölkerung unter den amerikanischen Bombenangriffen.[28]

27 Paul Williams: Memorial Museum. The Global Rush to Commemorate Atrocities. Oxford, New York 2007, S. 82–84; István Rév: The Terror of the House. In: Robin Ostow (Hg.): (Re)Vizualizing National History. Toronto 2008, S. 60–72.
28 Williams: Memorial Museum, S. 121f.

Noch drastischer gingen die russischen Behörden gegen das wichtigste Museum zum kommunistischen Terror vor. Im einstigen Gulag Perm-36, wohin nach dem Krieg die bekanntesten Dissidenten geschickt worden waren, eröffnete 1995 eine Gruppe lokaler Historiker und Menschenrechtsaktivisten ein Museum, in dem ehemalige Häftlinge Führungen anboten. Gezeigt wurde die Geschichte des gesamten Gulag-Systems in der Sowjetunion. Möglich war das durch die liberale Atmosphäre der Regierungszeit Jelzin, als man verhältnismäßig offen über die Verbrechen der Sowjetzeit sprach. Die Lage änderte sich unter Wladimir Putin, der eine immer deutlichere Rehabilitierung der Sowjetzeit und auch des Stalinismus betrieb. Das Museum wurde zum Gegenstand einer immer schärferen Kritik und der für seine Gründung maßgebliche Verein Memorial wurde als »ausländischer Agent« angegriffen, da er internationale Zuwendungen erhalten hatte. Im Jahr 2014 entließen die lokalen Behörden die Direktion, die das Museum von Grund auf aufgebaut, das verfallene Lager wiedererrichtet und alle Exponate zusammengetragen hatte. Anstelle des bisherigen Museums wurde ein neues gegründet, dessen Direktor ein Beamter des lokal zuständigen Kulturministeriums wurde. Klingt das nicht irgendwie bekannt?

Das Museum wurde 2015 wiedereröffnet: Die neue Ausstellung dokumentiert nun nicht mehr die Repressionen und das Leiden der Häftlinge, sondern schildert die Bedeutung des Gulag-Systems und der Zwangsarbeit für den Sieg über das Dritte Reich sowie den Vaterlandsdienst der Sicherheitsfunktionäre, die für die Verwaltung des Lagers zuständig waren. Es wird hervorgehoben, unter welch guten Bedingungen die Häftlinge lebten und arbeiteten und welch angeblich blühendes Kulturleben im Lager geherrscht habe.[29] Es gibt kaum ein drastischeres Beispiel für das Eingreifen der Politik in ein Museum, das schließlich zu seiner Umwandlung in eine Karikatur dessen führt, was es ursprünglich sein sollte.

29 Elena Bobrova: Soviet-era Gulag Museum NGO Perm-36 announces closure. In: Russia Beyond the Headlines vom 6. März 2015; Mikhail Danilovich: Revamped Perm-36 museum emphasized Gulag's »Contribution to Victory«. In: Radio Free Europe/Radio Liberty vom 25. Juli 2015.

In Polen begann der Boom von Geschichtsmuseen mit der Eröffnung des Museums des Warschauer Aufstands 2004. Es war eines der ersten Häuser Polens, die umfassend Gebrauch von den Möglichkeiten der modernen Museumsidee machten – nicht nur Informationen über die Vergangenheit und wichtige und interessante Exponate anzubieten, sondern auch eine schillernde Erzählung voller Dramatik und Leidenschaft. Es verwendete moderne Technologien wie Filme, Multimediabildschirme, intensive Klangeffekte und interaktive Stationen. Vor allem erfüllte es die Erwartungen eines großen Teils der Polen, dass der Aufstand endlich in Form eines Museums gewürdigt werden sollte. Frühere Versuche, ein Aufstandsmuseum zu gründen, waren nach 1989 an diversen organisatorischen und rechtlichen Problemen gescheitert, bei denen es vor allem um das Grundstück ging, auf dem es entstehen sollte. Sicherlich fehlte es auch an der Entschlossenheit der damaligen Warschauer Stadtverwaltung. Das Museum konnte, wenn auch unfertig, zum 60. Jahrestag des Ausbruchs des Aufstands präsentiert werden; einige Monate später wurde es eröffnet. Es rief ein gewaltiges Interesse hervor und wurde überwiegend positiv, ja sogar begeistert kommentiert. Obwohl es schon vor rund 15 Jahren entstanden ist und seitdem in ganz Polen und auch in Warschau andere moderne Museen hinzugekommen sind, hält sich seine Beliebtheit nach wie vor auf sehr hohem Niveau. Jährlich wird es von 500.000 bis 600.000 Menschen besucht.

Die Eröffnung des Museums des Warschauer Aufstands wurde allgemein als großer Erfolg von Lech Kaczyński angesehen, der damals Stadtpräsident von Warschau und einer der führenden Politiker der noch neuen Partei PiS war. Nach allgemeiner Überzeugung hatte dies Einfluss auf den Sieg Kaczyńskis bei den Präsidentschaftswahlen von 2005, vielleicht aber auch auf den Sieg der PiS bei den Parlamentswahlen im selben Jahr, zumal Kaczyński, die Museumsmacher und die Partei diesen Erfolg den Unterlassungen der vorherigen politischen Führung gegenüberstellten. In seiner Rede zur Eröffnung des Museums sagte Lech Kaczyński, die polnische Bevölkerung habe »viel zu lange« darauf gewartet. Er wies indirekt auch darauf hin, wer dafür verantwortlich gewesen war:[30]

> Doch warum eröffnen wir dieses Museum erst zum 60. Jahrestag und nicht zum 50. Jahrestag des Aufstands? […] Der besondere Charakter des Jahres 1989 und der folgenden Jahre hat dazu geführt, dass es in unserem Leben immer noch mächtige Kräfte gibt, für die die polnische Unabhängigkeit, die in den polnischen Herzen und Köpfen vorhanden ist, keinen Wert, sondern eine Bedrohung darstellt. Kräfte, für die es besser ist, die Erinnerung an den Aufstand anzugreifen als darum zu kämpfen, die Welt an ihn zu erinnern, an Tatsachen zu erinnern, die für jeden von uns offensichtlich sind, doch unter anderen Nationen unbekannt sind oder, schlimmer noch, ganz verdreht werden.

Das Museum des Warschauer Aufstands wurde für das PiS-Lager zur wichtigsten erinnerungspolitischen Errungenschaft in Polen nach 1989 und zu einer Art Blaupause für Patriotismus und Musealisierung von Geschichte, die polnisches Heldentum auf richtige Weise darstelle. Einem bei der polnischen Rechten verbreiteten Verständnis zufolge könne man schlichtweg nichts Besseres und Polnischeres mehr schaffen. *Notabene* hat vor seiner Eröffnung nie eine Diskussion über die Gestalt der Ausstellung im Aufstandsmuseum stattgefunden.

Als Zeichen für fehlenden Patriotismus wurden alle kritischen Stimmen verurteilt; diese betrafen etwa, dass die Auseinandersetzung um den Sinn des Aufstands nicht gezeigt wurde, so wie auch der Preis an Menschenleben und materiellen Verlusten, den der Aufstand forderte, nicht dargestellt und das Schicksal der Zivilbevölkerung nur ungenügend berücksichtigt wurde. In der gegen eine solche Kritik vorgebrachten Gegenerzählung wurde oft die vorherige Regierung beschuldigt, der Geschichte gegenüber gleichgül-

30 Ansprache von Lech Kaczyński, gehalten im Museum des Warschauer Aufstands am 31. Juli 2004, https://wpolityce.pl/historia/207365-10-lat-temu-lech-kaczynski-otworzyl-muzeum-powstania-warszawskiego (29.1.2017).

tig zu sein, nationale Traditionen geringzuschätzen und sogar eine »Pädagogik der Scham« oder »Pädagogik der Schande« zu betreiben – also sich auf die kontroversen Schattenseiten der polnischen Geschichte zu beschränken, zum Beispiel auf das Verbrechen von Jedwabne. Demzufolge war erst das Entstehen des Museums des Warschauer Aufstands 2004 rundum ein Durchbruch.[31] Nicht berücksichtigt wurden dabei meist das Werk der polnischen Geschichtswissenschaft seit 1989, die zahlreichen Diskussionen in den Medien über die neueste Geschichte oder auch die Arbeit des seit 2000 bestehenden IPN, das sich mit der Geschichte Polens nach 1939 beschäftigt – und zwar aufgrund der ihm gesetzlich gegebenen Aufgaben vor allem mit den heroischen und opfergeschichtlichen Aspekten. So oder so, nach dem Erfolg des Aufstandsmuseums wurde klar, dass Geschichtsmuseen in Polen ein ungemein mächtiges Instrument sind, um die gesellschaftliche Vorstellungskraft zu formen.

Es gibt keine ideale Welt, in der Politiker keinen Einfluss auf die Existenz von Museen haben wollten, die von Millionen Besuchern betrachtet werden. Das ist eine ganz offensichtliche Feststellung. Nach dem Erfolg des Washingtoner Holocaust-Museums und vieler danach entstandener narrativer Museen wurde offenbar, welch großen Einfluss sie auf die kollektive Vorstellungskraft, auf Emotionen, das Verständnis der Vergangenheit und damit auch der Gegenwart haben. Zumal der Museumsboom, den wir in den letzten Jahrzehnten erleben, von einem gleichzeitigen Rückgang des Lesens begleitet wird, ja sogar von seinem partiellen Verschwinden. Es ist nicht mehr die universitäre Geschichtswissenschaft, die hauptverantwortlich für die Gestaltung unserer Vergangenheitsvorstellungen ist, sondern in immer größerem Maße das Museumswesen in dem unaufhörlichen Bemühen, Botschaften immer attraktiver zu vermitteln,

31 Siehe u.a. Beiträge der Miturheber des Museums des Warschauer Aufstands Jan Ołdakowski, Dariusz Gawin, Paweł Kowal und Marek Cichocki in: Lena Cichocka, Agnieszka Panecka u.a. (Hg.): Polityka historyczna. Historycy – politycy – prasa [Geschichtspolitik. Historiker – Politiker – Presse]. Warszawa 2005. Für die programmatische Sicht der rechten Geschichtspolitik s. auch Kostro, Merta: Pamięć i odpowiedzialność.

um ein Massenpublikum anzuziehen. Dies ist für Politikerinnen und Politiker eine wachsende Versuchung. Sie sind es, die in der Regel die Entscheidung zur Gründung neuer Museen fällen, über Finanzierung und über personelle Besetzung. Oft wollen sie, dass die von ihnen beschlossenen Museen zu Denkmälern für sie selbst werden, die ihren Ort in der Geschichte begründen. Es gibt auch Fälle, in denen sie Museen als sehr wichtige Instrumente ansehen, um ihnen nahe stehende Ansichten und Standpunkte zu verbreiten, um Geschichtsbewusstsein und aktuelle politische Einstellungen zu formen. Es fragt sich nur, mit welchen Methoden sie das tun wollen und wie weit sie zu gehen bereit sind, um diese Ziele zu verwirklichen; letztlich ist eine fast unbeschränkte Fülle von Druckmöglichkeiten und Einflussnahmen vorstellbar. Eine andere fundamentale Frage ist, wie sich angesichts solcher Herausforderungen die Fachleute verhalten sollen, mit deren Hilfe diese Museen entstehen, die in ihnen arbeiten und die für die Form der Ausstellungen verantwortlich sind. Und wie sollen in konkreten Situationen rühmliche, jedoch ganz allgemeine Werte verstanden werden wie Freiheit der wissenschaftlichen Forschung und der Ausstellungstätigkeit, Autonomie der Geschichte und Kultur gegenüber der Welt der Politik? Davon handelt dieses Buch.

II Wie das Museum entsteht

Die ersten Monate in der Kanzlei des Ministerpräsidenten

Am 1. September 2008 wurde ich Bevollmächtigter des Ministerpräsidenten für die Angelegenheiten des Museums des Zweiten Weltkriegs und zugleich Berater des Ministerpräsidenten. Dies ermöglichte es mir, die ersten organisatorischen Schritte zu machen, noch ehe das Museum einige Monate später formal vom Kulturminister gegründet wurde. Zur Mitarbeit lud ich den bereits erwähnten Piotr M. Majewski sowie Janusz Marszalec ein. Majewski, der ja am Historischen Institut der Universität Warschau und außerdem für das historische Monatsmagazin Mówią Wieki arbeitete, hatte sich auf die Geschichte der Tschechoslowakei sowie der Außenpolitik in den 1930er und 1940er Jahren spezialisiert. Janusz Marszalec kannte ich seit dem Jahr 2000, als wir gemeinsam das Institut für Nationales Gedenken aufbauten. Er hatte sich mit der Geschichte des Polnischen Untergrundstaates im Zweiten Weltkrieg beschäftigt, seine Doktorarbeit über die Sicherheitsorgane der Heimatarmee im Warschauer Aufstand war in der Wissenschaft begeistert aufgenommen worden.

Einige Monate später, Anfang 2009, stieß noch Rafał Wnuk zu unserem Team, Geschichtsprofessor an der Katholischen Universität Lublin und Leiter des Büros für Öffentliche Bildung an der Lubliner Außenstelle des IPN. Er war ein hervorragender Kenner des antikommunistischen Untergrunds in Polen nach 1945, aber auch des polnischen Geheimdienstes während des Zweiten Weltkriegs. Unter anderem war er Mitglied der polnisch-britischen Regierungskommission zur Erforschung des polnischen Geheimdienstes, für die er in Archiven in London und Washington gearbeitet hatte. Die wissenschaftliche Zeitschrift Pamięć i Sprawiedliwość, die wir am

IPN mit ihm als Chefredakteur herausgaben, war seine Idee, und er koordinierte die Arbeit am monumentalen *Atlas des antikommunistischen Untergrunds in Polen 1944–1956*. Damals war der Begriff von den »verfemten Soldaten«[1] zwar schon bekannt, aber nicht der einzig gültige, sondern man versuchte noch neutralere Begriffe zu verwenden. Rafał Wnuk wehrte sich übrigens stets gegen die Ideologisierung und Instrumentalisierung von Geschichte, und als führender Kenner der Widerstandsbewegung nach dem Krieg in Polen, aber auch im Baltikum, sprach er sich vielfach öffentlich gegen die politischen Manipulationen aus. Dies verschaffte ihm viele Feinde bei den Rechten, auch im IPN.

2008 fühlten sich Marszalec und Wnuk im IPN nicht mehr wohl, da sie die Linie des neuen Direktors nicht akzeptierten, der aus der von ihm geleiteten Einrichtung ein Instrument der rechten Geschichtspolitik und einen Verbündeten der Partei PiS machen wollte. Unabhängige Personen mit gemäßigteren Ansichten wurden an den Rand gedrängt oder zur Kündigung genötigt. Viele kündigten von sich aus, weil sie diese Politisierung des Instituts nicht akzeptierten. Da ich diese Entwicklung im IPN unter der neuen, 2005 gewählten Regierung vorhergesehen hatte, war ich bereits im Januar 2006 gleich nach der Wahl des neuen Leiters gegangen, um mich wieder der wissenschaftlichen und akademischen Arbeit zu widmen. Als ich Marszalec und Wnuk vorschlug, gemeinsam das Weltkriegsmuseum aufzubauen, waren diese gerade in einer Phase, in der sie für Veränderungen und Neues offen waren. Wir waren fast im gleichen Alter, Anfang 40 bzw. in Majewskis Fall Ende 30. Wir hatten gemeinsame Erfahrungen im IPN gesammelt. Ohne das

1 In jüngster Zeit gibt es einen populären Kult um diesen Mythos, oft fixiert auf die Verehrung einzelner Heldinnen und Helden. Als »verfemte Soldaten« werden dabei Personen bezeichnet, die in den Jahren nach Kriegsende bewaffneten Widerstand gegen die neue kommunistische Herrschaft in Polen geleistet haben. Der Sammelbegriff und seine Instrumentalisierung gehen an der historischen Differenzierung dieser Gruppen von im Untergrund kämpfenden »Waldmenschen«, ihren Motiven, Einstellungen, Taten und Schicksalen vorbei. Vgl. Klaus Bachmann: Politische Debatten in Polen nach 1989. In: Jahrbuch Polen 2017, S. 11–28 [Anm. der Redaktion].

Wissen um das Funktionieren einer staatlichen Einrichtung mit all ihren Vorschriften, Prozeduren und Regeln für die Ausgabe öffentlicher Gelder hätte sicherlich keiner von uns es gewagt, ein so abenteuerliches Unternehmen in Angriff zu nehmen wie den Aufbau eines großen Geschichtsmuseums. Die Arbeit im IPN war für uns in gewisser Hinsicht aber auch eine negative Erfahrung gewesen. Es war für uns ein extrem bürokratisiertes Monstrum mit einer großen Dosis »Würdenträgerei« oder – wie wir damals sagten – mit »byzantinischen Verhältnissen« in Gestalt von zahlreichen Vorgesetzten, insbesondere in den regionalen Abteilungen. Wir wollten das Museum des Zweiten Weltkriegs als eine Art Antithese zum IPN aufbauen – ohne Bürokratisierung, als relativ kleines Team, das eine gemeinsame Aufgabe hat, nicht als Behörde. Anfangs war es eine sehr schlanke Einrichtung, die aber mit der Zeit größer wurde, vor allem als sich die Eröffnung näherte und es schwer wurde, dieses »antibürokratische« Profil in Gänze aufrecht zu erhalten.

Der Ort Warschau und die Organisationsbasis in Form eines Ein-Personen-Sekretariats war sehr hilfreich für ein Unternehmen, das von Anfang an nicht nur als lokale, Danziger, sondern als polenweite Initiative gedacht war und das es erforderte, ein Netz intensiver internationaler Kontakte zu knüpfen. Wenn es nicht bei einem »virtuellen Museum« bleiben sollte, musste viel Geld gefunden werden – angesichts von Haushaltsdefiziten, die reduziert werden sollten, keine leichte Aufgabe, zumal viele bürokratische Hürden überwunden werden mussten. Formal ermöglichten meine Verankerung in der Kanzlei des Ministerpräsidenten und mein Titel als sein Bevollmächtigter für Fragen des Weltkriegsmuseums ein effektives Vorgehen. Und tatsächlich, ohne die Unterstützung der beiden Kanzleichefs wäre es ungleich schwerer und langwieriger gewesen, den Widerstand des Finanzministeriums zu überwinden und ein mehrjähriges Regierungsprogramm für die Mittel zum Museumsneubau zu beschließen. Dies sollte ich später dadurch bezahlen, dass mir von der PiS immer wieder vorgeworfen wurde, ich sei zu einem Politiker geworden. Das halte ich für nicht gerechtfertigt, da ich mich nicht mit Dingen beschäftigte, die über die Angelegenheiten des Museums und andere historische Dinge (etwa das IPN) hinausreichten. Im Übrigen störte es meine Widersacher nicht, dass der Direktor des Museums des Warschauer Aufstands Abgeordneter der PiS war und sich im Gegensatz zu mir sehr intensiv mit Parlaments- und Parteipolitik beschäftigte. Da dieses Thema aber immer wiederkehrt, möchte ich von meiner Arbeit in der Kanzlei des Ministerpräsidenten berichten.

In den ersten Wochen war die Entscheidung von größter Bedeutung, wo genau das Museum entstehen sollte und auch, was dies für ein anderes Projekt bedeuten würde, das damals geplant wurde, nämlich für das Westerplatte-Museum. Die Pläne hierfür reichten noch in die Regierungszeit der PiS von 2005 bis 2007 zurück. Es wurde von dem aus der »Dreistadt« (Danzig, Zoppot, Gdingen) stammenden damaligen Vize-Kulturminister Jarosław Sellin unterstützt, was sicher ein Grund dafür war, warum er so verbissen gegen das Weltkriegsmuseum kämpfte. Damals war die Idee für ein neues Museum auf der Westerplatte aber nicht über die Phase sehr vorläufiger Pläne herausgekommen. Paradoxerweise wurden sie von Sławomir Nowak aufgegriffen, einem Politiker der Bürgerplattform (Platforma Obywatelska, PO) aus Danzig, der in der ersten Zeit nach den Wahlen von 2007 zu den engsten und einflussreichsten Beratern von Donald Tusk gehörte. Nowak und eine Gruppe seiner jungen Danziger Mitstreiter aus der PO wollten offensichtlich den Erfolg der »Museumsgruppe« wiederholen (wie man sie in der PiS und in den Medien nannte), nämlich derjenigen, die für das Museum des Warschauer Aufstands verantwortlich waren und von hier aus ihre politischen Karrieren aufbauten (neben dem Direktor Jan Ołdakowski waren dies Paweł Kowal, der stellvertretender Außenminister wurde, und Lena Cichocka, die Ministerin in der Präsidialkanzlei von Lech Kaczyński war).

Nowak weitete Sellins Idee aus. Auf der Westerplatte sollte eine Art »historischer Park« entstehen, wobei sowohl die erhaltenen Baulichkeiten des damals beschossenen Munitionslagers genutzt als auch die zerstörten Gebäude rekonstruiert werden sollten. Das Ganze sollte mit einem Yachthafen und anderen Objekten ergänzt werden, um Danziger und Touristen auf die Westerplatte zu locken. Direktor des Westerplatte-Museums sollte ein enger Bekannter No-

waks werden, ein Danziger PO-Stadtverordneter und früherer Leiter seines Abgeordnetenbüros. Er war kein Historiker und erklärte, sich nicht für Geschichte zu interessieren, was als Vorzug dargestellt wurde, da er so unparteiisch Auseinandersetzungen zwischen den Profis entscheiden könne. Dies stieß in der Öffentlichkeit auf keine Gegenliebe. Es gab Vorwürfe, dass man es hier mit politischem Klientelismus durch die in dieser Gegend unangefochten regierende PO zu tun habe. Ich hielt die Idee eines Wiederaufbaus der zerstörten Objekte des Munitionslagers prinzipiell für verfehlt, da dadurch eine Art historisches Disneyland entstanden wäre. Der Vorzug dieses Ortes ist seine zu schützende Authentizität – die erhaltenen Gebäude der Wachen, die Ruinen der Kasernen.
Die Gründung des Westerplatte-Museums wurde am 1. September 2008 verkündet, am selben Tag, an dem ich zum Bevollmächtigten für das Weltkriegsmuseum ernannt worden war. Dies führte zu einer gewissen Konfusion. Donald Tusk war sich über diese Zweigleisigkeit rasch im Klaren und führte noch im September eine Entscheidung herbei. Er lud mich zu einem Gespräch, an dem auch weitere Beteiligte teilnahmen, in sein Büro (erst jetzt lernte ich ihn persönlich kennen). Tusk fragte, welchen Sinn es habe, in einer Stadt zwei historische Museen zu bauen, die sich mit dem Krieg beschäftigen. Er erklärte, der polnische Staat könne es sich nicht leisten, zwei so große Projekte zu finanzieren und bat die Teilnehmenden, ihre Meinung zu äußern. Außer Nowak sagten alle Anwesenden, dass Polen viel eher ein Museum benötige, das die gesamte Kriegserfahrung zeige, nicht nur die sieben Tage dauernde Verteidigung der Westerplatte – ein Museum, das die europäische Geschichtsdebatte beeinflussen könne, was angesichts der deutschen Pläne für ein »Vertreibungsmuseum« von Bedeutung war.
Für das Museum des Zweiten Weltkriegs kamen zwei Orte in Frage: Die Westerplatte selbst und die Wallgasse am Rand der Altstadt, wo sich einst der Stadtteil Eimermacherhof befunden hatte, ehe er 1945 komplett zerstört wurde. Seit den 1970er Jahren gab es hier einen betonierten Platz und einen Wendeplatz für Autobusse, nun zeigte sich der Danziger Stadtpräsident Paweł Adamowicz bereit, dieses Grundstück bereitzustellen. Die Westerplatte wurde wegen ihrer

großen Entfernung von der Innenstadt verworfen, was die Zahl der Besucherinnen und Besucher von vornherein eingeschränkt hätte. Das Grundstück an der Wallgasse, einige Minuten zu Fuß vom berühmten Krantor gelegen, wo alle Touristen hinkommen, schien die ideale Lösung zu sein. In direkter Nachbarschaft befindet sich die »Polnische Post« – ein Schauplatz der Kämpfe am 1. September 1939 –, was ebenfalls von symbolischer Bedeutung war. Das Treffen beim Ministerpräsidenten endete mit dessen Entscheidung, dass kein Westerplatte-Museum, sondern ein Museum des Zweiten Weltkriegs mit Sitz an der Wallgasse entstehen sollte.

Infolgedessen wurde Anfang Dezember 2008 das Museum des Zweiten Weltkriegs durch die Umwandlung des nur auf dem Papier bestehenden Westerplatte-Museums gegründet. Hierdurch schien die PO das Problem der beiden parallelen Museen in Danzig gelöst zu haben, doch sollte dies später wieder dazu benutzt werden, das Weltkriegsmuseum anzugreifen. Eine andere Folge der Entscheidung war, dass Sławomir Nowak versuchte, mich zur Einstellung seines Protegés als mein Stellvertreter zu zwingen. Ich lehnte entschieden ab, da er keinerlei Qualifikationen für diesen Job besaß. Daraufhin versuchten Nowaks Leute im Stadtparlament, die Übergabe des Grundstücks an das Museum zu torpedieren, doch konnte Donald Tusk rechtzeitig alarmiert werden, der ihn sofort zur Raison rief.

Nowaks Projekt konnte keine Gestalt annehmen, im Westerplatte-Museum war noch keine Person beschäftigt worden, als es ins Museum des Zweiten Weltkriegs umgewandelt wurde. Ich erwähne das, weil man mir während der Angriffe des Jahres 2016 vorwarf, dass nach der Museumsgründung einige zuvor im Westerplatte-Museum eingestellte Personen ihre Arbeit verloren hätten. Das stimmt in keinster Weise. Als Vorwurf mir gegenüber wurde später auch das zweite Ergebnis der Beratung bei Tusk im September 2008 angeführt, nämlich die Entscheidung für die Wallgasse, wo die geologischen und hydrologischen Voraussetzungen angeblich ungünstig waren. Es handele sich, wie Staatssekretär Sellin bei seinem Kreuzzug gegen das Museum hartnäckig wiederholte, um »Hafengebiete« oder »Feuchtgebiete« (wobei diese beiden Vorstellungen einander ja eigentlich widersprechen), ja es habe sich hier lange die »Wasserentnahmestelle« für Danzig befunden. Letzteres ist absolut verkehrt, was ich bei Konsultationen mit Spezialisten für die Stadtgeschichte abklärte. Tatsächlich entstand das Museum auf einem an den Fluss Mottlau und an den Radaunekanal angrenzenden Gelände, doch nicht dies war die größte Herausforderung für die Bauingenieure, sondern das nach oben drückende Grundwasser. Es musste durch den Bau einer, wie die Fachleute sagen, »weißen Wanne« aus Stahlbeton neutralisiert werden, in der dann der Hauptteil des Museums und seine Dauerausstellung entstanden. Ähnliche Verhältnisse herrschen insgesamt in diesem Teil der Altstadt, was aber den Bau der Marienkirche und anderer, moderner Gebäude direkt an der Mottlau oder der Radaune auch nicht verhinderte. Stabilere Bodenverhältnisse findet man frühestens einige Kilometer außerhalb. Im Übrigen wäre der Bau eines Museums auf der schmalen Landzunge der Westerplatte eine noch viel größere Herausforderung gewesen.

Das geschilderte Treffen bei Donald Tusk war eines meiner wenigen Gespräche mit ihm. Wenn ich Dinge hatte, die für das Museum wichtig waren (wie vor allem die Beschließung des Mehrjährigen Regierungsprogramms oder später auch dessen Novelle aufgrund der längeren Bauzeit und der gestiegenen Kosten), richtete ich mich an Wojciech Duda oder an den jeweiligen Kanzleichef. Duda, der sich von Anfang an emotional sehr für das Projekt einsetzte und seine Bedeutung für die polnische Geschichte bestens begriff, spielte oft die Rolle eines Verbindungsmanns zwischen mir und Tusk, wenn dessen Unterstützung nötig war. Kulturminister Bogdan Zdrojewski war unseren Plänen gegenüber anfangs reserviert, da er offensichtlich meinte, das Weltkriegsmuseum sei ihm und seinen engsten Mitarbeitenden vom Ministerpräsidenten aufgedrückt worden; außerdem kostete es sein Ressort viel Geld, das man gut anderweitig hätte ausgeben können. Nach einigen Jahren wurde aus dieser anfänglichen Distanz jedoch eine gute Zusammenarbeit und ein wachsendes Vertrauen, so dass ich in schwierigen Situationen mit Zdrojewskis Unterstützung rechnen konnte. Als ehemaliger Stadtpräsident von Breslau verstand er gut, wie kompliziert und aufwendig es ist, ein großes Museum zu bauen, und so war er von Anfang an skeptisch gegenüber meiner Auffassung, das Museum zum Jahrestag des Kriegsausbruchs 2014 zu eröffnen.

Die einzige Angelegenheit, die nicht mit dem Weltkriegsmuseum zusammenhing und mit der ich mich als Tusks Berater beschäftigte, war das Institut für Nationales Gedenken. Unter dem neuen Direktor rief es immer größere Kontroversen hervor, da es ganz offensichtlich mit einer politischen Partei – der PiS – und ihrer Sicht der neuesten Geschichte sympathisierte. Dies drückte sich u.a. in der »Dekonstruktion« der historischen Rolle von Lech Wałęsa aus, dessen vorübergehende Zusammenarbeit mit den Sicherheitsdiensten Anfang der 1970er Jahre aufgebauscht wurde. Damit einher gingen viele Veröffentlichungen und Äußerungen von IPN-Historikern, die nahelegten, dass das Zentrum der demokratischen Opposition und der Solidarność von den Diensten unterwandert war, ja dass diese auch die Beratungen am »Runden Tisch« 1989 und die demokratische Transformation gesteuert hätten. Aus dem Institut gelangten Dokumente an rechte Journalisten, die verschiedene Persönlichkeiten des öffentlichen Lebens kompromittieren sollten. Tusk bat mich nach neuen Angriffen auf Wałęsa 2009, eine Novelle des IPN-Gesetzes vorzubereiten, die dessen unpolitischen Charakter garantieren und das Risiko minieren sollte, Material der kommunistischen Geheimdienste politisch zu instrumentalisieren. Da ich das IPN von der Pike auf kannte, wusste ich gut, in welche Richtung diese Reform gehen sollte, auch wenn es nicht leicht war, das in konkreten Gesetzen zu formulieren.

Die wichtigsten Grundlagen der Reform bereiteten wir innerhalb einiger Monate vor, gemeinsam mit Wojciech Duda und einem weiteren Kollegen von der Polnischen Akademie der Wissenschaften, der im IPN gearbeitet hatte und nicht nur Historiker sondern auch Jurist war. Nun arbeiteten wir also die Novelle eines Gesetzes aus, die einerseits die Nutzung der IPN-Archive erleichtern sollte, etwa durch die Verpflichtung, vollständige Findbücher und Archivinformationen zu erstellen, zu veröffentlichen und bestellte Dokumente innerhalb von sieben Tagen zur Verfügung zu stellen. Beides sollte verhindern, dass der Zugang zu »delikaten« Dokumenten zu politischen Manipulationen genutzt wurde: In der Vergangenheit waren in einigen Fällen Materialien im Expresstempo zugänglich gemacht und zum Beispiel gegen Richter des Verfassungsgerichts verwendet worden,[2] während in anderen Fällen Dokumente viele Monate, ja sogar Jahre nicht ausgehändigt wurden. Am wichtigsten waren aber die vorgeschlagenen Veränderungen bei der Einberufung der IPN-Gremien: Bis dahin wurde das Kollegium des Instituts, das einen Kandidaten für den Direktor nominierte (der schließlich vom Sejm bestätigt wurde), direkt von Politikern gewählt. Wir schlugen ein neues System vor, in dem Fachhistoriker und Juristen die wichtigste Stimme haben sollten. Nun erhielten die Hochschulen und Institute der Polnischen Akademie der Wissenschaften die Möglichkeit, die Mitglieder des IPN-Rats vorzuschlagen, aus denen Sejm und Senat wiederum eine Auswahl treffen sollten. Hierdurch sollte eine »demokratische« Wahl garantiert, aber auch der Einfluss der akademischen Kreise beschränkt werden. Denn zwei Mitglieder sollten vom Staatspräsident aus Vorschlägen des Landesgerichtsrats und der Staatsanwaltschaft ausgewählt werden. Gegen die Novelle protestierte die PiS, die im IPN in seiner bisherigen Form einen überwältigenden Einfluss besaß, sowie auch der Direktor. Sie wurde aber schließlich im März 2010 beschlossen.

Die Neufassung des IPN-Gesetzes hatte nach meiner Überzeugung gute, wenn auch vorübergehende Effekte, die zur Entpolitisierung des IPN beitrugen. Der aus Historikern und Juristen bestehende Rat wählte nach dem Tod des bisherigen Direktors in der Flugzeugkatastrophe von Smolensk 2010 einen konservativ orientierten Zeithistoriker, der keineswegs zum Umfeld der PO gehörte, zum neuen Leiter. In seiner fünfjährigen Amtszeit bemühte er sich, Distanz und Unabhängigkeit gegenüber der Politik zu wahren, aber im IPN auch wahrhaft wissenschaftliche Projekte zu verwirklichen. Die nächste Neufassung des IPN-Gesetzes, die von der PiS 2016 durch-

2 Siehe Ewa Siedlecka: IPN chroni posła Mularczyka [IPN schützt Abgeordneten Mularczyk]. In: Gazeta Wyborcza vom 9. August 2007; Michał Engelhardt: TK kontra Mularczyk. Czy poseł PiS był w ogóle w IPN? [Das Verfassungsgericht gegen Mularczyk. War der PiS-Abgeordnete überhaupt im IPN?] In: Gazeta.pl vom 23. Oktober 2008.

gesetzt wurde, beseitigte den Einfluss der Historikerzunft und der Juristen auf das IPN, wodurch das Institut völlig unter die Kontrolle der Regierungspartei und der Parlamentsmehrheit geriet.

Wie bereits erwähnt, diente uns die Kanzlei des Ministerpräsidenten als organisatorisches Standbein in Warschau, vor allem in der ersten Zeit vor der eigentlichen Gründung des Museums. Piotr M. Majewski und ich trafen damals zahlreiche Personen, die Erfahrung mit dem Aufbau narrativer Geschichtsmuseen hatten. Ich erinnere mich an ein Gespräch mit Experten vom Museum des Warschauer Aufstands sowie mit Jerzy Halbersztadt, damals Direktor des seit vielen Jahren entstehenden Museums für die Geschichte der Polnischen Juden. Halbersztadt überzeugte uns, dass der Aufbau eines Museums erfordere, die akademischen Gewohnheiten über Bord zu werfen und sich eine ganz andere Sichtweise von Vergangenheit, Raum und Gegenständen anzueignen. Wir sollten uns bald davon überzeugen, wie sehr er recht hatte.

Von Anfang an gingen wir davon aus, dass die Ausstellung in einem Dialog mit Fachleuten aus Geschichtswissenschaften und Museumswesen entstehen sollte. Dazu dienten die bereits erwähnte Diskussion über die Programmgrundlagen, aber auch die von uns in Auftrag gegebenen Gutachten. Wir baten um Vorschläge, welches die wichtigsten Bestandteile ihrer jeweiligen Spezialisierung seien, die in der Ausstellung gezeigt werden müssten, wie sie präsentiert werden sollten und welche Exponate und Fotografien in Frage kämen. Die eingehenden Papiere enthielten sowohl sehr allgemeine Bemerkungen, die für die Erörterung der Gesamtausstellung wertvoll waren, als auch zuweilen sehr konkrete Ratschläge, welche Materialien wir suchen sollten und wie interessante Exponate zu erlangen wären.

In dieser ersten Zeit besuchten wir auch verschiedene narrative Geschichtsmuseen. Ich erinnere mich, welch großen Eindruck das In Flanders Fields Museum im belgischen Ypern auf uns machte, das die erbitterten Kämpfe darstellt, die sich im Ersten Weltkrieg in der Umgebung abspielten, dabei aber auch auf sehr gelungene Weise versucht, die universelle Kriegserfahrung zu zeigen. Dies war für uns ganz gewiss eine wichtige Anregung. Wir schauten uns das

Imperial War Museum in London an, das damals in größeren Teilen noch ein traditionelles, recht altmodisches Militärmuseum mit einer gewaltigen Zahl von Waffen und Uniformen war, aber auch das kurz zuvor eröffnete Imperial War Museum North in Manchester. Dieses in einem von Daniel Libeskind entworfenen Bau eingerichtete Museum hatte eine moderne, interaktive Ausstellung und konzentrierte sich nicht auf einzelne Schlachten und Militärgerät, sondern wollte zeigen, was der Krieg für Armeeangehörige und für die Zivilbevölkerung bedeutet. Das Museum in Manchester hat zudem einen vernachlässigten, postindustriellen Stadtteil zu neuem Leben erweckt; bald nach seinem Bau entstanden hier weitere Objekte, darunter eine Kunstgalerie. Dies war für uns ein interessanter Bezugspunkt, da wir ein Museum in einem Teil von Danzig aufbauen wollten, der nach 1945 praktisch ausgestorben war, nun aber die Chance bekam, neu für die Stadt erschlossen zu werden.

In Frankreich sahen wir ein sehr gelungenes Museum des Ersten Weltkriegs, das Historial de la Grande Guerre in Péronne, unweit der Schlachtfelder an der Somme. Dieses eigentlich recht traditionelle Museum überzeugt vor allem durch die in der Ausstellung versammelten Gegenstände und bildet mit Originalexponaten eine leidenschaftliche Erzählung. Besonders ist auch die parallele Darstellung gleichrangiger Perspektiven dreier Kriegsteilnehmer – Frankreichs, Großbritanniens und Deutschlands. Das wäre in einem Museum über den Zweiten Weltkrieg so allerdings nicht möglich, da die Verantwortung für Aggression und Verbrechen eindeutig und viel einseitiger verteilt ist. In Paris besuchten wir die jüngste Errungenschaft der französischen Museumslandschaft, das Charles de Gaulle Monument, gewissermaßen das extreme Gegenteil des Historial de la Grande Guerre. Dieses Museum war völlig multimedial, mit Dutzenden von Bildschirmen, auf denen sich unentwegt die Bilder abwechselten. Einige von ihnen funktionierten nicht, obwohl das Museum erst einige Monate zuvor eröffnet worden war. Ich hatte den Eindruck, dass ich mich im Newsroom einer großen Fernsehstation befand und konnte in der gesamten Ausstellung kein einziges authentisches Exponat entdecken. Das war für uns eine Warnung, wozu ein Museum führen kann, wenn man sich allzu sehr von den modernen Kommunikationsmitteln faszinieren lässt und die Originalobjekte vernachlässigt.

Interessant waren auch die Reisen in den Osten. In Kiew besichtigten wir das Museum des Großen Vaterländischen Kriegs, das zu sowjetischen Zeiten erbaut worden war und damals das wichtigste dem Krieg gewidmete Museum im Lande war. Nachdem die Ukraine 1991 die Unabhängigkeit erlangt hatte, wurde es »ukrainisiert«. Es sollte nun über den Vaterländischen Krieg in der Ukraine sowie über die Kämpfe von aus der Ukraine stammenden Soldaten berichten. In der Praxis war es aber schwer, dies von der allgemeinen sowjetischen Geschichte zu trennen. Man fügte auch neue Elemente hinzu, außerhalb der Hauptausstellungsfläche: über das von den Deutschen in Babi Jar bei Kiew verübte Massaker sowie über die Unabhängigkeitskämpfe antisowjetischer Gruppierungen wie der Organisation Ukrainischer Nationalisten und der Ukrainischen Aufstandsarmee. Es handelte sich also um ein interessantes Hybrid von alten und neuen Zeiten, die im Museum nebeneinander koexistierten, im Grunde aber eigenständige Teile waren. Nach der russischen Aggression gegen die Ukraine wurde der Name in Museum des Zweiten Weltkriegs in der Ukraine geändert und im Foyer des Museums wurde eine Ausstellung über die Kämpfe im Donbass eröffnet. Als ich sie 2015 besuchte, zeigte mir der Direktor stolz das neueste Exponat: Ein zerschossenes Geländefahrzeug, das den legendären Verteidigern des Flughafens von Donezk (»Cyborgs«) gehört hatte. Das Kiewer Museum war für uns nicht als Ausstellung ein Vorbild, dafür aber lebendiges Beispiel dafür, wie man die Erinnerung an den Krieg unter dem Einfluss aktueller Ereignisse verändern kann und wie schwer es doch zugleich ist, frühere Vorstellungen über diesen Krieg zu verändern.

In Moskau schauten wir uns das monumentale Museum des Großen Vaterländischen Kriegs an. Sein Bau hatte schon in den 1980er Jahren in der Sowjetunion begonnen, doch eröffnet wurde es erst 1995, am 50. Jahrestag des Kriegsendes. Es rühmte den sowjetischen und russischen Triumph über das Dritte Reich, unter anderem indem es die vom Feind eroberten Standarten zeigte, dieselben, die bei der berühmten Parade auf dem Roten Platz 1945 vor Stalin auf den Boden geworfen worden waren. Dazu dienten auch Dioramen von gigantischen Ausmaßen, die von den wichtigsten Schlachten erzählten und die Namen aller Helden der Sowjetunion, die in einer Galerie des Ruhms in Stein gehauen waren. Es gab hier unwahrscheinlich viel Militärausrüstung, sowohl sowjetische als auch deutsche, oft Raritäten. Das war gewiss nicht die Richtung, in die wir uns beim Aufbau unseres Museums bewegen wollten, doch beneideten wir die Moskauer Kollegen um viele wertvolle Exponate. Unsere Gastgeber bekamen das durchaus mit. Der stellvertretende Direktor versuchte uns zu überreden, unseren Programmbeirat um einen russischen Historiker zu ergänzen, der vom Museum des Großen Vaterländischen Kriegs benannt werden sollte, also *de facto* vom russischen Staat. Wir hätten dann aus ihren riesigen Sammlungen alle Exponate erhalten, die wir uns nur wünschen konnten. Er meinte, es würde sonst sehr schwer werden, von Grund auf eine gehaltvolle Sammlung aufzubauen. Natürlich willigte ich nicht ein, doch war das für uns eine sehr interessante Erfahrung, die zeigte, wie aufmerksam unser Unterfangen in Moskau beobachtet wurde. Die Gastgeber kannten die auf unserer Homepage veröffentlichten Programmgrundlagen und verhehlten nicht, dass sie nicht ihre Zustimmung fanden, was sie paradoxerweise den polnischen Rechten ähnlich werden ließ.

In New Orleans besichtigten wir das größte amerikanische Museum über den Krieg, The National World War II Museum. Es beschäftigt sich mit dem Krieg ausschließlich von einem amerikanischen Standpunkt aus, selbst in den offiziellen Materialien (z.B. den diversen Souvenirs, die man an Gäste verteilt oder die man im Museumsladen erwerben kann) wurden als Kriegsdauer ganz offen die Jahre 1941 bis 1945 genannt – vom Angriff auf Pearl Harbor bis zur Kapitulation Japans. Die Ausstellung bestand aus zwei Blöcken: Einer war den Kämpfen amerikanischer Soldaten im Pazifik gewidmet, der andere dem europäischen Kriegsschauplatz. Erfahrungen anderer Nationen oder Fronten, an denen keine Amerikaner kämpften, gab es praktisch nicht. Mehr oder weniger gleichviel Raum war Polen und der Sowjetunion gewidmet – beide Länder wurden genau zweimal erwähnt. Einer dieser beiden Momente, an denen die

Sowjetunion auftaucht, war die Beschriftung eines wunderschönen, glänzenden Motorrads der Marke Harley-Davidson – es wurde hier darüber informiert, dass die Vereinigten Staaten mehr als 100.000 derartige Maschinen in die Sowjetunion gaben. Die Zivilbevölkerung wurde nur dort gezeigt, wo es um die wirtschaftliche Mobilisierung hinter der Front ging. Das war zum Teil das Spiegelbild des Museums des Großen Vaterländischen Kriegs in Moskau, und ich konnte mich des Eindrucks nicht erwehren, dass das eine wie das andere Museum die Erwartungen vieler unserer einheimischen Kritiker erfüllen würde, würde man hier nur die russische bzw. die amerikanische Perspektive durch die polnische ersetzen. Die Besuche in Moskau wie auch in New Orleans bestärkten uns in der Auffassung, dass es sich lohnen würde, unsere Vorstellung von der Ausstellung zu verwirklichen: Sie würde keiner Ausstellung in irgendeinem anderen Museum über den Zweiten Weltkrieg ähneln.

Die Anfänge des Danziger Teams

In Danzig war Wojciech Duda mein erster Führer. Mit ihm zog ich Anfang September los, um die Gegend rund um die Wallgasse zu besichtigen. Frappierend war, dass wir uns zwar nur einen Steinwurf von den touristischen Zentren und überlaufenen Orten der Innenstadt befanden, doch konnte man wie auch an vielen anderen Stellen Danzigs den Eindruck haben, dass der Krieg hier eine Bresche geschlagen hatte, die bis heute zu sehen war. Die Bebauung hörte auf und es begann ein leerer, betonierter Platz, der als Endhaltestelle für Autobuslinien diente. Man konnte sich kaum vorstellen, dass an diesem Ort schon bald ein Museum entstehen sollte (es war noch kein Entwurf des Gebäudes ausgewählt worden, weshalb wir keine Ahnung hatten, wie es aussehen würde), und daneben weitere Gebäude, so dass wir letztlich dazu beitragen würden, dass dieser kriegszerstörte Ort in Danzig wieder mit städtischer Bausubstanz gefüllt werden würde.

Für mich war dies zugleich der Anfang eines langen und faszinierenden Kennenlernens von Danzig, eines langsamen Hineinwachsens in die Stadt. Ich war mir darüber im Klaren, dass ich von außen komme, was ein Nachteil ist, zugleich aber auch ein Vorzug, denn das Museum sollte sich ja nicht nur auf die Lokalgeschichte beschränken, sondern sämtliche polnische Kriegserfahrungen des Zweiten Weltkriegs vor einem breiten europäischen und globalen Hintergrund zeigen. Ortskenntnis brachte hingegen mein Stellvertreter und engster Mitarbeiter Janusz Marszalec ein, kurz darauf auch andere Personen, die wir im Museum einstellten und die meistens aus Danzig stammten und die hiesige Universität besucht hatten. Ich tat meinerseits alles, um die Stadt, ihre Menschen und die Geschichte kennenzulernen. Nach der Arbeit oder am Wochenende durchstreifte ich – zu Fuß oder mit dem Fahrrad – die Niederstadt, den Bischofsberg, den Stadtteil Langfuhr oder die Werftgegend, um Spuren des alten Danzigs zu suchen, wobei ich zugleich beobachtete, wie es von neuen, immer moderneren Schichten überlagert wurde. Einige Jahre lang war ich Mitglied des Beirats des Europäischen Solidarność-Zentrums, was mir Einblick in eine andere faszinierende Initiative und in ein wichtiges Kapitel Danziger Geschichte gewährte. Bald gesellte sich auf diesen Wanderungen meine Frau hinzu, die ebenfalls Historikerin ist und ein Buch über die Streiks im August 1980 und deren historischen Kontext schrieb. Mit wahrer journalistischer Leidenschaft lernte sie Dutzende von Menschen kennen und auch die Orte, über die sie forschte. Nach über acht Jahren hatten wir das Gefühl, dass wir tief mit Danzig verwachsen waren.

Nach der formalen Gründung des Museums durch den Kulturminister Anfang Dezember 2008 war es nun möglich, in Danzig ein Team zu bilden. Am Anfang standen zwei kleine Zimmer, doch viele Dutzend Bewerberinnen und Bewerber fanden ihren Weg hierher, die meistens vor kurzem ihr Studium abgeschlossen hatten. Wir wählten am häufigsten Absolventen der Geschichtswissenschaften der Universitäten Danzig und Thorn aus, die sich mit dem Zweiten Weltkrieg oder zumindest mit der Geschichte des 20. Jahrhunderts beschäftigt hatten. Mit der Zeit stießen viele weitere Personen zum Team, darunter auch ein deutscher Historiker, Daniel Logemann, der ausgezeichnet Polnisch sprach. Es war für mich interessant zu beobachten, wie sich ein deutscher Wissenschaftler hervorragend in die Mannschaft einfügte und dabei etwas verinnerlichte, was man den »polnischen Standpunkt« nennen könnte. Damit widerlegte er ein hinterhältiges Hauptargument Jarosław Kaczyńskis gegen uns. Viele aus dem Team machten sich mit gewaltigem Eifer an die Arbeit, den Aufbau des Museums und der Hauptausstellung, denn sie waren sich bewusst, dass dies eine einzigartige berufliche Chance war. Einige bemühten sich, nebenher ihre Doktorarbeiten voranzutreiben. Die Aufgabe des Viererquartetts – neben mir gehörten Marszalec, Majewski und Wnuk dazu – war es, alles in die richtige Richtung zu lenken, gleichzeitig den Jüngeren aber auch eine eigene Entwicklung zu ermöglichen. Die Gehälter waren nicht hoch, wir verlangten schwere Arbeit in einer langsam immer nervöser werdenden Atmosphäre, doch hielten wir alle auch zu eigener wissenschaftlicher Betätigung an, wir ermöglichten ihnen Archivreisen und bezahlten ihnen Sprachkurse. Rafał Wnuk, der die wissenschaftliche Abteilung übernahm, organisierte ein regelmäßiges Kolloquium, auf dem die Mitarbeitenden ihre Forschungsprojekte vorstellten.

Nach einigen Monaten zogen wir ins Zentrum des historischen Danzig, in ein Haus an der Langgasse, direkt am Langgässer Tor. Das erste Jahr hindurch war das Team noch klein und bestand aus weniger als 20 Personen, doch mit der Zeit, vor allem nach dem Beginn des Baus, wuchs es rasch an – zum Zeitpunkt der Eröffnung waren es 60 Beschäftigte, darunter ein Dutzend Ingenieure. Ein großes und unerwartetes Hindernis für die sinnvolle Entwicklung einer Belegschaft war die landesweite Haushaltssperre für Löhne und Gehälter zwischen 2010 und 2015, was sicherlich für den Staat eine wichtige Maßnahme zur Konsolidierung der Finanzen war, gerade eben erst entstehende Einrichtungen wie die unsere aber stark beeinträchtigte. Irgendwann konnten wir tatsächlich niemand Neuen mehr einstellen (es sei denn, dass jemand kündigte), und den Beschäftigten konnten wir auch keinerlei Lohnerhöhungen und Gratifikationen geben, was im Laufe der Jahre zu einem merklichen Sinken der Reallöhne führte.

Die Entstehung dieses großen Museums mussten wir also mit einem eigentlich sehr kleinen Team bewerkstelligen, das zum Großteil ständig überlastet war und die unterschiedlichsten Aufgaben übernahm. Zwar hob die PiS-Regierung 2016 die Lohn- und Gehaltssperre landesweit wieder auf, wobei sie von der guten Situation der öffentlichen Finanzen profitierte, die ihr die Vorgängerregierung hinterlassen hatte. Zugleich aber genehmigte das Ministerium für Kultur und Nationales Erbe dem Museum für 2016 (und dann auch für 2017) einen so niedrigen Haushalt, dass wir eigentlich gar keine Belegschaft aufbauen konnten, die die Eröffnung würde herbeiführen und den normalen Ausstellungsbetrieb garantieren können. Dies war Element des totalen Kriegs, der seit der Amtseinführung der PiS-Regierung und der Amtsübernahme durch Kulturminister Piotr Gliński und seinen Stellvertreter Jarosław Sellin gegen uns geführt wurde. Und so mussten wir uns – von den ersten Monaten einmal abgesehen – eigentlich die ganze Zeit über mit finanziellen und personellen Einschränkungen herumschlagen.

Wir gingen mit unserem wirklich kleinen Team im Jahr 2009 zwei sehr wichtige Aufgaben an. Am wichtigsten war der Wettbewerb für die Szenografie der Ausstellung. Ohne die Beauftragung eines Gestaltungsbüros, das unsere Erzählung über den Krieg in eine gestalterische Sprache umsetzen würde, und ohne konkrete ausstellungsbedingte und räumliche Vorschläge konnten wir nicht ernsthaft damit beginnen, das Museum aufzubauen. Wir gingen davon aus, dass alles kohärent entstehen müsse und dass sich die Architektur des künftigen Gebäudes an die Ausstellung anzupassen habe, nicht umgekehrt. Das hatte unter anderem Jerzy Halbersztadt empfohlen, der bei der Entwicklung des Museums für die Geschichte der polnischen Juden ähnlich vorgegangen war. Wir kannten bereits Museen, die sich verdientermaßen großer Beliebtheit erfreuten, in denen die Ausstellung in ein entweder bereits bestehendes Gebäude hineingezwängt wurde – wie beim Museum des Warschauer Aufstands, das sich in einem alten Straßenbahndepot befindet –, oder aber zwar ein neues Gebäude erhielt, wie im Fall des ikonischen Projekts von Daniel Libeskind für das Jüdische Museum Berlin, wo aber zunächst das Gebäude entworfen wurde und die Ausstellung die durch die Architektur vorgegebenen Beschränkungen in Kauf nehmen musste.

Wir wollten, dass alles mit der Ausstellung beginnt; sie war von den ersten Wochen unserer Arbeit an das Wichtigste. Wir mussten die sehr allgemeinen Programmgrundlagen in konkrete Hinweise zu den in der Ausstellung aufzugreifenden Themen umwandeln, aber auch deren räumliche Anordnung, die wichtigsten Abteilungen und die Ausstellungsfläche festlegen. Der Wettbewerb wurde international ausgeschrieben, viele führende europäische Gestaltungsbüros interessierten sich für den polnischen Markt, weshalb ein Teil der Wettbewerbsmaterialien verständlich geschriebene Informationen über Polen im Zweiten Weltkrieg enthalten musste, so dass die ausländischen Planer begreifen konnten, worum es uns ging und welche Erwartungen der polnischen Öffentlichkeit wir erfüllen wollten. All dies wurde von Piotr M. Majewski koordiniert, wobei ihn Marszalec, Wnuk und ich unterstützten. Es gelang uns, bedeutende Persönlichkeiten mit ganz unterschiedlichem Hintergrund für die Jury zu gewinnen, darunter den Regisseur Andrzej Wajda, den Grafiker Andrzej Pągowski, den Schriftsteller Stefan Chwin sowie den amerikanischen Journalisten und Autor historischer Bücher Andrew Nagorski.

Schließlich trafen zehn Bewerbungen ein, darunter von den renommiertesten Gestaltungsbüros in Europa. Besonders stark vertreten waren britische Büros, die auf diesem Gebiet als die besten galten. Die Jury wählte ein Projekt aus, das durch seinen Einfallsreichtum und seinen plastischen Charakter überzeugte, aber auch durch das intuitive Gespür für die polnischen historischen und ästhetischen Sensibilitäten. Bereits in diesem frühen Stadium gab es hier Vorschläge, die sich in der Jahre später eröffneten Ausstellung maßgeblich wiederfinden: Die Darstellung des Polnischen Untergrundstaates in einer kellerartigen Umgebung, oder große Buchstaben, die sich zu den Wörtern »Terror« und »Opór« (Widerstand) fügen und durch die die Besucherinnen und Besucher in die jeweiligen Bereiche der Ausstellung gelangen. Der Vorschlag zeichnete sich im Vergleich zu vielen anderen, zurückhaltenderen und »asketischeren« Projekten aus, die das polnische Publikum gewiss weniger direkt angesprochen hätten. Dessen Erwartungen waren in erheblichem Maße durch das stark besuchte Museum des Warschauer Aufstands geprägt worden, das auf eine »reichhaltige« Szenografie ebenso wenig verzichtete wie auf starke audiovisuelle Effekte. Ich sollte später erleben, dass zum Beispiel viele deutsche Museumsfachleute und Historiker von der Dynamik und »Intensität« der Gestaltung unserer Ausstellung überrascht waren. Sie waren an traditionellere Ausstellungen gewöhnt, wie sie in Deutschland vorherrschen, wo Informationen und Bilder die größte Rolle spielten und wo es in der Regel relativ wenige authentische Gegenstände und fast gar keine Rekonstruktionen oder künstlerische Installationen gab.

Ein Anhänger des siegreichen Projekts war Andrzej Wajda, der es als sehr »filmisch« empfand; bei der Durchsicht der Wettbewerbseinreichungen fand er hier eigene Erinnerungen wieder. »Im August 1939 kam ich durch Danzig«, rekapitulierte der Regisseur. »Die ganze Stadt war voller NS-Fahnen. Daran erinnere ich mich bis heute. Die Jugend wird heute mit einer großen Menge von Bildern konfrontiert. Darum muss ein modernes Museum des Zweiten Weltkriegs einen solch visuellen Charakter haben.«[3] Das war auch der Beginn unserer langen Zusammenarbeit mit Andrzej Wajda und seiner Frau Krystyna Zachwatowicz, einer großartigen Bühnenbildnerin, die für viele Filme und Theateraufführungen gearbeitet hatte, beide unterstützten das Museum mehrere Jahre lang. Andrzej Wajda erklärte sich damit einverstanden, vor der Kamera über seinen Vater zu erzählen, einen Offizier der Polnischen Armee, der in Katyn ermordet worden war. Damit wurde er zu einem der wichtigsten Erzähler in dem Film über dieses Verbrechen, der in der Hauptausstellung zu sehen ist.

Verantwortlich für das siegreiche Projekt war das belgische Büro Tempora in Brüssel. In Wirklichkeit war es aber ein sehr internationales, auch sehr polnisches Team. Wichtigster wissenschaftlicher Berater war Krzysztof Pomian, ein bekannter Philosoph und Historiker, eine der führenden europäischen Museums-Autoritäten, der Polen Anfang der 1970er Jahre nach der antisemitischen und

3 Raport z działalności Muzeum II Wojny Światowej za rok 2009 [Tätigkeitsbericht des Museums des Zweiten Weltkriegs für das Jahr 2009]. Gdańsk 2010, S. 23.

gegen die Intellektuellen gerichteten Kampagne der vorhergehenden Jahre verlassen hatte. Mittelpunkt des Tempora-Teams waren zwei belgische Szenografen sowie die französische Museumsfachfrau Isabelle Benoit, die zu Beginn unserer Zusammenarbeit unsere Hauptansprechpartnerin war. Das intellektuelle Zentrum von Tempora war neben Pomian Elie Barnavi, eine sehr interessante Persönlichkeit: Er war Universitätsprofessor in Tel Aviv, früherer israelischer Botschafter in Frankreich und Elitesoldat der israelischen Armee. Als ich ihn über seine Soldatenerinnerungen ausfragen wollte, entgegnete er mir, dass er sich vor allem an unaufhörliche Übungen und Märsche mit sehr schwerer Ausrüstung erinnere. Das gab mir zu denken, weil wir ja in unserer Ausstellung auch das Alltagsleben der Soldaten zeigen wollten, das eben nicht nur aus Kämpfen besteht. Tempora war bekannt für Museen und Ausstellungen, die vor allem in Belgien und Frankreich entstanden waren, unter anderem in Bastogne, wo die Ardennenschlacht Ende 1944 und Anfang 1945 gezeigt wird, in Waterloo über die Schlacht von 1815 oder auch in Paris für eine aufsehenerregende Ausstellung über die Rolle der Religion in der Menschheitsgeschichte. Ihr größtes, bis dahin noch nicht ganz verwirklichtes Projekt war das Europa-Museum. Der den Zweiten Weltkrieg behandelnde Teil war bereits in Brüssel und in der Jahrhunderthalle in Breslau (»Europa – das ist unsere Geschichte«) gezeigt worden und hatte hervorragende Kritiken bekommen. Als das Europaparlament die Schaffung eines eigenen Museums beschloss (das bereits erwähnte Haus der Europäischen Geschichte), verloren die Tempora-Pläne leider an Relevanz. Polen wurde für Tempora neben Belgien und Frankreich zum wichtigsten Tätigkeitsgebiet. Dies war auf die Rolle von Krzysztof Pomian zurückzuführen, aber auch darauf, dass in den Jahren zuvor Polen in Europa zum wichtigsten Museumsmarkt geworden war. In keinem anderen Staat entstanden mit vergleichbarer Dynamik so viele neue Museen, vor allem zu historischen Themen. Tempora schlug in Polen immer weitere Wurzeln und gewann zum Beispiel in Posen den Wettbewerb für die Umsetzung eines Museums für den Beginn der polnischen Staatlichkeit (Brama Poznania, eröffnet 2014) oder auch in Białystok für das Sibirien-Museum. Außerdem bereitete das Büro eine Ausstellung über Kardinal Bolesław Kominek und seine Rolle für die deutsch-polnische Versöhnung vor, die in mehreren Ländern zu sehen war.

Neben dem Wettbewerb für die Gestaltung der Hauptausstellung war es zu Beginn unserer Arbeit die wichtigste Aufgabe, in kurzer Zeit eine Ausstellung für die Westerplatte vorzubereiten. Am 1. September 2009 sollten hier die Feierlichkeiten aus Anlass des Jahrestags des Kriegsausbruchs stattfinden, an denen führende politische Delegationen Europas und der Welt teilnehmen sollten – und mit ihnen eine große Zahl von Fernsehanstalten und Presseorganen. Es handelte sich um eine hervorragende Gelegenheit, um die polnische Geschichte bekannter zu machen und bei dieser Gelegenheit auch unser entstehendes Museum. Innerhalb weniger Monate bereiteten wir mit dem gerade erst zusammenfindenden Team auf der Westerplatte eine ziemlich große Ausstellung vor und bauten sie auf. Sie trägt den Namen »Westerplatte: Kurort, Bastion, Symbol« und zeigt die ganze Geschichte dieses Ortes und der Ereignisse, die sich hier seit dem 18. Jahrhundert abgespielt haben. Dabei konzentrierte sie sich natürlich insbesondere auf die Geschichte des Munitionslagers, auf den deutsch-polnischen Konflikt um Danzig und Pommerellen, auf die Kampfhandlungen vom September 1939 sowie auf die Nachkriegs-Bedeutung der Westerplatte als nationales Symbol, das einerseits Gegenstand der kollektiven polnischen Identität war, andererseits von den Kommunisten instrumentalisiert wurde.

Diese Ausstellung wurde am 1. September 2009 im Morgengrauen von Ministerpräsident Donald Tusk eröffnet, der bei dieser Gelegenheit auch die symbolische Errichtungsurkunde für das Museum des Zweiten Weltkriegs unterschrieb. Durch die großen, internationalen Feierlichkeiten hatte die Ausstellung von Anfang an viele Gäste und wurde in der Rzeczpospolita sogar von Piotr Semka positiv beschrieben, generell einem unserer erbittertsten Kritiker.[4] Dadurch ließ unsere Wachsamkeit vielleicht ein wenig nach, da wir

4 Piotr Semka: Westerplatte: kurort – bastion – symbol [Westerplatte: Kurort – Bastion – Symbol]. In: Rzeczpospolita vom 30. September 2009.

kurzzeitig die Hoffnung hatten, dass es über die Geschichte und das Museum selbst einen halbwegs rationalen Dialog geben könnte. Die Feierlichkeiten vom 1. September 2009 hielt ich im Übrigen für ein sehr gelungenes Ereignis der »Geschichtspolitik«. Die Welt wurde darauf aufmerksam gemacht, dass der Krieg mit dem deutschen Angriff auf Polen begann, sie lernte etwas über unsere Kriegserfahrungen und unser Schicksal nach dem Krieg. Putin verteidigte in seiner Ansprache zwar den von der Sowjetunion unterzeichneten Hitler-Stalin-Pakt, sprach vom Bestreben Moskaus, seine eigene Sicherheit zu garantieren, und erinnerte daran, dass gerade einmal ein Jahr zuvor die westlichen Demokratien in München zum Untergang der Tschechoslowakei beigetragen hatten. Dabei handelte es sich aber um Argumente und um eine Sprache, die noch eine rationale Debatte zuließen, die kurz darauf aufgrund der sich verändernden Lage in Russland viel schwieriger werden sollte. Wer sich beschwert, die Republik Polen betreibe seit 1989 eine »Pädagogik der Scham«, der sollte sich die Rede anhören, die Präsident Lech Kaczyński bei diesen Feierlichkeiten hielt: Relativ unerwartet entschuldigte er sich für die Beteiligung Polens an der Teilung der Tschechoslowakei und der Besetzung des Olsa-Gebietes 1938.[5]

Was nun die Westerplatte betrifft, so ist die Ausstellung »Kurort, Bastion, Symbol« eine Dauerausstellung und wird Jahr für Jahr von Zehntausenden Menschen besucht. Das Museum erstellte für die Halbinsel auch eine zweite Dauerausstellung, die im Einzelnen die Geschichte des Munitionslagers beschreibt, auch der nicht mehr existierenden Einrichtungen. Neben diesen beiden Open-Air-Ausstellungen, die durch umfangreiche Bildungsangebote ergänzt wurden (vor allem für Schulklassen), gibt es in der Wache Nr. 1 eine Abteilung des Historischen Museums der Stadt Danzig. Diese wurde 2013 modernisiert, wobei das Museum des Zweiten Weltkriegs erhebliche Eigenmittel sowie inhaltliche Beratung zur Verfügung stellte. Völlig unwahr waren somit die Argumente von Kulturminister Piotr Gliński und seinem Stellvertreter Jarosław Sellin, die nach

5 Die Texte der Ansprachen vom 1. September auf der Westerplatte wurden u.a. in der Gazeta Wyborcza vom 2. September 2009 abgedruckt.

der Gründung des neuen Westerplatte-Museums im Dezember 2015 hartnäckig behaupteten, die Westerplatte sei jahrelang vernachlässigt worden und es gäbe dort nichts als »Gebüsch«. Ich hatte nur einmal die Gelegenheit, mit dem Direktor des Westerplatte-Museums Mariusz Wójtowicz zu sprechen, der ankündigte, dort etwas ganz Neues aufzubauen und unsere beiden Ausstellungen zu entfernen. Bis heute ist nicht klar, was entstehen soll, obwohl seit Gründung des Westerplatte-Museums schon viel Zeit vergangen ist. Nebenbei gesagt – unsere Ausstellung »Kurort, Bastion, Symbol«, die aus mächtigen Betonblöcken besteht (deren Stilistik an die Überreste auf der Westerplatte aus der Zwischenkriegszeit erinnern), wird man nicht leicht entfernen können. Vielleicht müssen Sprengmeister anrücken, um sie in die Luft zu jagen, was sicherlich ein interessanter Anblick sein wird.

Architektur – Archäologie – Baustelle

Die Stadt Danzig übertrug dem Museum 2009 das Grundstück an der Wallgasse im Wert von 13 Millionen Euro. Diese kostenlose Überlassung war eine große Geste der Unterstützung durch die Stadt, vor allem von Seiten des Stadtpräsidenten Paweł Adamowicz. Von Anfang an bis zum dramatischen Epilog war er unser Verbündeter, ohne ihn hätte sich der Aufbau des Museums kaum bis zum Ende durchziehen lassen. Die Schenkung des Grundstücks sollte übrigens noch zu einem Hauptargument werden, um beim Namen »Museum des Zweiten Weltkriegs« zu bleiben, als der Kulturminister im April 2016 überraschenderweise seine Absicht erklärte, unsere Einrichtung formell aufzulösen und damit auch ihren Namen.

Direkt angrenzend an den Bauplatz befindet sich das Gebäude der Polnischen Post, die neben der Westerplatte das wichtigste Symbol für den polnischen Widerstand in Danzig im September 1939 darstellt. Dank Günter Grass und seiner *Blechtrommel* wurde die Verteidigung des Postgebäudes und die anschließende Erschießung der Postbeamten auf der ganzen Welt bekannt. Auf der anderen Seite sieht man die Gebäude und vor allem die hohen Kräne der Danziger Werft sowie das auf ehemaligem Werftgelände stehende Europäische Solidarność-Zentrum, das damals noch im Bau war. Dort soll künftig auch ein neuer Stadtteil entstehen, die Jungstadt. Wenn man noch die malerische Lage an Mottlau und Radaune sowie die Nähe zur historischen Innenstadt Danzigs hinzunimmt, so kann man sich kaum einen besseren Ort für den Bau eines neuen Museums vorstellen, das Menschenmassen anziehen soll.

Für die Jury des Architekturwettbewerbs konnten wir bedeutende Fachleute aus Architektur, Stadtplanung, Museumswesen und weiteren Disziplinen sowie Kenner der Geschichte Danzigs gewinnen. Das Ziel war es natürlich, eine Architektur höchster Güte auszuwählen, die zugleich nicht im Widerspruch zum historischen Charakter der Umgebung stehen würde. Die Architektur des Gebäudes sollte für sich stehen, aber im Inneren sollte sich ein großes historisches Museum mit einer Dauerausstellung als Herz befinden. Darum befanden sich in den Wettbewerbsmaterialien genaue Informationen über ihren Aufbau, ihren Inhalt und über die Szenografie des Büros Tempora.

Die architektonische und stadtplanerische Perspektive war am wichtigsten für die Beurteilung der eingereichten Projekte und ihrer Wirkung auf den urbanen Raum. Daniel Libeskind, der aus Lodz stammt und gut Polnisch spricht, war für zahlreiche faszinierende Museumsgebäude in vielen Ländern verantwortlich, darunter neben dem Jüdischen Museum Berlin und dem Imperial War Museum North in Manchester etwa das Museum der Bundeswehr in Dresden oder das Royal Ontario Museum in Kanada; er war der wichtigste Planer für die neue Bebauung des World Trade Center in New York und für die Erinnerung an die Opfer des Anschlags vom 11. September 2001. Hans Stimmann war mehr als ein Jahrzehnt lang nach der Wiedervereinigung Deutschlands für die Stadtplanung von Berlin zuständig (und wurde für seine konservative Ausrichtung auch kritisiert), der britische Architekt und Stadtplaner George Ferguson hatte die Revitalisierung der Hafengegend von Bristol verantwortet. Vier polnische Juryteilnehmer kannten sich gut im lokalen Kontext aus, darunter Wiesław Gruszkowski, der 90 Jahre alt war und bereits maßgeblich am Wiederaufbau von Danzig beteiligt gewesen war. Einige Jahre später, als das Museum fast fertig

war, schenkte er uns eine polnische Flagge, die er nach dem sowjetischen Einmarsch im östlichen Polen 1939 in Lemberg versteckt und nach dem Krieg nach Danzig mitgebracht hatte.
Schließlich wurden weit mehr als 100 Entwürfe aus mehr als 30 Ländern eingereicht. Viele von ihnen waren eher gewöhnlich und brachten das Museum in großen quaderförmigen Baukörpern unter. Einige bezogen sich auf die für die historische Innenstadt Danzigs typische Bauweise – die Arbeit mit dem zweitbesten Ergebnis schlug ein Gebäude vor, das eine Reihe von Giebelhäusern imitierte, wie sie an der Mottlau stehen. Andere wählten den Krieg als Bezugspunkt. Einige Entwürfe schlugen das Museumsgebäude als Schiff oder Bunker vor, eines als Panzer. Es gab auch welche, die man als Konzentrationslager interpretieren konnte, mit Drähten und Schornsteinen. Ein weiterer (übrigens von russischen Architekten) sah auf dem Dach als visuell dominierendes Element einen Wald von Kreuzen vor.[6] Hätte dieses Projekt gewonnen, so hätte der Danziger Erzbischof unser Museum vielleicht gnädiger beurteilt. Ohne die Ausstellung überhaupt besucht zu haben, wie die meisten unserer Kritiker, warf er uns vor, dem Leiden der katholischen Geistlichkeit zu wenig Aufmerksamkeit zu schenken.
Unter allen Wettbewerbsentwürfen sprach sich der Großteil der Jury von Anfang an für denjenigen aus, der am Ende auch gewann und der – wie sich später herausstellen sollte – vom Gdingener Architekturbüro Kwadrat eingereicht worden war. Dieses Projekt legte den wichtigsten Teil des Museums mit der Dauerausstellung und den Sälen für Wechselausstellungen unter die Erde, während der oberirdische Teil von einem schrägen und teils verglasten Turm in Form eines 40 Meter hohen Prismas dominiert wurde. Es war einer der kühnsten und unkonventionellsten Entwürfe von den mehr als 100, die von der Jury begutachtet wurden. Die Jurymitglieder wussten sowohl seine Originalität als auch die für ein Museum hervorragenden funktionalen Lösungen zu würdigen. Die Urheber des siegreichen Entwurfs erklärten, es habe symbolischen Cha-

6 Die Entwürfe wurden veröffentlicht: Muzeum II Wojny Światowej w Gdańsku (Hg.): Międzynarodowy konkurs architektoniczny [Internationaler Architekturwettbewerb]. Gdańsk 2010.

rakter, dass die Ausstellung unter der Erde beginnt – die Besucher schreiten nach unten in die Hölle des Krieges, dann gelangen sie an die Oberfläche, was die Überwindung des Todes und die Rückkehr zum Leben darstellt. Aus dem verglasten Turm können sie das Panorama der nach den Kriegszerstörungen wiederentstandenen Stadt bewundern. Es wurde darauf hingewiesen, dass sich die rote Farbe des Museumsgebäudes und der weithin sichtbare Turm auf die gotischen Kirchen beziehen, die die historische Stadtlandschaft von Danzig dominieren und dass der Entwurf das Potential für ein neues, außergewöhnliches Symbol von Danzig habe.

Meine Begeisterung nach der Entscheidung für dieses wunderbare Projekt, das auch von einem Gros der Architektenschaft enthusiastisch aufgenommen wurde, wurde dann von Personen etwas abgekühlt, die sich in der Materie besser auskannten. Daniel Libeskind warnte, dass es vor Baubeginn keine Garantie dafür gäbe, dass das Museum jemals Realität werde, was nichts mit der Begeisterung zu tun habe, die alle vorausgehenden Phasen begleiten dürfte. Aus ihm sprach auch die Erfahrung aus dem langjährigen Kampf um die Verwirklichung seines Entwurfs für das Jüdische Museum Berlin, das von der Stadtverwaltung nicht unterstützt wurde. Doch sogar Libeskind konnte nicht vorhersehen, dass selbst der Baubeginn, ja noch nicht einmal die Beendigung des Baus eine Garantie sein würde, dass das Museum auch eröffnet werden würde.

Die wichtigste Aufgabe war nun, viel Geld für den Bau des Museums zu besorgen, was noch schwieriger wurde, nachdem Europa und die Welt 2008 von der Finanzkrise erfasst wurden. Die Gefahr wurde real, dass sie auch die polnische Wirtschaft ergreifen würde, was die Abneigung des Finanzministers noch vergrößern würde, gigantische Summen für ein Unterfangen auszugeben, das man schließlich zeitlich verschieben, ja vielleicht sogar ganz aufgeben könnte. Dass das Museum dennoch gebaut werden sollte, war eine Entscheidung Donald Tusks. Ich denke, dass dies eine außergewöhnliche Entscheidung war, wenn man sich die Lage in allen anderen Ländern der Europäischen Union ansieht, die sich mit der Krise abplagten oder sich vor ihren Folgen fürchteten, weshalb sie Haushaltsausgaben beschränkten, die für die Volkswirtschaften oder das Haushaltsgleichgewicht nicht entscheidend waren. Angesichts solcher Präferenzen steht die Kultur in der Regel auf verlorenem Posten, ganz zu schweigen von der Geschichte.

Das mehrjährige Regierungsprogramm wurde im Januar 2011 beschlossen. Ihm zufolge wurden 85 Millionen Euro für die Entstehung des Museums eingeplant, aufgeteilt auf mehrere Jahre. Nun war klar, dass wir kein »virtuelles« Museum bleiben würden und dass der Bau bald beginnen könnte. Zunächst mussten aber archäologische Untersuchungen auf dem 1,7 ha großen Gelände durchgeführt werden. Sie dauerten rund ein Jahr und förderten faszinierende Ergebnisse zu Tage. Wir entdeckten das Straßennetz und die Grundrisse von Häusern des seit dem 17. Jahrhundert bestehenden Stadtteils Eimermacherhof, der 1945 während der Kämpfe um Danzig völlig zerstört wurde. Es war ein armer Teil der Stadt gewesen, der aber umso malerischer war, und weil er zwischen Mottlau und Radaune lag, hatte man ihn mit einer gewissen Übertreibung das »Danziger Venedig« genannt. Es war ein besonderes Erlebnis, während der Ausgrabungen über das nach vielen Jahrzehnten wieder aufgedeckte Pflaster der Eimermacherstraße zu gehen und diese wüstenhafte Landschaft, die an die Bilder von Pompei erinnerte, mit den Vorkriegsaufnahmen dieser vor Leben sprühenden Gegend zu vergleichen. Die Pflastersteine brachten wir ins Innere des Museums, wo wir sie als Boden der Allee verwendeten, die die ganze Hauptausstellung durchzieht. Sie war im Übrigen so projektiert, dass sie genau den Verlauf einer der wichtigsten Straßen des Eimermacherhofes wiedergab, der Großen Gasse.

Während der Ausgrabungen wurden Tausende von Gegenständen gefunden (einige sogar aus dem 17. Jahrhundert), was uns dazu bewegte, eine zusätzliche Ausstellung über die lokale Geschichte vorzubereiten (»Es war einmal der Eimermacherhof«). Ganz am Ende dieser Geschichte steht das Entstehen des Weltkriegsmuseums genau an dieser Stelle. Dieser Abschnitt war Gegenstand der ersten Zensureingriffe der neuen Museumsleitung, nachdem ich und meine Mitarbeitenden im April 2017 entfernt worden waren. Aus einer Multimedia-Station verschwand die Erzählung darüber, was hier 2016 und 2017 geschah – die Bestrebungen des Kulturministers zur

Beseitigung des bisherigen Museums des Zweiten Weltkriegs, unsere Verteidigung und die öffentlichen Proteste.

Im August 2012 begann der Bau. Zuvor hatten wir eine Ausschreibung für die Ausführung der ersten Phase der Bauarbeiten vorbereiten und entscheiden müssen – als erste von zahlreichen weiteren. Alle waren komplex, erforderten unermesslich viele Vorbereitungen und nahmen viel Zeit in Anspruch, doch gegen keine wurde mit Erfolg geklagt, keine wurde annulliert, was ich als keine geringe Leistung ansehe, wenn man berücksichtigt, dass der Bau des Museums von Historikern geleitet wurde. Beim Europäischen Solidarność-Zentrum oder beim Museum für die Geschichte der Polnischen Juden waren die Investitionen von den Fachabteilungen der Stadtverwaltungen Danzig bzw. Warschau geleitet worden, die über Erfahrung und einen Stab von Fachleuten verfügten. Wir mussten erst einmal ein Team von Juristen und Ingenieuren zusammenstellen. Eine Reihe erfahrener Leute unterstützte uns, was uns etwas beruhigte; dennoch mussten alle wichtigen Entscheidungen von mir und meinen Stellvertretern gefällt werden. Erst langsam wurde uns bewusst, welch monströse und unglaublich schwere Aufgabe uns bevor stand – schließlich handelte es sich damals um die größte kulturelle Investition Polens und um eine der größten in ganz Europa. Doch war es schon zu spät, um einen Rückzieher zu machen und sich wieder der wissenschaftlichen Arbeit zu widmen.

Am schwierigsten war der erste Bauabschnitt, der den Bau einer gewaltigen »weißen Wanne« aus Stahlbeton erforderte. Hier sollte sich der unterirdische, wichtigste Teil des Museums befinden, neben den Ausstellungsräumen auch ein Konferenz- und ein Kinosaal, die Magazine und die Tiefgarage. Die Ingenieure mussten das aufsteigende Grundwasser neutralisieren, aber auch eine größere Zahl von Felsblöcken aus der Baugrube bringen, die sich hier in viel größerem Umfang fanden als erwartet. Während des ersten Bauabschnitts sah es auf der Baustelle aus wie auf dem Mond: Die Baugrube war mit Wasser vollgelaufen, was die Konstruktion während der Verstärkung der Betonwände und der Bodenplatte stabilisierte. In unserem ungeheuer großen Pool schwammen Pontons mit Spezialgerät, ein Teil der Arbeit wurde von Tauchteams ausgeführt.

Dieser Teil des Baus war teurer als geplant und dauerte auch länger. Die Terminverschiebungen, für die wir von PiS-Politikern und rechten Kommentatoren heftig angegriffen wurden, hingen aber größtenteils nicht mit technischen Schwierigkeiten zusammen, sondern damit, dass die Arbeiten mit einem anderen Bauvorhaben auf einem Nachbargrundstück kollidierten. Hier wurde mit EU-Geld ein neuer Abwassersammler für einen großen Teil der Stadt gebaut. Nach einigen Gutachten stellte sich heraus, dass beide Baustellen zu nahe aneinander lagen, so dass unsere Arbeiten, sollten sie vor der Fertigstellung des Sammlers fortgesetzt werden, zur Instabilität des Bauwerks führen könnte. Wir mussten die Bauarbeiten also unterbrechen, anfangs nur für drei Monate, doch bald hatten wir deswegen gleich zu Beginn einen Verzug von neun Monaten. Das war aber nicht die einzige Überraschung, die unseren Zeitplan durcheinanderbrachte. Gegen Ende der benachbarten Bauarbeiten kam es zu einem größeren Schaden und eine für unsere Anlieferung wichtige Kreuzung sackte ab. Drei Monate lang mussten wir improvisierte Zufahrten nutzen, was das Tempo der Arbeiten verlangsamte. Ich lernte daraus zweierlei: Erstens wird in Polen unglaublich viel gebaut, was manchmal zu unerwarteten Zwischenfällen führt, und zweitens lehrt ein solches Unternehmen Demut – es hat ein unvorhersehbares Risiko, weshalb es keinen Sinn hatte, mehrere Jahre im Voraus einen konkreten Eröffnungstermin zu nennen. Das wurde mir jedoch zu spät klar ...

Es ist schwer zu beschreiben, was es im Alltag bedeutet, eine Baustelle zu leiten. Sie ließ ständig neue Probleme und Entscheidungen entstehen. Jede von ihnen hatte ihre rechtlichen Konsequenzen, die gut abgewägt werden mussten, da wir schließlich öffentliche Gelder ausgaben, deren Verwendung verschiedenen Beschränkungen unterlag. Als die Hauptausstellung langsam Gestalt annahm, war es eine Herausforderung, die Arbeiten an ihr mit den Arbeiten am Museumsgebäude zu koordinieren. Theoretisch war alles in den Plänen vorgesehen, doch in der Praxis mussten viele entstehende Kollisionen gelöst werden. Auf alle diese Dinge passte Janusz Marszalec auf, den ich unglaublich dafür bewundere, dass er in der Lage war, alle bautechnischen und juristischen Finessen zu verstehen und die gesamte Bautätigkeit perfekt zu koordinieren. Meine Rolle beruhte darauf, wichtige Entscheidungen zu treffen, nachdem ich Ingenieure und Juristen angehört hatte, die zuweilen einander widersprechende Empfehlungen abgaben. Ich war mir darüber im Klaren, dass schlussendlich ich für alles die Verantwortung tragen würde, weshalb ich versuchen musste, mich in die diversen technischen und baulichen Nuancen einzuarbeiten, von deren Existenz ich in meinem bisherigen Leben keinen blassen Schimmer hatte – und auch nicht hatte haben wollen.

Ein großes Problem war der Kostenanstieg. Schon die »weiße Wanne« wurde teurer als geplant, aber auch die Lage auf dem Baumarkt veränderte sich, nachdem wir 2009/2010 die Gesamtkosten aufgestellt hatten. Nach einer Welle von Konkursen von Baufirmen, die deshalb beim Autobahnbau Aufträge erhalten hatten, weil sie zu niedrige Kostenpläne abgegeben hatten, wurden die Angebote, die bei öffentlichen Ausschreibungen eingereicht wurden, realistischer. Außerdem kam es nach Überwindung der schwierigsten Zeit der Finanzkrise zu einem natürlichen Anstieg der Kosten für Baumaterial und Löhne. Das hatte Auswirkungen auf uns, weil wir bei der nächsten Ausschreibung zur Fertigstellung der Bauarbeiten höhere Offerten erhielten, als dies ursprünglich geplant war. Wichtig war nun die Hilfe des Kulturministers, der zusätzliche Mittel aus dem Haushalt seines Ressorts garantierte. Der Chef der Kanzlei des Ministerpräsidenten, Jacek Cichocki, der nach Tusks Fortgang nach Brüssel unsere größte Unterstützung war, bewirkte die Zustimmung des uns wenig zugetanen Finanzministers – Tusks Nachfolgerin und neue Ministerpräsidentin Ewa Kopacz (ebenfalls von der Bürgerplattform) hatte kein größeres Interesse an unserem Museum. Doch so konnte der Bau weitergehen. Die vom Kulturminister garantierten Mittel mussten wir nicht in Angriff nehmen, da es 2015 gelang, das Mehrjährige Regierungsprogramm um fast 22 Millionen Euro auszuweiten.

Schließlich kostete der Bau des Museums in etwa 107 Millionen Euro. Er hatte vier Jahre und fünf Monate gedauert – im Januar 2017 erhielten wir die Betriebsgenehmigung. Das ist ein sehr gutes Ergebnis, wenn man die gigantischen Ausmaße des Vorhabens

bedenkt und wenn man auch noch ein knappes Jahr abzieht, das durch die genannten Umstände verloren gegangen war. Was die Kosten betrifft, so warf man uns vor, wir hätten das teuerste Museum in der Geschichte Polens gebaut. Das stimmt, aber es ist auch das größte aller Geschichtsmuseen, die hier entstanden sind. Ob die Ausgabe dieser Mittel Sinn gehabt hat, müssen vor allem die Besucherinnen und Besucher entscheiden.
Ich kann nur ergänzen, dass das Flaggschiff der PiS-Geschichtspolitik, das Museum der Geschichte Polens, das in der Warschauer Zitadelle entsteht, beim Beginn seines Baus 159 Millionen Euro kosten soll, also etwa um die Hälfte mehr als das Museum des Zweiten Weltkriegs. Die Endkosten werden sicherlich noch höher liegen. Das in der Nachbarschaft entstehende Polnische Armeemuseum soll rund 96 Millionen Euro kosten, obwohl ein Teil der Räume (so die Magazine) gemeinsam mit dem Museum der Geschichte Polens genutzt werden sollen. Der Bau eines großen historischen Museums mit einer modernen Ausstellung auf höchstem Niveau ist für eine viel geringere Summe ganz einfach nicht möglich.

Die Entstehung der Sammlungen und der Ausstellung

Am meisten Spaß machte uns die Arbeit an der Hauptausstellung, denn dafür waren wir als Historiker viel besser vorbereitet als für die Leitung einer gigantischen Baustelle. Trotz allem mussten wir unser Denken über Geschichte erheblich ändern, denn wir waren – wie die meisten akademischen Historiker – an dicken Büchern geschult worden, die wir lasen und zuweilen auch selbst schrieben, wir kannten die Archive und die in ihnen aufbewahrten Dokumente. Unser Denken drehte sich um Fakten, Ideen und historische Prozesse. Nun mussten wir damit beginnen, die Vergangenheit anders zu verstehen und darzustellen – so, dass sie für einen durchschnittlichen Besucher, der vielfach kein oder kein größeres historisches Wissen besitzt, verständlich und attraktiv sein würde. Wir mussten selbst lernen, dass in einer Ausstellung die Exponate, Bilder, Symbole und manchmal auch die Rekonstruktionen und Inszenierungen eines Ortes oder eines Ereignisses am wichtigsten sind. Dadurch kann man einerseits die kompliziertesten Inhalte vermit-

teln, andererseits bei den Besuchern auch unterschiedliche Gefühle hervorrufen: Rührung, Erstaunen, Trauer. Viel gab uns die Zusammenarbeit mit den Museumsfachleuten und Szenografen von Tempora, die anfänglich unserem akademischen Rigorismus widersprachen und auch dem Wunsch, in der Ausstellung so viel Inhalt wie möglich zu präsentieren. Sie zwangen uns zu knappen Texten mit maximalen Zeichenzahlen für jede Verwendung in der Ausstellung, vom Einführungstext bis zur Exponatbeschreibung. Das war wohl für alle Historiker in unserem Team der schmerzhafteste Prozess. Nachdem ein zig Seiten, ja manchmal mehrere Hundert Seiten umfassendes Szenario für einzelne Bestandteile der Ausstellung vorbereitet war, musste ein wenige Sätze langer Einführungstext geschrieben werden, der für einen durchschnittlichen Besucher nicht nur aus Polen verständlich und interessant sein würde.
Hier Beispiele für derlei knappe Einführungstexte in zwei Hauptteile der Ausstellung, die auf der einen Seite vermitteln sollten, was für das präsentierte Thema am wichtigsten ist, auf der anderen Seite aber auch dazu anregen sollten, sich mit weiteren, detaillierteren Ebenen der Narration zu beschäftigen.

> **Terror**
> *Gewalt als Grundlage der Besatzungspolitik*
> In allen unterworfenen Ländern waren Repressionen unweigerlicher Bestandteil der Besatzung – Unterschiede gab es in der Art und im Umfang. In einer besonderen Lage befand sich das besetzte Polen, wo schon 1939 sowohl die Deutschen als auch die Sowjets damit begannen, allgemeinen Terror gegen politische, rassische oder Klassenfeinde auszuüben. Mit der Zeit betrafen Hinrichtungen, Massendeportationen, Zwangsarbeit, Inhaftierung, Einsperrung in Ghettos, Konzentrationslagern oder Arbeitslagern, aber auch die »Pazifizierung« ganzer Dörfer und Städte als Vergeltung für Widerstand in geringerem oder größerem Maße Bürger fast aller besetzten Staaten.

Und noch ein zweiter:

> **Widerstand**
> *Unterschiedliche Formen des Kampfs gegen die Besatzer*
> Eine Antwort der unterworfenen Nationen auf die Besatzung war der Widerstand. Je nach Land und Umständen konnte er unterschiedliche Gestalt annehmen: Vom Abhören verbotener Rundfunksender und dem Lesen von Untergrundpresse über patriotische Kundgebungen, Teilnahme am geheimen Bildungswesen und Hilfe beim Verstecken von Menschen bis hin zu Sabotageakten, Diversion und Partisanenkampf, ja sogar zu Aufständen. Weltweit einzigartig war der im besetzten Polen organisierte Untergrundstaat, der eine eigene Verwaltung, ein Gerichtswesen, ein Schulwesen und eine Armee besaß. Der Preis für den Widerstand waren blutige Repressionen, die die Deutschen nach dem Prinzip der kollektiven Verantwortung gegenüber ganzen Bevölkerungsgruppen ausübten.

Anfangs schien es uns, dass dies eine unerhörte Kürzung und Banalisierung der historischen Tatsachen ist. Die Aufschriften hatten jedoch ihre verschiedenen Niveaus, die sich durch den Grad ihrer Detailliertheit unterschieden. Wenn interessierte Besucher etwas mehr erfahren wollten, konnten sie – wie in einem Labyrinth – immer weiter gehen, um die Beschriftungen der Exponate zu lesen, die teilweise außerordentlich detailliert waren (zum Beispiel bei Waffen), aber oft auch allgemeinere Informationen enthielten. Schließlich entstanden multimediale Materialien, in denen man noch sehr viel mehr Informationen unterbringen konnte als in den »Papiertexten«. Selbst bei der maximalen Kürze, die uns viel abverlangte, sind diese »Papiertexte« etwa 330 Normseiten lang, während sich in den multimedialen Einrichtungen rund 1200 Textseiten befinden – insgesamt Material für einige Bücher, die man bei einem Besuch im Museum unmöglich alle studieren kann. Deshalb kann man auch nicht davon ausgehen, dass ein Besucher sich für alle in der Ausstellung zu sehenden Texte interessiert. Eine große Ausstellung sollte diverse Niveaus und Informationsbündel enthalten, die der Besucher selbständig auswählen kann, ohne dabei – das war die Grundvoraussetzung – die elementare Botschaft des Museums aus den Augen zu verlieren, die vom Hauptbesucherweg vorgegeben wurde. Das Schreiben und Redigieren der Aufschriften war eine wahre Sisyphusarbeit, die mehrere Jahre in Anspruch nahm. Eine fast ebenso kolossale Anstrengung war ihre Übersetzung ins Englische. An der Endfassung arbeitete das Führungsquartett und feilte an jedem Wort, kürzte, wo es nur ging, und überlegte ständig, ob das für Menschen ohne historisches Vorwissen verständlich sein würde.

Wir begriffen bald, dass es am besten wäre, viele grundlegende Fragen durch konkrete, die Phantasie anregende Gegenstände oder durch Einzel- oder Familiengeschichten zu präsentieren. Ein Beispiel hierfür ist eines der ungewöhnlichsten Exponate: Ein Taschentuch von Bolesław Wnuk, einem Bauernpolitiker aus der Gegend von Zamość und Sejm-Abgeordneten, der im November 1939 von den Deutschen festgenommen und im Juni 1940 im Rahmen der Aktion AB[7] umgebracht wurde. Er wurde im Gefängnis im Lubliner Schloss festgehalten und erfuhr hier von einem polnischen Wächter, dass er am nächsten Tag erschossen werden würde. Auf das Taschentuch, das später von dem Wächter weitergegeben wurde, schrieb er seinen Abschied an die Familie:

> Geliebte Frau, Niuniusiu, Laluniu, Grzesiu [Kosenamen der Kinder], Mutter, Schwester, Schwäger, Verwandte, Bekannte, heute werde ich von den deutschen Behörden erschossen. Ich sterbe für das Vaterland mit einem Lächeln auf den Lippen, doch ich sterbe unschuldig. Für das Blut möge Gott es den elenden Schuften mit ewiger Verdammnis heimzahlen,
>
> Dein Bolek

7 Bei der »Außerordentlichen Befriedungsaktion« ermordeten die deutschen Besatzer im Generalgouvernement etwa 3.500 Angehörige der polnischen Eliten [Anm. der Redaktion].

Daneben rekonstruierten wir mit Hilfe von Fotos seine Familiengeschichte. Wir zeigten seinen jüngeren Bruder Jakub Wnuk, einen Doktor der Pharmazie und Offizier der Polnischen Armee, der im August 1939 in sowjetische Kriegsgefangenschaft geriet und in das Sonderlager von Koselsk in Westrussland kam. Er wurde im April 1940 von der sowjetischen Geheimpolizei NKWD in Katyn erschossen.

In unmittelbarer Nachbarschaft der Wnuks zeigten wir die Geschichte zweier Schwestern, Töchter eines polnischen Generals. Janina Dowbor-Muśnicka, verheiratete Lewandowska, war Fliegerin und Fallschirmspringerin. Mit einer Gruppe von Militärpiloten kam sie in sowjetische Gefangenschaft. Sie durchlief die Sonderlager Ostaschkow und Koselsk. Auch sie wurde im April 1940 in Katyn erschossen. Die jüngere Schwester Agnieszka Dowbor-Muśnicka engagierte sich seit den ersten Tagen der deutschen Besatzung bei der konspirativen Militärorganisation »Wilki« (Wölfe). Im April 1940 wurde sie in Warschau von der Gestapo verhaftet und in Palmiry erschossen. In diesem Fall war das Exponat, das Ausgangspunkt der Erzählung über die beiden Schwestern war, ein Messingadler von der Spitze einer Standarte des 1. Polnischen Armeekorps, das 1917 in Russland von ihrem Vater gegründet und geleitet worden war.

Diese beiden Familiengeschichten, die durch ungewöhnliche Gegenstände ergänzt werden, waren ein sehr viel ausdrucksstärkeres und berührenderes Zeugnis für den deutschen und den sowjetischen Terror als Dutzende Seiten von Informationen, die wir in diesem Teil der Ausstellung hätten unterbringen können.

Das Team von Tempora bestand größtenteils aus Ausländern, was bei der Entstehung einer Ausstellung, die nicht nur für Polen verständlich und interessant sein sollte, von großem Vorteil war. Die Szenografen und Museumsfachleute aus Belgien waren die ersten, an denen wir ausprobieren konnten, ob unsere Erzählung nicht allzu hermetisch ist. Oft verzichteten wir nach der Diskussion mit ihnen auf viele Informationen, wir veränderten Formulierungen oder verbanden polnische Erfahrungen mit analogen Erfahrungen aus anderen besetzten Ländern, um damit zugleich die polnischen Ge-

gebenheiten besser zu verstehen. Relativ rasch legten wir fest, dass jede in der Ausstellung vorzufindende Information für einen Menschen verständlich zu sein hatte, der vielleicht nichts über die Geschichte Polens wusste. Diesen virtuellen, künftigen Besucher, der unsere Versuchungen stutzen sollte, allzu viele Informationen oder zu komplizierte Erläuterungen weiterzugeben, nannten wir den »Touristen aus Portugal«. Warum gerade von dort? Portugal liegt am anderen Ende des europäischen Kontinents, es hatte fast keine historischen Kontakte zu Polen und hat außerdem nicht am Zweiten Weltkrieg teilgenommen. Wenn wir uns bei der Arbeit an der Ausstellung allzu sehr in Einzelheiten verloren, riefen wir uns oftmals zur Ordnung, indem wir uns fragten, ob das, an dem wir gerade arbeiteten, für unseren Portugiesen verständlich sein würde. *Notabene* sah und hörte man in Danzig – gerade nach der Fußball-Europameisterschaft 2012 – unaufhörlich spanische Touristen, doch lange traf ich keinen Portugiesen, so dass ich schon ins Grübeln geriet, ob unsere Annahme nicht vielleicht zu dogmatisch war. Zum Glück stieß ich seit 2015 aus mir unbekannten Gründen in den Straßen Danzigs endlich auf zahlreiche portugiesische Gäste.

Diese anekdotische Geschichte zeigt eine der größten Herausforderungen, vor denen die Ausstellungsmacher standen. Die Ausstellung sollte sowohl für einen portugiesischen Touristen interessant sein, der von Polen nichts weiß, als auch für eine polnische Schülerin, die schon etwas über unsere Vergangenheit weiß (meistens nicht allzu viel), aber ebenfalls für Historikerinnen und Historiker, die ein vertieftes Wissen besitzen. Sie muss also auf vielen Interpretationsebenen zu rezipieren sein, wobei die Klarheit ihrer elementaren, für alle erkennbaren Botschaft erhalten bleiben sollte.

Nachdem der Wettbewerb für die Filme und Multimedia-Stationen entschieden war, ging die Arbeit an der Ausstellung in eine neue Runde. Sie enthält über 250 Filme und Multimedia-Anwendungen, insgesamt rund sieben Stunden Material. Wir beauftragten die Firma Nolabel mit dieser gewaltigen Aufgabe, deren Experten zuvor unter anderem die Präsentationen für die Ausstellung unter dem Krakauer Marktplatz erstellt hatten. Sie hatten mit unserem Historikerteam Tausende von Diskussionen über jede Einzelheit

des Materials und dessen musikalische Unterlegung, wobei die Auswahl oft nicht einfach war. Manchmal analysierten wir einen Film mehr als zehn Mal und hatten immer noch Verbesserungsvorschläge.
Multimedia-Stationen sind in den letzten Jahren, vor allem seit der Eröffnung des Aufstandsmuseums in Warschau 2004, zu einer Art Fetisch der polnischen Museumswelt geworden. Die Öffentlichkeit beurteilt die Ausstellungen oft anhand ihres Einsatzes und hält nur solche für modern und attraktiv, in denen es ausreichend viele Multimedia-Inhalte gibt, die am besten auch überraschende »Spezialeffekte« mit Bild und Ton bieten. Für uns war das allzu reißerisch, wir wollten unsere Ausstellung gegenläufig zu diesem Trend gestalten und legten Wert auf authentische Gegenstände. Wir hatten das Gefühl, dass die Faszination für Multimedia nachzulassen begann. Es ist nichts Neues mehr, vor allem wenn fast jeder von uns auf seinem eigenen Computer Zugang zu einer praktisch unbegrenzten Zahl multimedialer Dateien hat. Doch wir konnten die Erwartungen des Publikums auch nicht ganz außer Acht lassen, und so entschlossen wir uns zu keinem so radikalen Schritt wie das 2017 eröffnete Warschau-Museum, das ausschließlich mit Gegenständen operiert. In einem narrativen Museum, das ein so vielschichtiges Ereignis wie den Zweiten Weltkrieg schildert, wäre das unmöglich gewesen.
Dennoch versuchten wir, eine pragmatische Haltung zu den multimedialen Gestaltungselementen einzunehmen. Sie waren kein Ziel an sich, wir wollten mit ihrer Hilfe das Publikum nicht blenden, doch sie blieben für uns eine wichtige Ergänzung der Ausstellung. Wir konnten hier sehr viele Informationen unterbringen, für die auf dem Hauptbesuchsweg kein Platz war, und etwa Spezialwissen vermitteln, zum Beispiel für Liebhaber von Militärtechnik. Auf Multimediabildschirmen präsentierten wir alle Feldzüge; wir konnten hier sehr präzise die Angriffsrichtungen, die sich verändernden Frontverläufe und auch eine riesige Zahl von Fotografien von den Schlachtfeldern zeigen. Den Kommunismus, den Faschismus und den Nationalsozialismus wollten wir durch ihre Ideologie und Propaganda zeigen, die Millionen von Menschen verführten,

zu Krieg und Verbrechen drängten. Deshalb hatten in diesen Ausstellungsteilen zeitgenössische Bilder und Musik, zum Beispiel die Rednerstimme Mussolinis oder Ausschnitte von Hitlers Lieblingsregisseurin Leni Riefenstahl, eine große Bedeutung. Der Schlussakkord der Ausstellung war ein Film, der Polen und die Welt nach 1945 zeigte, das unterschiedliche Schicksal von Ost und West, den trennenden Eisernen Vorhang, Konflikte und Kriege, die Freiheitsbewegungen in verschiedenen Erdteilen, darunter der Dezember 1970 und die Solidarność in Polen. Ich sah, wie bewegt die Menschen waren, die ihn anschauten, einige Besucher sagten mir, dies sei der ergreifendste Teil der Ausstellung (man erreichte ihn im Übrigen erst nach einem mehrstündigen Besuch, oft ermüdet und übersättigt, aber dennoch machte er Eindruck). Wir hatten uns bemüht, die Ausstellungsfläche nicht unnötig mit Klängen zu überladen, um den in vielen anderen Museen zu beobachtenden Eindruck einer Kakophonie zu vermeiden. Manchmal spielte der Ton aber eine große Rolle, so im Aufstands-Saal, wo wir in einer kellerartigen Umgebung das Geflüster betender Menschen hören. Oder in dem Saal, in dem es um die Tragödie der Kriegsgefangenen geht – hier hört man orthodoxe Trauermusik und auf Wandbildschirmen sieht man die Unmengen sowjetischer Gefangener, von denen über drei Millionen in deutscher Kriegsgefangenschaft ihr Leben verloren, meistens vor Hunger.

Schließlich gab es Ideen, die von uns bewusst als Attraktionen geplant wurden, damit man noch lange nach dem Verlassen des Museums über sie sprechen kann. In dem Saal, in dem es um die Entschlüsselung der Enigma geht (hier wird natürlich die Geschichte der hierfür maßgeblichen polnischen Mathematiker Marian Rejewski, Henryk Zygalski und Jerzy Różycki erzählt), haben wir neben einem authentischen Exemplar der deutschen Chiffriermaschine zwei Multimedia-Stationen installiert. Sie enthalten Modelle der Enigma, auf denen die Besucherinnen und Besucher eine beliebige Nachricht chiffrieren und dechiffrieren können.

Am wichtigsten waren aber die authentischen Exponate. Unser ganzes Team war mit großer Leidenschaft auf der Suche. Als ich das Museum im April 2017 verließ, befanden sich über 40.000 Gegenstände in den Sammlungen. In der Hauptausstellung waren über 2000 zu sehen. Zum Vergleich – im Museum für die Geschichte der Polnischen Juden in Warschau sind gut hundert zu sehen, während die Erzählung hier hauptsächlich von Multimedia getragen wird. Die Macher dieses Museums geben zu, dass es ein Kind der 1990er Jahre ist, als die Grundlinien der Ausstellung entstanden und als sich die Museen weltweit an den neuen technischen Möglichkeiten berauschten.

Es ist nicht möglich, in Kürze alle Geschichten zu erzählen, die mit der Suche nach den Exponaten zusammenhängen. Eine besondere Bedeutung hatten – auch in emotionaler Hinsicht – Erinnerungsstücke, die uns von Einzelpersonen übergeben wurden und die meistens deren Großeltern oder Eltern betrafen. Sehr oft gab es zu Gegenständen, Dokumenten oder Briefen detaillierte Informationen über die Umstände ihres Entstehens und über das Schicksal der Personen, die sie betrafen. Das war besonders wertvoll, da wir nicht nur ein Exponat in die Ausstellung integrieren konnten, sondern auch eine ganze Geschichte, für die es nur der Ausgangspunkt war. Ein Durchbruch in dieser Hinsicht war eine polenweite Exponatensammlung, die wir zwischen Oktober und Dezember 2011 durchführten. Wir hatten in den Medien breit darüber informiert und alleine dadurch gelang es, einige Tausend Exponate zu erhalten. Das war wie eine Lawine, die auch nach dem eigentlichen Ende der Sammelaktion weiterrollte. Das Museum wurde bekannt und viele Stifterinnen und Stifter traten aus eigener Initiative an uns heran. Das war natürlich nicht die Regel. Einige mussten überzeugt werden, manchmal dauerte es sogar mehrere Jahre lang, bis ihr Vertrauen gewonnen war. Die Trennung von den wertvollsten Familienreliquien ist nie eine leichte Entscheidung und man muss sich sicher sein, dass sie in gute Hände gelangen, dass sie nach dem Wunsch der Stifter verwendet und nicht Teil einer musealen Erzählung werden, die für sie nicht zu akzeptieren wäre. Da ich einige der Stifter kannte, aber auch die Umstände, unter denen sie ihre Andenken übergaben, war ich keineswegs überrascht, dass so viele von ihnen ankündigten, ihre Exponate aus dem Museum zurück-

zuziehen, als später der neue Kulturminister Piotr Gliński seine Operation »Vereinigung der Museen« begann.
Ich erinnere nur an einige Exponate, die uns von Einzelpersonen übergeben wurden und die für mich eine besondere emotionale oder historische Bedeutung haben. Joanna Muszkowska-Penson übergab uns Briefe, die sie als Gefangene in Ravensbrück mit ihren Eltern gewechselt hatte. Im selben Teil der Ausstellung gibt es ein Album, das in diesem Lager heimlich von polnischen weiblichen Gefangenen angefertigt wurde. Einige Zeichnungen sind ein Werk der bekannten Künstlerin Maja Berezowska, die in den 1930er Jahren Hitler-Karikaturen in der Presse publizierte und die von der Gestapo nach der Besetzung Polens aufgestöbert worden war. Das Album war ein Geschenk für den Sohn einer der gefangenen Frauen, für Marta Baranowskas Sohn Andrzej. Dieser übergab es siebzig Jahre später dem Museum. Beide Geschenke wurden Teil der Erzählung über die Konzentrationslager.
Andrzej Stachecki überließ uns Erinnerungen (Briefe, Kassiber aus dem Gefängnis u.a.) an seinen Vater Józef Stach, einen Förster, der von den Deutschen in den Wäldern von Piasnitz erschossen worden war. Dank dieser authentischen Artefakte konnten wir aus Stach eine Hauptperson in der Erzählung über die Ausrottung der polnischen Intelligenzschicht in Pommerellen machen. Die Familie von Hauptmann Antoni Kasztelan übereignete uns Kleidung und persönliche Gegenstände, die sie erhalten hatte, nachdem dieser bekannte und von den Deutschen gehasste Chef der polnischen Gegenspionage im Pommerellen der 1930er Jahre im Königsberger Gefängnis durch das Fallbeil hingerichtet worden war. Olga Krzyżanowska stellte Erinnerungsstücke an ihren Vater Aleksander Krzyżanowski, den Anführer der Heimatarmee in der Gegend von Wilna, zur Verfügung. Nach der Befreiung von Wilna gemeinsam durch die Rote Armee und die Heimatarmee wurde er zusammen mit seinen Soldaten heimtückisch vom NKWD verhaftet und in die innere Sowjetunion gebracht. Der Ring mit der Abbildung eines Wolfes (was auf das Pseudonym Krzyżanowskis anspielt) wurde von seinen Untergebenen im Lager Rjazan angefertigt. Die Brille trug er im Gefängnis im Warschauer Stadtteil Mokotów, wo er

1951 starb. Beide Exponate sind in der Ausstellung Symbole für das Nachkriegsschicksal von Soldaten der Heimatarmee. Auch als Geschenk bekommen haben wir die Uniform und die persönlichen Gegenstände, die Witold Łokuciewski gehört hatten, einem polnischen Jagdfliegerass. Er hatte 1939 für die Verteidigung Polens gekämpft und dann in Frankreich und in der polnischen Jagdstaffel 303 an der Schlacht um England teilgenommen. 1947 kehrte er nach Polen zurück, wo er von den kommunistischen Behörden verfolgt wurde. Durch diese von der Familie übergebenen Gegenstände haben wir eine ausgezeichnete Illustration des Kampfes polnischer Flieger, und vermittels des Schicksals dieses Piloten können wir über die Repressionen erzählen, denen Soldaten der Polnischen Streitkräfte im Westen nach ihrer Rückkehr in die Heimat ausgesetzt waren.
Auch die Standarte des 6. Schweren Artillerieregiments der Polnischen Armee ist zu uns gelangt. Sie war im September 1939 nach der Kapitulation Lembergs versteckt worden und wurde bei den Umsiedlungen der polnischen Bevölkerung nach Kriegsende in den Westen von einer polnischen Familie heimlich mit nach Breslau genommen, wo sie 70 Jahre lang aufbewahrt wurde. Diese Familie wollte ihren Namen nicht öffentlich machen.
Ein ungewöhnliches Exponat ist auch ein Fußbodenversteck, das im Krieg von der Heimatarmee verwendet wurde. Es befand sich in der Warschauer Wohnung des Neurochirurgen Jerzy Choróbski, der Kontakte zum Untergrund hatte. In den 1970er und 1980er Jahren unterstützte er die demokratische Opposition und die Solidarność und verwahrte in dem Versteck verbotene Drucksachen auf. Choróbski erlaubte uns, das Versteck abzumontieren, sodass man es jetzt im Museum in dem Teil betrachten kann, der über den Polnischen Untergrundstaat berichtet.
Wenn man die Herkunft der Artefakte kennt, die mit ihnen zusammenhängenden Geschichten, die Menschen, die sie überbracht haben, so entsteht eine ganz andere, emotionale Karte der Ausstellung. Sie wird zu etwas sehr Lebendigem und persönlich Erlebtem, das Schritt um Schritt mit jedem erworbenen Exponat wächst. Diese Ausstellungsstücke wurden übrigens nicht nur von frem-

den Personen übergeben, sondern auch von Angehörigen unseres Teams. Eines unserer wertvollsten Artefakte, das bereits erwähnte Tuch von Bolesław Wnuk, ist eine Leihgabe der Familie von Rafał Wnuk, Enkel dieses Bauernpolitikers, der von den Deutschen erschossen wurde. Auch Łukasz Suska, ein großer Fachmann auf dem Sammlermarkt, der viele wertvolle Exponate für uns erworben hat (vor allem Waffen), hat uns ein Familienandenken übergeben: Eine Schüssel, die von Juden verwendet wurde, die im Krieg von seiner Familie versteckt wurden – später erhielt die Familie hierfür den Titel »Gerechter unter den Völkern«. Dies ließ ein unglaubliches, sehr greifbares Gefühl historischer Kontinuität entstehen – die Ausstellung wurde von den Erben derer gemacht, deren Schicksal wir darstellen.

Manchmal kamen Artefakte auf merkwürdigen, verschlungenen Wegen zu uns, die aber auch etwas Wichtiges aussagten. Der Hausmeister eines der neuen Wohnblocks im Warschauer Stadtteil Służew fand auf dem Müll ein Bleistiftporträt eines Mädchens mit der Aufschrift »Meinem Töchterchen« sowie »Murnau«. Es war das Porträt, das ein polnischer Offizier und Gefangener des Offizierslagers Murnau aus dem Gedächtnis von seiner Tochter gezeichnet hatte. Offensichtlich hatten die späteren Generationen es nicht für wertvoll genug gehalten, um es aufzubewahren. Zum Glück lebt im selben Haus der Literaturwissenschaftler und in der Volksrepublik bekannte Oppositionelle Zdzisław Najder, dem der Hausmeister seinen Fund gab, und dieser stellte uns das Bild zur Verfügung. In diesem Fall gelang es uns, ein wertvolles Exponat zu retten und es in den Teil der Ausstellung aufzunehmen, der über die Kriegsgefangenen erzählt, doch viele andere sind sicherlich für immer verloren. Das zeigte auch, dass unser Museum im letztmöglichen Augenblick entstand, als es noch möglich war, eine größere Zahl von Familienandenken zu erhalten. Viele von ihnen nahmen wir nicht so sehr im Gedanken an die Hauptausstellung entgegen, sondern vielmehr mit der Mission, Spuren der Vergangenheit zu bewahren, die im Museum sorgsam aufbewahrt und konserviert werden; einige von ihnen können in Wechselausstellungen gezeigt werden.

Eine sehr wichtige Quelle für Artefakte waren die Exhumierungen von Massengräbern. Über das Verbrechen von Wolhynien werden einige Gegenstände aus dem Besitz von Einwohnern zweier polnischer Dörfer, die durch die Organisation Ukrainischer Nationalisten/Ukrainische Aufstandsarmee ermordet worden waren, ausgestellt. Sie wurden in Ostrówki und Wola Ostrowiecka aus den Gräbern geborgen und uns vom Historiker Leon Popek übergeben, dem Sohn einer der wenigen Überlebenden des Massakers. Wir zeigen dazu eine Filmaufnahme, in der seine Mutter als Augenzeugin über den Verlauf der Ereignisse berichtet. Dies wirkt so, als würden wir die Geschichte berühren oder uns ihr zumindest nähern. Anhand von geborgenen Gegenständen der Opfer wird auch das Massaker von Katyn erzählt, ergänzt durch Andenken und Fotos, die uns von den Familien der Ermordeten gegeben wurden. Wir sehen die Gesichter der lebenden Menschen vor dem Krieg und das, was von ihnen geblieben ist.
Wir zeigen auch Dinge, die bei den 2001 an den Gräbern der in der Scheune von Jedwabne lebendig verbrannten Juden durchgeführten Exhumierungen gefunden wurden. Nachdem wir sie von der IPN-Filiale in Białystok erhalten hatten, wo das inzwischen beendete Verfahren betrieben wurde, ließen wir alle Objekte konservieren. Wir entschlossen uns aber, nur ein paar von ihnen in der Ausstellung zu zeigen – diejenigen, die unserer Meinung nach am berührendsten sind. Das sind die bei den Skeletten gefundenen Schlüssel der Opfer, welche die menschliche Dimension dieser Erzählung noch stärker verdeutlichen – sie hatten die Hoffnung, doch wieder nach Hause zurückkehren zu können. Das zweite Exponat ist eine Lenin-Statue, die auf dem Marktplatz von Jedwabne gestanden hatte. In der ersten Phase des Pogroms hatte man die Juden gezwungen, dieses von den Sowjets aufgestellte Denkmal zu stürzen, was sie rituell als Anhänger des Kommunismus stigmatisieren sollte. Anschließend wurde, wie aus dem für die Aufarbeitung maßgeblichen Bericht des Zeugen Szmul Wassersztajn sowie den gerichtlichen Aussagen polnischer Zeugen und Täter hervorgeht, eine Gruppe von einigen Dutzend jüdischen Männern dazu gezwungen, mit dem Rabbiner an der Spitze den umgeworfenen und an

einigen Stellen beschädigten Lenin in die am Stadtrand gelegene Scheune zu bringen. Dort wurden sie ermordet, noch ehe in derselben Scheune die übrigen jüdischen Einwohnerinnen und Einwohner des Dorfes verbrannt wurden. Genau dieses Denkmal zu finden und es in die Ausstellung aufzunehmen, war etwas ganz Außergewöhnliches. Ein solches Artefakt besitzen noch nicht einmal die bedeutendsten Holocaust-Museen auf der Welt. Es war auch für mich als Menschen und als Historiker eine ganz persönliche Erfahrung, da ich mich mit dem Mord von Jedwabne beschäftigt hatte und ein zweibändiges Buch über dieses Verbrechen von Polen an Juden im Zweiten Weltkrieg herausgegeben hatte.

Viele wertvolle Exponate erhielten wir von anderen Museen entweder als Schenkung oder im Tausch, besonders großzügig aus Skandinavien. Das Militärmuseum Helsinki übergab uns die Ausrüstung eines finnischen Soldaten (u.a. Skier), die wir in der Abteilung über den Winterkrieg zeigen, also über den Angriff der Sowjetunion auf Finnland 1939/1940. Vom Militärmuseum Oslo bekamen wir eines der wertvollsten Geschenke (auch in finanzieller Hinsicht): Ein Exemplar der deutschen Chiffriermaschine Enigma. Dieses Museum verfügt über eine der besten Sammlungen deutscher Militärtechnik in Europa, da die Wehrmacht in Norwegen kampflos in den letzten Kriegstagen kapitulierte.

Eine wertvolle Quelle für Exponate waren übrigens nicht nur die Museen, sondern auch andere Institutionen, die man kaum mit Museen oder Geschichte in Verbindung bringt. Mit dem Chef der Polnischen Polizei hatten wir vereinbart, dass alle wegen illegalen Besitzes requirierten Waffen aus dem Krieg nicht zerstört, sondern unserem Museum übergeben werden sollten (was durchaus oft vorkam). Und von der Kriegsmarine erhielten wir einen deutschen Torpedo, der nach siebzig Jahren aus dem Schlick der Danziger Bucht gefischt worden war.

Am spektakulärsten war aber wohl die Inbesitznahme des Sherman-Panzers und der damit einhergehende Exponatentausch mit zwei Museen. Mit Hilfe des polnischen Nato-Botschafters kamen wir in Kontakt zum Königlichen Militärmuseum in Brüssel, das der belgischen Armee gehört. Deren Artilleristen trainierten auf dem

Truppenübungsplatz, indem sie auf einen amerikanischen Sherman aus dem Zweiten Weltkrieg zielten. Es handelte sich um die Version Firefly, die seit 1944 produziert wurde. Mit ihr war die polnische 1. Panzerdivision von General Maczek ausgerüstet, die bei Falaise in der Normandie kämpfte, Belgien und die Niederlande befreite und bis Bremerhaven gelangte. Der Direktor des Brüsseler Museums schlug uns einen Tausch vor: Wir würden das Wrack des Panzers bekommen (es gab damals keinen Sherman dieser Version in Polen), während er dafür um Ersatzteile für einen sowjetischen T-34 bat, unter anderem Bremsscheiben, Vergaser, Getriebe, sowie um die moderne Uniform und Ausrüstung eines polnischen Soldaten, wie er in Afghanistan kämpfte. Wir wunderten uns ein wenig, warum die Belgier gerade diese Dinge brauchten, doch wir konnten sie ohne größere Mühe aus ganz legalen Quellen beschaffen. Vielleicht hatte ja Wladimir Putin recht, als er während der Besetzung der Krim sagte, dass man beliebige Militärausrüstung in Sammlergeschäften kaufen könne.

Das Brüsseler Museum war mit dem Tausch so zufrieden, dass es von sich aus als Bonus noch eine britische Haubitze aus dem Zweiten Weltkrieg dazugab. Wir brauchten sie nicht, doch von genau so einer Haubitze träumte das Polnische Armeemuseum in Warschau. Im Gegenzug gab es uns einen sowjetischen T-34-Panzer, den wir dringend brauchten. Als Hauptexponat am Ende der Ausstellung sollte es sowohl den Sieg der Roten Armee über das Dritte Reich symbolisieren als auch die Sowjetisierung Ostmitteleuropas. Und so hatten wir für eine Uniform samt Karabiner und ein paar Ersatzteile zwei Panzer für das Museum ergattert. Wie ich später im Spaß sagte, hätte ich auch in meinem Privatleben gerne einmal einen so guten Tausch gemacht.

Die Überreste des Sherman wurden auf einem Anhänger nach Polen gebracht, in Posen unter Aufsicht von Fachleuten des Museums der Panzerwaffe renoviert und in den Farben eines Regiments der 1. Panzerdivision angemalt. Im Museum ist er Kernstück der Erzählung über den Kampf der polnischen Soldaten im Westen. Während der Renovierung wurde ihm ein alter polnischer Autobusmotor eingebaut, weshalb er auch fahren konnte (aber nur nach vorne und nach hinten), sodass er an vielen historischen *Reenactments* – also Neuinszenierungen bzw. Rekonstruktionen historischer Ereignisse – teilnehmen konnte, so am D-Day auf der Halbinsel Hela bei Danzig. Er stieß bei Militaria-Fans auf gewaltiges Interesse, zu jedem seiner Auftritte kamen sie in großer Zahl. Ich hatte den Eindruck, dass sie wahrhaft begeistert waren und sich wegen des Panzers so verhielten wie *Groupies* bei Konzerten ihrer musikalischen Idole. Als die Zeit kam, um den Sherman in die Ausstellung zu integrieren (bevor die Decke des Gebäudes geschlossen wurde, zusammen mit den anderen »großformatigen« Exponaten – dem T-34, einem Eisenbahnwaggon und dem Torpedo), organisierten seine Anhänger auf Facebook eine Protestaktion und verlangten, den Panzer an der Oberfläche zu lassen. Sie drohten sogar damit, die ganze – ziemlich aufwendige – Operation zu stören. Der Panzer sollte später während des Kriegs der PiS gegen das Museum noch eine »politische« Rolle spielen.

Viele andere Exponate, die sich in der Ausstellung fanden, hatten wir aufgrund eigener Suche erworben, wobei wir oft auf Informationen zurückgriffen, die uns von den unterschiedlichsten Institutionen und Personen zukamen. Vom polnischen Konsulat in St. Petersburg erfuhren wir, dass es im Bezirk Archangelsk im Norden Russlands Gräber polnischer Verbannter gebe. Die Holzkreuze waren vermodert und würden nicht mehr lange halten. Mit Hilfe des Konsulats montierten wir neue Metallkreuze auf den Gräbern und nahmen die alten mit nach Danzig. Nach der Konservierung wurden sie zu den anrührendsten Exponaten in dem Teil der Ausstellung, der über die Verbannung der Polen in den Osten berichtet. Gewissermaßen zu ihrem Gegenstück wurde die Wohnungstür einer polnischen Familie, die 1939 aus Gdingen ausgesiedelt wurde. Ein anderes Exponat, das zu den ergreifendsten gehört, ist ein Rollstuhl aus der Vorkriegszeit, der im Spital von Konradstein (Kocborowo) westlich von Danzig verwendet worden war. Er befand sich dort im Keller; in unserer Ausstellung wurde er zum Symbol für die massenhaft von den Nazis ermordeten psychisch kranken und behinderten Menschen. Alleine in Konradstein ermordeten die Deutschen schon 1939 einige Tausend Patienten, die zum Teil auch aus dem Reich dorthin gebracht wurden. Und als wir erfuhren, dass die Polnischen Staatsbahnen bei der Modernisierung des Danziger Hauptbahnhofs einen Luftschutzbunker beseitigen wollten, der sich seit dem Krieg unter den Gleisen befand, konnten wir die Eingangstür bekommen, die wir in dem Teil der Ausstellung über die Bombardierungen verwenden.

Wenn wir etwas besonders Wertvolles erhielten oder ein Artefakt, das hervorragend zu unserer Erzählung passte, versuchten wir fast bis zum letzten Augenblick, es in der Ausstellung unterzukriegen. Dafür mussten die Pläne verändert werden, denn eine Ausstellung ist ein unglaublich komplexes Gebilde mit Hunderten unterschiedlichster, für das Publikum unsichtbarer Installationen. Selbst eine scheinbar kleine Änderung zieht eine Kettenreaktion nach sich, da sie Auswirkungen auf die ganze Umgebung hat. 2015 erhielten wir eine Originalpfeife Josef Stalins, die der Generalissimus aus Anerkennung dem kasachischen Offizier Bauyrschan Momysch-Uly geschenkt hatte. Dieser hatte sich bei den Kämpfen um Moskau 1941 ausgezeichnet und wurde sogar zu einem Helden des in der Sowjetunion überaus beliebten Romans *Die Wolokolamsker Chaussee* über die Verteidigung der Hauptstadt. Momysch-Uly gab die Pfeife in den 1960er Jahren dem polnischen Reiseschriftsteller Romuald Karaś, der ihn in Kasachstan aufgestöbert hatte. Nun gelangte sie über Umwege zu uns. Winston Churchill hat in seinen Erinnerungen geschildert, wie Stalin bei den Konferenzen der »Großen Drei« (Großbritannien, Sowjetunion, USA) auf der Karte mit einer solchen Pfeife zeigte, wohin er die Grenzen verschieben wolle. Zum Glück gelang es, Platz für einen weiteren Schaukasten für die Pfeife zu finden, und zwar in dem Teil, der über die große Politik und die Entstehung der Nachkriegsordnung berichtet. Eines der letzten erworbenen Exponate, das wir noch in die Ausstellung eingliedern konnten, war ein Koffer, der einem nach dem Krieg nach Sibirien deportierten Esten gehört hatte und der uns in Danzig persönlich vom Präsidenten dieses Landes übergeben worden war.

Wir mussten uns damit abfinden, dass nur ein kleiner Teil einer Sammlung gezeigt werden kann, die bei der Eröffnung mehrere Zehntausend Exponate zählte. Im Übrigen ist Übermaß nicht der

Schlüssel, um bei den Besuchern Interesse und Emotionen hervorzurufen. Manchmal hat ein gut ausgewähltes Artefakt größere Bedeutung als ein Dutzend, die sich teils wiederholen. Zur Deportation von Polen in die Sowjetunion haben wir eine so große Zahl von Gegenständen gewonnen, die unter anderem vom Alltagsleben in der Verbannung erzählen, dass wir darauf verzichten mussten, einige von ihnen in der Ausstellung zu zeigen. Dies gab uns die Möglichkeit, sie an andere Museen zu übergeben. Bei der Eröffnung des Hauses der Europäischen Geschichte in Brüssel waren aus dem Museum des Zweiten Weltkriegs geliehene aus Stroh und Holz gefertigte Schuhe polnischer Sibirien-Verbannter zu sehen.

Es ist darauf hingewiesen worden, dass die Konstruktion einer narrativen Ausstellung an das Entstehen eines Films erinnert.[8] Die ganze Zeit über spielt sich hier eine schnelle Handlung ab, die das Publikum in ihren Bann schlägt (anderenfalls verlässt es sie schnell), es gibt Stimmungswechsel, und eine Schlüsselrolle spielen die Bilder: Fotos, zeitgenössische Filmaufnahmen, Zeitzeugenaussagen. Pionier war in dieser Hinsicht das 1993 eröffnete Holocaust-Museum in Washington, das ein Vorbild für viele weitere narrative Geschichtsmuseen war. Nachdem man mehrere Jahre ohne zufriedenstellende Ergebnisse an der Ausstellung gearbeitet hatte, wurde diese Aufgabe nicht ohne Grund dem britischen Filmregisseur Martin Smith übergeben.[9] Einige Kritiker bemerkten, dass diese Ausstellung schließlich nach den Regeln eines Horrorfilms aufgebaut wurde, der in der amerikanischen Massenkultur sehr beliebt ist. Zunächst sehen wir die Entstehung des radikalen Bösen – die NS-Machtübernahme 1933 –, dann sein Wachsen, die Eskalation des Verbrechens und des Grauens. Am Ende wird das Böse besiegt – durch amerikanische Soldaten, die wir 1945 als Befreier der Konzentrationslager sehen.[10]

8 So etwa bei Mieke Bal: Exhibition as Film. In: Ostow: (Re)Visualizing National History, S. 15–43.

9 Linenthal: Preserving Memory, S. 143–145.

10 Anna Ziębińska-Witek: Historia w muzeach. Studium ekspozycji Holokaustu [Geschichte in Museen. Eine Studie über die Ausstellung des Holocaust]. Lublin 2011, S. 189. Zur Verwendung des Holocaust in Horrorfilmen Caro-

In unserem Fall hatte die Schaffung der Ausstellung nicht nur viel mit der Arbeit an einem Film zu tun, sondern auch an einer Theatervorstellung, bei der das Bühnenbild meist eine riesige Rolle spielt. Dies rührte sowohl von der Bedeutung her, die wir authentischen Gegenständen zuwiesen, die den Kern unserer Narration darstellen sollten, als auch von der sehr raffinierten Szenografie, die die Agentur Tempora für uns vorbereitete. Fast jeder Saal hat eine andere Einrichtung und ein anderes Klima, eine unterschiedliche Beleuchtung, einen verschiedenen Klang (oder auch Stille). Einige Räume wirken bewusst klaustrophob, andere (zum Beispiel diejenigen, in denen Militärgerät gezeigt wird) nutzen den ganzen zur Verfügung stehenden Raum. Der Besucher trifft auf die Rekonstruktion eines Luftschutzbunkers in einer Londoner U-Bahn-Station, aber auch auf eine künstlerische Installation zum Thema Hunger – leere Metallteller, daneben Bilder aus dem Warschauer Ghetto, aus Griechenland und aus den Niederlanden (in Griechenland waren mindestens 100.000 Menschen vor Hunger gestorben, in den Niederlanden während des letzten Kriegswinters rund 20.000). Wenn die Besucherinnen und Besucher den Saal über die Atombombe betreten, blendet sie die in diesem Raum herrschende grelle Helle, die mit dem Halbdunkel kontrastiert, aus dem sie gekommen sind. Nach einer Weile, wenn sich ihre Augen schon an die Lichtveränderung gewöhnt haben, sehen sie einen über sich hängenden Nachbau der auf Hiroshima abgeworfenen Bombe im Maßstab 1:1.

Hinter all dem stehen aber Bücher – sowohl Hunderte von Seiten der diversen Versionen des Ausstellungsszenarios als auch Tausende von Büchern, die wir benutzen mussten, um dieses überhaupt erst zu entwickeln, um alle Fakten zu überprüfen und um die Geschichte der Exponate zu dokumentieren. Es war eine wahrhafte Fleißarbeit, die mit der ansonsten üblichen mühsamen Arbeit von Wissenschaftlern verwandt war, auch wenn sie ein anderes Resultat erbringen sollte. Es muss kohärent, interessant und originell

line Joan (Kay) S. Picart, David A. Frank: Frames of Evil. The Holocaust as Horror in American Film. Carbondale 2006.

sein, ohne durch historische Fakten überladen zu sein – zugleich aber soll jedes Fragment gründlich recherchiert sein und den neuesten Forschungsstand berücksichtigen. Außerdem müssen die Ausmaße in Betracht gezogen werden. Unsere Hauptausstellung umfasst rund 6000 m^2, was sie zu einer der größten Flächen in narrativen Geschichtsmuseen macht. Zum Vergleich: Die Ausstellungen im Holocaust-Museum Washington sowie im Museum für die Geschichte der polnischen Juden Warschau messen etwa 4000 m^2. Für viele von uns war das, unabhängig davon, was später geschah, ein faszinierendes intellektuelles Erlebnis, das unser bisheriges Verständnis von Geschichte ungemein bereicherte und erweiterte, waren wir doch zuvor hauptsächlich durch akademische Erfahrungen geprägt gewesen. Die Arbeit an der Ausstellung wurde von Beginn an von Piotr M. Majewski koordiniert, obwohl mit der Zeit Rafał Wnuk eine immer größere Rolle spielte. Nur sie waren, in der Mitte der Nacht aus dem Schlaf gerissen oder in andere Zeitzonen versetzt, in der Lage zu sagen, was sich in welchem Winkel dieser gewaltigen Ausstellung befindet. Nach einigen Jahren Arbeit war schon jeder Quadratmeter im Detail verplant. Ehe die Produktion und die Montage der Ausstellung im Museumsgebäude begann, durchmaßen wir es virtuell mit Hilfe eines speziellen Computerprogramms, mit dem wir uns im dreidimensionalen Raum bewegen und jeden Schaukasten, jedes Exponat aus unterschiedlichen Perspektiven betrachten konnten. Wir warteten mit immer größerer Ungeduld auf den Moment, in dem wir endlich nach so vielen Jahren die Ausstellung in ihrer finalen, Wirklichkeit gewordenen Gestalt sehen würden.

Der Programmbeirat – eine Fülle von Einsichten

Außerordentlich wichtig für die endgültige Form der Ausstellung waren die Diskussionen im Programmbeirat. Das war ein Beratergremium, dessen Mitglieder ich eigenständig berufen hatte, im Unterschied zum Museumsrat (später: Treuhänderrat), der die Aufsicht über den laufenden Betrieb des Museums hatte, und der vom Kulturminister zusammengestellt wurde. Im geschichtswissenschaftlich besetzten Programmbeirat saß eine Zahl bedeutender Fachleute aus unterschiedlichen Ländern:

Sein Nestor war Władysław Bartoszewski, der für uns als ehemaliger Auschwitz-Häftling, Mitglied der Żegota[11] und als Angehöriger der demokratischen Opposition nach dem Krieg ein moralisches Symbol war. Als Historiker war er auch ein hervorragender Kenner des Polnischen Untergrundstaates und des deutschen Terrors. Er starb 2015, erlebte also die Eröffnung des Museums nicht mehr, doch war es eine große Genugtuung für mich, dass es mir – im letzten Augenblick vor meiner Absetzung – gelang, den Platz, an dem das Museum steht, nach ihm benennen zu lassen. Tomasz Szarota ist ein Fachmann vor allem für das Alltagsleben im besetzten Polen und in den anderen Ländern unter deutscher Herrschaft. Jerzy Borejsza hat Bücher über den Faschismus, den Nationalsozialismus und Hitlers Einstellung gegenüber den Slawen geschrieben, Włodzimierz Borodziej ist Autor eines vieldiskutierten Buches über die deutsche Unterdrückung der Widerstandsbewegung in Polen sowie vieler weiterer Arbeiten über den Krieg und die Nachkriegszeit. Jerzy Holzer, der 2015 starb, war nicht nur ein Experte für die Zwischenkriegszeit, sondern hat sich auch intensiv mit dem Zweiten Weltkrieg befasst, darunter in seinem Buch *Die europäische Tragödie des 20. Jahrhunderts: Der Zweite Weltkrieg*, das mich besonders inspiriert hat, da es einen sehr breiten Blick auf den Krieg wirft und viele Nationen, vor allem aber auch die Erfahrungen der Zivilgesellschaft behandelt. Andrzej Chwalba ist ein wahrer Polyhistor, Anna Wolff-Powęska, die relativ spät dazustieß, spezialisiert sich auf historisches Gedächtnis und deutsch-polnische Beziehungen, und Krzysztof Pomian ist nicht nur ein europaweit geschätzter Intellektueller, sondern hat auch viel über Geschichtsphilosophie und Museen geschrieben.

Von den ausländischen Historikern, die wir in den Beirat einluden, willigten diejenigen ein, die sich mit Polen und Ostmitteleuropa beschäftigen, aber auch solche, deren Spezialgebiet der Zweite

11 Żegota – eigentlich Rat für die Unterstützung der Juden – war eine polnische Untergrundorganisation zur Unterstützung der Juden, die von 1942 bis 1945 operierte [Anm. der Redaktion].

Weltkrieg ist. Norman Davies hatte mich mit seinem monumentalen Buch *Europa im Krieg* beeindruckt, das für mich eine wichtige Anregung für die Ausstellung war, ähnlich wie Timothy Snyders *Bloodlands* über die Verbrechen des Dritten Reichs und der Sowjetunion. Beide beschäftigten sich intensiv mit der Zivilbevölkerung. Israel Gutman war nicht nur Kämpfer im Warschauer Ghetto gewesen, sondern hatte sich als Herausgeber der *Enzyklopädie des Holocaust* auch große wissenschaftliche Verdienste erworben. Als eine Art jüdisches Gegenstück zu Władysław Bartoszewski hatte er ein sehr persönliches Verhältnis zu unserem Museum. Ich erinnere mich an seine Appelle, dass die Ausstellung eine Mahnung zu sein habe, dass sie zeigen müsse, wozu Hass und Gleichgültigkeit führen. Ulrich Herbert ist einer der anerkanntesten deutschen NS-Forscher, Henry Rousso gehört zu den wichtigsten französischen Fachleuten für den Zweiten Weltkrieg. Der russische Historiker und Demograph Pavel Polian hat sich u. a. mit den Deportationen in der Sowjetunion, mit Zwangsarbeit, Kriegsgefangenen und Holocaust beschäftigt. Der bereits erwähnte Elie Barnavi nahm von Beginn an an unseren Beiratssitzungen teil, zunächst noch für Tempora, später als vollberechtigtes Beiratsmitglied.

Es war für mich und meine Mitarbeitenden eine Ehre, dass so viele bedeutende Intellektuelle aus Polen und dem Ausland unsere Einladung angenommen hatten, sich an der Entstehung des Museums zu beteiligen. Sie brachten ihr Wissen, ihre Erfahrungen und beruflichen Kontakte ein, aber auch ihre jeweils unterschiedlichen nationalen Perspektiven, was Anlass für faszinierende Diskussionen gab und die Chance bot, eine Ausstellung auf höchstem Niveau zu schaffen. Da der Zweite Weltkrieg eine globale und nicht nur eine polnische Erfahrung war, war für mich klar, dass der Programmbeirat international besetzt sein sollte – wie es im Übrigen bei Museen und anderen hochrangigen Kultureinrichtungen weltweit die Regel war. Dennoch rief dies bei einigen von Anfang an große Zweifel und Befürchtungen hervor. Der Journalist Piotr Zaremba drückte seine Beunruhigung darüber aus, dass ausländische Historiker Dinge einbringen würden, die dem Interesse ihrer Nationen entsprächen. »Und wenn Euch ein deutscher Historiker aus dem Beirat beschuldigt, dass Ihr seiner Nation Unrecht tut?«,[12] fragte er. Dies gab die Ängste um den »polnischen Charakter« des Museums wieder, zeigte aber auch, wie die Ausstellung und die Arbeit an ihr eigentlich rein politisch gesehen wurden. Vielfach wurde mir später vorgeworfen, dass im Beirat Historiker aus dem Umkreis der Rechten nicht oder nicht ausreichend vertreten waren. Piotr Semka beklagte, dass man nur zwei Mitglieder – Tomasz Szarota und Andrzej Chwalba – als Vertreter einer »traditionelleren«, »nationalen« Herangehensweise an die Geschichte einstufen könne, die übrigen würden eine liberale Linie vertreten.[13] Ich weiß nicht, ob die beiden genannten Historiker von Semkas Einordnung begeistert waren, ich vermied jedenfalls einen solchen Aufteilungsschlüssel. Ich interessierte mich nicht für die politischen Ansichten der Eingeladenen. Wichtig für mich war, dass sie bedeutende Historiker sind, Kenner des Kriegs, der Totalitarismen des 20. Jahrhunderts oder des Holocaust und dass sie Wissen über historische Erinnerung und Museen besitzen.

Der Programmbeirat traf sich zweimal im Jahr. Anfangs diskutierten wir über die Gesamtkonzeption des Museums, dann über die thematische und räumliche Aufgliederung der Ausstellung, weiter über einzelne Teile der Ausstellung, und schließlich stellten wir dem Beirat sogar konkrete, detaillierte Einzellösungen vor, etwa die wichtigsten Filme oder multimedialen Präsentationen. Ich erinnere mich an lange Diskussionen über den Stellenwert der Zwangsumsiedlungen in der Ausstellung, über ihre Definition und die anzuwendende Terminologie. In Übereinstimmung mit dem Standpunkt des Beirats, der auf Initiative von Włodzimierz Borodziej beschlossen wurde, verwenden wir drei Begriffe, abhängig vom Verlauf, von der Legalität und vom Umfang des angewendeten Zwangs: »Umsiedlungen, Deportationen, Vertreibungen«. Bei der Diskussion über den Teil zur Vernichtung der Juden schälte sich die endgültige Hauptinterpretationsachse heraus, die drei Per-

12 Pokażmy światu wojnę w jej pełnym wymiarze [Zeigen wir der Welt den Krieg in seiner vollständigen Dimension]. Gespräch von Piotr Zaremba mit Paweł Machcewicz. In: Dziennik vom 27. November 2008.

13 Piotr Semka: O co chodzi w sporze o muzeum? [Worum geht es im Streit um das Museum?]. In: Do Rzeczy vom 25. Juli 2016.

spektiven berücksichtigte: Täter, Opfer und Zeugen, was auch Raul Hilbergs mittlerweile klassischem Ansatz entspricht.[14] Norman Davies setzte durch, dass in der englischen Sprachfassung nicht wie bei Hilberg das Wort *bystanders* verwendet wurde, sondern das Wort *witness*, das umfassender ist und keine Passivität nahelegt. Ein Zeuge konnte sowohl eine Person sein, die sich völlig passiv verhält, als auch jemand, der Juden half – aber auch jemand, der sich an ihrer Verfolgung beteiligte oder ihre Tragödie auszunutzen wusste (etwa durch die Aneignung ihrer Habe). Dies zeigte, wie wichtig es war, im Beirat ausländische Historiker zu haben, deren sprachliches Gespür unersetzlich war. Wir verzichteten auch auf den Begriff »totaler Krieg«, da er allzu stark vom nationalsozialistischen Stigma belastet ist. Stattdessen wählten wir die Bezeichnung »Vernichtungskrieg« (*war of annihilation*), was die beispiellose Brutalität dieses Konflikts betonte, vor allem gegenüber der Zivilbevölkerung. Ich erinnere mich auch daran, wie wir gemeinsam einen Film über die Bombardierung von Städten ansahen, der mit den deutschen Angriffen auf polnische Städte begann, aber am Ende die alliierten Luftangriffe auf Deutschland und die amerikanischen Bombardierungen von Japan zeigte. Bei einem so schwierigen Thema zählte jedes Detail. Ab dem Punkt im Film, ab dem die Alliierten mit den Bombenangriffen auf Deutschland beginnen, empfanden die Beiratsmitglieder die untergelegte Musik (in der ersten Fassung) als allzu triumphal. Wir wollten deutlich zeigen, wer mit dieser Methode der Kriegsführung begonnen hatte, doch es sollte sicherlich nicht unsere Botschaft sein, Begeisterung über den Tod von Hunderttausenden deutscher und japanischer Zivilisten zu demonstrieren.

Sehr interessant war es, unterschiedliche Lebenserfahrungen (auch generationelle Perspektiven), berufliche oder nationale Erfahrungen einzelner Personen miteinander zu konfrontieren. Dem deutschen Historiker kam unsere Ausstellung an vielen Stellen zu emotional und hinsichtlich der verwendeten Medien zu »barock« vor,

14 Raul Hilberg: Perpetrators, Victims, Bystanders. The Jewish Catastrophe 1933–1945. New York 1992.

doch nachdem er die Multimediapräsentation über den stalinistischen Terror gesehen hatte, stellte er fest, dass er eine so suggestive und interessante Darstellung dieses Problems in keinem westeuropäischen Museum gesehen habe. Derlei Urteile bestätigten uns in unserer Überzeugung, dass wir die richtige Methode gewählt hatten, um dem Westen die osteuropäische Erfahrung zu erklären.
Die Nationalität der Beiratsmitglieder bedeutete entgegen den Vorhersagen der rechten Journalisten und Politiker nicht, dass sie aufgrund ihrer »Staatsraison« oder ihres »nationalen Interesses« Einfluss auf die Form der Ausstellung nehmen wollten, etwa indem sie die Verantwortung ihrer eigenen Nation für Verbrechen oder für den Kriegsausbruch minimieren wollten. Im Protokoll der Beiratssitzung vom 30. Januar 2012 heißt es zum Beispiel: »Professor Ulrich Herbert wies in seiner Wortmeldung auf die Notwendigkeit hin, hervorzuheben, dass ein großer Teil der für die Judenvernichtung verantwortlichen Deutschen einer sehr gut gebildeten gesellschaftlichen Gruppe entsprach«. Die Vorstellung, dass ein Historiker vor allem eine »Staatsraison« repräsentieren und die »Geschichtspolitik« seines Landes realisieren müsse, anstatt nach Wahrheit zu streben, ist in Polen zu einem Dogma der Rechten geworden. Zum Glück ist es immer noch nur eine Minderheit unserer Historiker, die die Erwartungen der Politiker erfüllt, während sie für Historiker aus den meisten anderen Ländern etwas völlig Abstraktes sind, etwas, was den Grundprinzipien der Berufsethik widerspricht.
Von Anfang an drückte sich in den Diskussionen des Beirats die Überzeugung aus, dass unser Projekt des Museums des Zweiten Weltkriegs im Vergleich zu allen anderen bisherigen Museen außergewöhnlich sei. Hier ein Ausschnitt aus der ersten Beiratssitzung vom Juni 2009:

> Ulrich Herbert hob hervor, dass die Idee zur Schaffung eines Museums des Zweiten Weltkriegs nach den dem Beirat vorgelegten Plänen schwer zu verwirklichen, innovativ und beispiellos sei, da der Zweite Weltkrieg bislang stets im Licht von Nationalgeschichte dargestellt worden sei. […] Nach der Pause erläuterte Paweł Machcewicz unter Bezug auf die vorausge-

> gangenen Äußerungen der Beiratsmitglieder, dass es tatsächlich eine unlösbare Aufgabe sei, eine europäische Narration über den Zweiten Weltkrieg zu schaffen. Man könne allerdings versuchen, sich von streng nationalen Perspektiven zu lösen, indem innerhalb einzelner thematischer Abschnitte ein vergleichender Zugriff gewählt wird.

Zu Beginn unserer Arbeit, 2008 oder auch 2009, konnte ich natürlich nicht vorhersehen, wie sich in den folgenden Jahren die Atmosphäre in Polen, in vielen anderen europäischen Ländern oder auch in den Vereinigten Staaten verändern würde: Es kam zu wachsenden antieuropäischen, nationalistischen oder gar xenophoben Stimmungen, zu Ängsten vor »Fremden«, zu Isolationismus und zum Rückzug in die eigene nationale Gemeinschaft; dies beeinflusste auch die Sicht und Behandlung der Geschichte. Wenn ich aber heute an unsere Anfänge zurückdenke, mit dem Wissen um all das, was in der Zwischenzeit geschehen ist, bin ich absolut davon überzeugt, dass wir einen außergewöhnlichen, ja eigentlich den einzig möglichen Augenblick zur Schaffung dieses Museums genutzt haben, das nicht nur von den polnischen Erfahrungen erzählt, sondern auch das Schicksal anderer Nationen darstellt und den Krieg als übernationale, allgemein-menschliche Erfahrung betrachtet.
In Polen herrschte 2007 und 2008 noch Optimismus über unsere Zugehörigkeit zu Europa, über die sich daraus ergebenden Vorteile, aber ebenso über die Notwendigkeit und Möglichkeit, der Welt von unseren Erfahrungen zu berichten, die auch Teil eines umfassenderen und sich neu bildenden europäischen historischen Gedächtnisses werden sollten. Es entsprach somit wohl unserer damaligen Selbstsicherheit – und ich spreche hier nicht nur von mir und meinen Mitarbeitenden, sondern meine das viel weitgreifender –, wenn wir davon überzeugt waren, dass wir in Polen ein europa- und weltweit ganz besonderes Museum schaffen konnten. Auch denke ich, dass das Weltkriegsmuseum gewissermaßen ein Generationenwerk war, das von Menschen entwickelt wurde, die ihre beruflichen Erfahrungen bereits im freien, demokratischen Polen gesammelt hatten und proeuropäisch eingestellt waren. Zugleich

kannten zumindest einige von uns Europa und die Welt recht gut, wir hatten keine Komplexe, wussten, wie gering im Westen das Wissen über unsere Geschichte ist, und glaubten, dass es möglich wäre, dies zu verändern. Das Museum wurde zwar erst 2017 in einer ganz anderen Epoche eröffnet, war aber ein Kind dieser Zeit, die mit dem Ausbruch der Finanzkrise endete, mit dem Anwachsen antieuropäischer Populismen und mit der Überzeugung, dass sich die Europäische Union und damit ganz Europa in einer tiefen Krise befinden. Hätten wir unsere Idee für das Weltkriegsmuseum einige Jahre später lanciert, so hätte sie wohl keine Chance auf Verwirklichung mehr gehabt. Die Politiker (nicht nur die rechten) hätten uns nicht mehr wohlwollend behandelt und wir hätten auch nicht so bedeutende öffentliche Mittel erhalten. Nun, wir hätten diese Idee unter veränderten Umständen ganz sicher überhaupt nicht vorgebracht.

Der Wandel der Atmosphäre, in der wir unsere Arbeit 2008 begannen und in der wir sie einige Jahre später beendeten, ist aus der Perspektive der Ausstellung vielleicht am besten an dem Film erkennbar, der im letzten Saal gezeigt wurde und der die langfristigen Folgen des Krieges zum Thema hatte. Diese Collage aus Filmschnipseln und Bildern, die die wichtigsten Konflikte der Welt nach dem Zweiten Weltkrieg zeigten, aber auch das unterschiedliche Leben von Millionen von Menschen auf beiden Seiten des Eisernen Vorhangs, sollte ursprünglich bis zum großen Umbruch des Jahres 1989 geführt werden. Bis zu diesem Jahr sollten die Bilder auf zwei benachbarten Teilen der Wand abgespielt werden, auf einem für den Osten, auf dem anderen für den Westen. 1989 sollten sie sich verbinden, und die Besucher sollten Szenen vom Sturz der kommunistischen Regime in Ostmitteleuropa, von der Entstehung der ersten nichtkommunistischen Regierung in Polen 1989, vom Fall der Berliner Mauer, vom Zerfall der Sowjetunion und vom Rückzug der Roten Armee aus unserem Teil Europas sehen. Wir erwogen, ob wir ganz am Ende nicht vielleicht den Beitritt Polens und anderer postkommunistischer Länder zur Europäischen Union zeigen sollten. Prinzipiell sollte die Botschaft, mit der die Ausstellung endete, optimistisch sein, sie sollte den Triumph von Freiheit und Demokra-

tie zeigen, die Überwindung der Teilung der Welt, der Unfreiheit Polens und Ostmitteleuropas, also der langfristigsten Konsequenzen des Zweiten Weltkriegs. Doch im Laufe von acht Jahren Arbeit an der Ausstellung veränderte sich die Welt, die uns umgab, und von dem einstigen Optimismus, von der Überzeugung, dass alles in eine gute Richtung gehe, blieb nicht mehr viel übrig. Darum entschlossen wir uns, den Film bis in die Gegenwart zu führen. Die letzten Szenen, die der Betrachter sehen sollte, waren die Kriege in Syrien und in der Ukraine sowie Bilder von der Flüchtlingswelle. Dies sollte ganz am Ende des Museumsbesuchs versinnbildlichen, dass Krieg, Gewalt und Leiden nicht im Jahre 1945 endeten, sondern uns auch heute umgeben, dass auch in uns selbst eine Neigung zu Gewalt steckt. Damit verlor der Abschluss der Ausstellung seine beabsichtigte optimistische Aussage, wurde aber zugleich so wie die gesamte Ausstellung viel universeller und wahrhaftiger.
Symbolisch ist auch, dass die Entfernung dieses Films die erste Veränderung war, zu der es im Oktober 2017 nach der Übernahme der Kontrolle über das Museum durch die PiS kam. Zuvor hatten ihn aber schon mehrere Hunderttausend Besucher sehen können. Er wird sicherlich noch vielfach an unterschiedlichen Stellen als Illustration moderner Zensur präsentiert werden. Ich hoffe, dass er irgendwann wieder im Museum selbst gezeigt werden kann. Übrigens war er schon einige Stunden nach der Entfernung im Internet zu sehen, was gut zeigt, dass Zensur in der heutigen Zeit wenig erfolgreich ist.

Vom Projekt zur Ausstellung, und alles, was dazwischen war

Die Entstehung einer so großen und vielschichtigen Ausstellung zeigt, dass man bei der Arbeit an ihr verschiedenste, auf den ersten Blick oft widersprüchliche Ziele miteinander vereinbaren muss. Auf der einen Seite war an die anfänglichen Vorannahmen zu denken, die Ziel, Charakter und prinzipiellen Inhalt definierten. Auf der anderen Seite zeigte sich, dass beim Vorbereiten detaillierter Szenarien und Szenografien, beim Dialog zwischen Historikern und Designern, bei der Suche nach Bildern und Exponaten, beim Aufnehmen weiterer Zeitzeugeninterviews neue Ideen und Themen aufkamen, während einige von den ursprünglich geplanten nun unnötig oder nicht umsetzbar erscheinen. Ein gutes Beispiel hierfür ist die Veränderung der Szenografie von Tempora in dem Teil über den Widerstand in den besetzten europäischen Ländern. Der Großteil der Säle in dieser Sektion der Ausstellung ist so gestaltet, dass er an Kellerräume erinnert. Dies soll den konspirativen Charakter der meisten Widerstandshandlungen hervorheben, vor allem des Polnischen Untergrundstaates, der in diesem Teil dominiert. Im oberen Teil der Säle sollte es (ermöglicht durch die 14 Meter hohen Räume) noch eine weitere Ebene geben, wo die Besucher nicht hingekommen wären, die sie aber von unten gesehen hätten. Hier sollte sich die Rekonstruktion des Straßenbilds einer besetzten Stadt befinden: Mit den Figuren von Menschen, mit Straßenlaternen und sogar einem Auto. Dies sollte den Eindruck unterstreichen, dass »an der Oberfläche« allem Anschein nach ein normales Leben stattfand, während tatsächlich Hunderttausende viel riskierten und sich in ihren Ländern für die Wiedererlangung der Freiheit und die Befreiung einsetzten. Es zeigte sich aber, dass es technisch sehr schwierig und wegen des Brandschutzes halsbrecherisch wäre, diese zweite Ebene der Ausstellung zu montieren, zumal auch nicht klar war, ob sie von unten aus gut sichtbar sein würde. Die geplante Rekonstruktion der Straße ersetzten wir durch Bildschirme im oberen Teil des Saals, auf denen ständig Szenen aus dem Alltagsleben verschiedener besetzter Städte zu sehen sind, eine Art zeitgenössische Filmcollage. Das Ergebnis ist meiner Überzeugung nach besser und viel authentischer als das, was wir durch die Rekonstruktion hätten erreichen können, selbst wenn sie hervorragend ausgeführt worden wäre.

In einigen Fällen haben wir die Ausstellung um Motive oder sogar ganze Abschnitte ergänzt, die wir zuvor nicht vorgesehen hatten. Etwa in der Mitte der Arbeiten erkannten wir, wie viele drastische Informationen und Bilder sie enthält und wie erdrückend sie allein durch ihre Größe ist, sodass sie gerade für Kinder zu komplex sein würde. Deshalb beschlossen wir auf Anregung Rafał Wnuks, eine eigene Fläche für Kinder bis zu zwölf Jahren zu gestalten. Von einem der gewaltigen Ausstellungsräume trennten wir rund 400

Quadratmeter ab, um hier eine »Zeitreise« zu installieren. Sie erzählt über Krieg und Besatzung aus der Sicht einer gebildeten Warschauer Familie (die wir selbst erfanden, zusammen mit den Briefen von fiktiven Familienmitgliedern). Sie hat Verwandte sowohl in den ans Reich angegliederten Gebieten als auch im Osten, wodurch wir ein breites Panorama polnischer Schicksale zeigen konnten. Die Erzählung spielt sich vor dem Hintergrund einer sich verändernden Wohnung in einem Warschauer Mietshaus ab, und zwar zu drei unterschiedlichen Zeitpunkten des Kriegs; durch die Fenster sieht man Straßenszenen und den Wandel der Stadt.

Die Korrekturen unserer Pläne betrafen nicht nur technische oder szenografische Angelegenheiten, sondern manchmal auch Grundlegenderes. Wir waren davon ausgegangen, dass der Hauptteil der Ausstellung eher thematisch als chronologisch gegliedert sein würde, wodurch wir freier sein wollten, um einzelne Aspekte der Kriegserfahrungen zu zeigen. Dafür wurden wir schon 2008 von den Rechten angegriffen, da wir angeblich verbergen wollten, dass Polen als einziges Land vom ersten bis zum letzten Kriegstag gekämpft habe. Es ist bezeichnend, dass man in unseren Worten verborgene, böswillige Absichten erkennen wollte; alles, selbst die unschuldigsten Absichten, konnten zum Gegenstand ernster Verdächtigungen und Beschuldigungen werden. Der geplante thematische Aufbau (z.B. Besatzungen, Terror, Widerstand) blieb tatsächlich der Knackpunkt der Ausstellung. Im Zuge der Arbeiten kamen wir rasch zu der Auffassung, dass er doch von deutlich kenntlichen chronologischen Bezügen gerahmt werden musste. Anderenfalls hätte das Publikum die Orientierung verloren, und viele grundlegende Fragen wie etwa die Entwicklung der deutschen Besatzungs- und Terrorpolitik hätten nicht erklärt werden können. Im Endeffekt werden die Besucherinnen und Besucher von der Ausstellung konsequent vom Ersten Weltkrieg über die Wiederentstehung des polnischen Staates, die Geburt und Expansion der Totalitarismen in der Zwischenkriegszeit und die einzelnen Abschnitte des Kriegs bis ins Jahr 1945 geführt, wo sie das Ende der Besatzung und der Kampfhandlungen sehen, die Entscheidungen der Siegermächte über die neue Weltordnung, die Aufarbeitung der Verbrechen – ehe sie schließlich in den letzten Saal gelangen, der sie (ursprünglich) in die Gegenwart mitnehmen würde.

Anfangs gingen wir davon aus, dass polnische Handlungsstränge ungefähr die Hälfte der Ausstellung ausmachen würden, doch erkannten wir rasch, dass eine solche mechanische Verteilung völlig unrealistisch war, zumal sich viele Aspekte der polnischen Kriegserfahrungen nicht von der Geschichte anderer Nationen trennen lassen. Ist der Hitler-Stalin-Pakt vor allem ein Teil der polnischen Geschichte, da er unser Schicksal besiegelte, oder der Allgemeingeschichte, da er ein Meilenstein auf dem Weg zum Kriegsausbruch und zur Aufteilung vieler Staaten Osteuropas zwischen zwei Aggressoren war? Ebenso wenig lässt sich die Vernichtung der polnischen Juden aus dem gesamten Holocaust herauslösen (zumal sie etwa die Hälfte aller Holocaust-Opfer ausmachten) oder die Darstellung von Konzentrationslagern oder Zwangsarbeit nach rein nationalen Kriterien einordnen.

Über Polen ist in der Ausstellung am meisten von allen Kriegsteilnehmern die Rede, einige Teile der Ausstellung sind ihm vollständig vorbehalten, etwa die Warschauer Straße aus den 1930er Jahren oder der große Block zum Septemberkrieg 1939. In anderen Teilen überwiegen polnische Motive: Der Polnische Untergrundstaat, der wohl detaillierteste Abschnitt der Ausstellung, nimmt im Block Widerstand den meisten Raum ein. In dem Saal, in dem die gegen die Deutschen gerichteten Aufstände in den besetzten Ländern dargestellt werden, gilt die größte Aufmerksamkeit dem Aufstand im Warschauer Ghetto 1943 und dem Warschauer Aufstand 1944. In den militärischen Abteilungen erfahren wir am meisten über den Kampf der polnischen Soldaten, wir sehen viele Waffen und Uniformen, die ihnen gehörten, was die hartnäckig wiederholten Beschuldigungen Lügen straft, dass wir das Heldentum der polnischen Soldaten vergessen hätten. Unsere Ausstellung beruht darauf, das Schicksal Polens und anderer Länder nebeneinanderzustellen, was einen die Unterschiede ebenso wie die Ähnlichkeiten erkennen lässt. So ist zum Beispiel die Narration über die deutsche Besatzung der unterworfenen Länder gestaltet. Ein solcherart vergleichender Blick ist besonders dort eindrucksvoll, wo wir über die antijü-

dischen Pogrome 1941 berichten. Jedwabne wird neben Lemberg, Kaunas und dem rumänischen Iași gezeigt, was es ermöglicht, die Mechanismen und Ursachen viel besser zu verstehen.
Wichtig war für uns das Thema Unterdrückung der Zivilbevölkerung, das tatsächlich einen Teil der Ausstellung dominiert. Es stellte sich jedoch heraus, dass wir auch eine gewaltige Zahl interessanter, zuweilen einzigartiger militärischer Exponate zusammentrugen: Waffen, Uniformen, persönliche Gegenstände von Soldaten. Es wäre äußerst schade gewesen, diese nicht zu zeigen, vor allem da sie gerade bei jungen Männern das größte Interesse hervorrufen. Das wohl bekannteste Ausstellungsstück des Museums ist tatsächlich der beschriebene Sherman-Panzer in der Bemalung der 1. polnischen Panzerdivision. Wir ließen zwei große Säle entstehen, die ganz den militärischen Dimensionen des Kriegs gewidmet sind und in denen in chronologischer Abfolge alle Feldzüge dargestellt werden. Wir haben jedoch dafür Sorge getragen, dass dies keine Chronik der Schlachten wurde. Wir zeigen alle Aspekte des Soldatenlebens, das nicht ausschließlich aus Kämpfen bestand: Von Einberufung und Ausbildung über Freizeit, Sehnsucht nach der Familie, Gefangenschaft bis hin zu Verwundung und Tod. Wir zeigen auch die breitere, sozioökonomische Dimension des Kriegs: Die Mobilisierung des wirtschaftlichen Potentials, die Arbeit der Frauen in der Rüstungsindustrie, technische Erfindungen.
Eine der größten intellektuellen Herausforderungen war es, eine kohärente Erzählung über den Besatzungsterror zu erstellen. Dieser Block ist der größte und wohl auch wichtigste Teil der Ausstellung. Er beginnt mit dem detailliert präsentierten deutschen Terror gegenüber den polnischen Eliten, der in Pommerellen am stärksten war. Aber in diesem Teil zeigen wir auch Massenhinrichtungen und die Ermordung der Menschen ganzer Ortschaften: So im Warschauer Stadtteil Wawer und in der kleinpolnischen Stadt Bochnia 1939, im Warschauer Stadtteil Wola 1944 und in polnischen Dörfern (beispielhaft wird Michniów dargestellt), aber auch im tschechischen Lidice, im französischen Oradour-sur-Glane, in Dörfern in Griechenland, Italien und Weißrussland. Dort hatte diese Form des Terrors besonders große Ausmaße angenommen. Anschließend ge-

langt man beim Museumsbesuch zu dem Raum mit dem bereits erwähnten Taschentuch von Bolesław Wnuk, das die Parallelität des deutschen und des sowjetischen Terrors gegenüber den Polen zeigt, um dann in den Raum über das Massaker von Katyn zu kommen. Von hier führt der Besuchsweg zu den Zwangsumsiedlungen, die sowohl Deutsche als auch Sowjets veranlassten. Hierbei handelt es sich um einen wichtigen Teil der Ausstellung, auch weil er zeigt, dass gewaltige gesellschaftliche Umformungen und Vertreibungen nicht erst von den Alliierten oder von Polen im Jahr 1945, sondern schon vom Dritten Reich und von der Sowjetunion begonnen wurden. Danach folgen Zwangsarbeit und Konzentrationslager. Die Szenografie des KZ-Abschnitts erinnert an Lagerbaracken und zeigt vor allem verschiedene Aspekte des Lebens der Häftlinge – Gewalt, der sie unaufhörlich ausgesetzt waren, mörderische Arbeit, Krankheiten, verbrecherische pseudomedizinische Experimente, aber auch den Widerstand in den Lagern und schließlich den Tod, dessen Symbol in der Lagerrealität das Krematorium war. In der Erzählung über die Untergrundbewegung in den Lagern zeigen wir Rittmeister Witold Pilecki, der freiwillig ins Konzentrationslager Auschwitz gegangen war, um der Welt darüber zu berichten, aber auch die bislang unbekannte Helena Płotnicka. Die in der Nähe der Stadt Auschwitz lebende Mutter dreier Kinder versorgte Häftlinge mit Lebensmitteln, Arznei und Briefen, wofür sie selbst ins Lager kam, wo sie ihr Leben verlor. Für mich ist dies ein Beispiel für größtes und zudem fast anonymes Heldentum. Im Museum wollten wir gerade an solche Menschen erinnern.

Die Ausstellung zeigt des Weiteren den NS-Mord an mehreren Hunderttausend körperlich und geistig behinderten Menschen. Dies ist eine weitgehend in Vergessenheit geratene Opfergruppe, über die man erst seit einem guten Jahrzehnt wieder stärker spricht. Wir erinnern daran, dass die Ermordung der behinderten Menschen in großem Umfang im Herbst 1939 in den ans Reich angegliederten Gebieten begann, darunter in Pommerellen. Dieser Abschnitt leitet auch zum nächsten Bereich über – der Judenvernichtung. Diese beiden Teile haben nicht nur die Absicht zur Auslöschung einer großen Bevölkerungsgruppe gemeinsam, sondern auch die Tatsache,

dass an den Vernichtungsorten (mit Gaskammern) für psychisch und körperlich Kranke dieselben Leute arbeiteten, die später ins Generalgouvernement in die 1942 entstehenden Vernichtungslager für die Juden geschickt wurden.
Vom Holocaust berichtet zunächst ein Prolog, der die unterschiedlichen Erfahrungen und Perspektiven von Opfern, Tätern und Zeugen aufzeigt, daran schließen sich drei chronologisch konstruierte Teile an. Der erste umfasst die Ereignisse von 1941, vor allem die Vernichtung der Juden im Osten durch die SS-Einsatzgruppen. Hier werden auch alle Pogrome dargestellt, die von der lokalen Bevölkerung verübt wurden, vielerorts (auch in Jedwabne) aber von den Deutschen inspiriert waren. Der zweite Teil berichtet vor allem über die Vernichtung der polnischen Juden, hier wird auch das Schicksal der Juden im Ghetto Litzmannstadt erzählt. Wir haben dieses Ghetto bewusst gewählt, da das Warschauer Ghetto sehr umfassend im Museum für die Geschichte der Polnischen Juden dargestellt wird. Der anschließende Teil betrifft die Vernichtung der Juden im gesamten besetzten Europa, die vor allem in Auschwitz-Birkenau vollzogen wurde. Hier ist auch von der Ermordung der Sinti und Roma die Rede. Am Ende gibt es einen Raum, der ein Gedenkort für die Opfer ist – auf Glas sind die Porträtfotografien von mehreren Hundert Opfern aus vielen Ländern zu sehen.
In unmittelbarer Nachbarschaft befindet sich der Abschnitt über die ethnischen Säuberungen. Wir zeigen die Ermordung von rund 100.000 Polen durch ukrainische Nationalisten in Wolhynien und Ostgalizien sowie die Auslöschung von mehreren Hunderttausend Serben, Juden und Roma durch die kroatischen faschistischen Ustascha. Dies waren Verbrechen, die weder von den Deutschen noch von den Sowjets begangen wurden, doch hätte es sie ohne die von ihnen in Gang gesetzten zerstörerischen Prozesse nicht gegeben – nicht ohne das gegebene Beispiel, ganze ethnische, rassische und soziale Gruppen zu eliminieren.
Das Neue in diesem Teil der Ausstellung liegt darin, dass die Erzählung über die Judenvernichtung, die in vielen Museen getrennt, oft als einziger oder zumindest wichtigster Teil der Ausstellung gezeigt wird (Holocaust-Museum Washington, Yad Vashem Jeru-

salem, Mémorial de Shoah Paris, aber auch in vielen weniger bekannten Holocaust-Museen), in ein umfangreiches Bild eingefügt wird, das die gesamte deutsche Terrormaschinerie berücksichtigt. Dieser Terror berührte schließlich auch andere Opferkategorien, Gefangene, zur Arbeit gezwungene Menschen, Deportierte. Unter ihnen waren auch Juden, die, ehe sie ermordet wurden, oft Zwangsarbeiter, Häftlinge von Konzentrationslagern oder in Ghettos Zwangsumgesiedelte waren. Ein solch umfassender Blick lässt die einmalige Chance entstehen, die Interdependenzen zwischen den verschiedenen Elementen und Richtungen der NS-Gewalt und des Völkermordes zu zeigen, die Entwicklung der deutschen Besatzungspolitik gegenüber verschiedenen sozialen, nationalen und rassischen Gruppen, schließlich auch die Unterschiede und die Schicksalsgemeinschaft der Opfer.

Das Symbol für diese Schicksalsgemeinschaft ist ein Eisenbahnwaggon, der sich genau in der Mitte des Blocks zum Thema Terror befindet. Von ihm aus begibt man sich in alle bereits erwähnten Teile. Dieses besondere Exponat hat eine ungewöhnliche Geschichte: Der Waggon wurde im Ersten Weltkrieg in Deutschland hergestellt, dann vom wiederentstandenen polnischen Staat und im September 1939 von den Sowjets übernommen. Im Jahr 1941, nachdem das Dritte Reich die Sowjetunion überfallen hatte, fiel er den Deutschen in die Hände und wurde von ihnen bis Kriegsende verwendet, als ihn die Polnischen Staatsbahnen wiedererlangten. In solchen Waggons brachten die Sowjets Hunderttausende polnischer Staatsbürger in den Osten, und in solchen Waggons transportierten die Deutschen Deportierte und Zwangsarbeiter – aber auch Gefangene in die Konzentrationslager und Juden in die Vernichtungslager. Der Waggon zeigt auch, welch große Kraft Exponate in Ausstellungen haben. Seine Geschichte erzählt nicht nur vom Besatzungsterror und vom Holocaust, sondern auch von den entstehenden und zerstörten Staaten in Mittel- und Osteuropa im 20. Jahrhundert, von den sich verändernden Grenzen. *Notabene* stehen u. a. im Holocaust-Museum in Washington und in Yad Vashem in Jerusalem ähnliche Waggons nur für das Schicksal der Juden, wir aber wollten ihn auf univer-

sellere Weise zeigen, was keineswegs heißt, dass wir das Schicksal aller Opfer gleichsetzen.
Da wir dem Besatzungsterror sowie den Verbrechen gegenüber der Zivilbevölkerung und den Kriegsgefangenen so viel Platz gewidmet haben, setzten wir uns schon vor Eröffnung des Museums Beschuldigungen aus, wir würden ein einseitiges Bild des Kriegs darstellen, es habe eine eindeutig pazifistische, eine Antikriegs-Aussage. Es sei allzu »schwarz«, würde sich auf den Schrecken des Kriegs konzentrieren. Im Einzelnen werde ich später darauf eingehen. Es ist aber zu unterstreichen, dass wir von Anfang an vor allem die Alltagserfahrung einfacher Menschen zeigen wollten, sowohl von Soldaten als auch von Zivilisten. Die Perspektive der Zivilisten war für uns die wichtigste, da sie Hauptopfer des Krieges waren, oft aber auch größte Opfer brachten und sich heldenhaft verhielten. Die Abkehr von einer militaristischen Perspektive hing auch mit der Überzeugung zusammen, dass jüngere Besucherinnen und Besucher überwiegend keine Erfahrungen mit dem Wehrdienst gemacht haben, der in Polen und vielen anderen Ländern Europas abgeschafft worden ist. Sie werden sich deshalb leichter mit dem Schicksal gewöhnlicher Menschen identifizieren können, als mit dem Uniformierter. Von letzteren ist in der riesigen und vielschichtigen Ausstellung übrigens auch viel die Rede, wenn auch nicht unbedingt von den Generälen, sondern eher von deren Untergebenen. Wir haben uns bemüht, dass die Ausstellung zu eigenständiger Reflexion anregt, dass sie auch kontroverse Angelegenheiten zeigt und dazu auffordert, eigene Antworten zu finden – auf Fragen zu menschlichen Haltungen, zu Entscheidungen, zum Preis des Widerstands, der oft massenhafte und brutale Repressionen auslöste, die auch und vielleicht vor allem Menschen betrafen, die sich nicht verteidigen konnten, aber ebenfalls überleben wollten. Ein Beispiel hierfür ist die Art und Weise, wie wir den Warschauer Aufstand 1944 zeigen. Die Besucherinnen und Besucher betrachten ihn aus der Perspektive eines typischen Kellers, in dem sich während des Aufstands Tausende von Zivilisten vor Luftangriffen, Beschuss und den heranrückenden Deutschen versteckten. Sie sehen die Freude auf den Straßen der befreiten Teile von Warschau, die in den Kampf

ziehenden Jungs und Mädel der Heimatarmee, die Eroberung des Hochhauses mit der Telefonzentrale – einer der größten Erfolge der Aufständischen –, aber auch Gefallene und Verwundete, Ruinen. Sie hören die Gebete der entsetzten Menschen, die Gott um Rettung anflehen, und sie erfahren über die zunehmende Verbitterung bei vielen Zivilisten, je ungeheuerlicher die Verluste und das Gefühl für die Hoffnungslosigkeit der Kämpfe wurden, ja selbst über Aggressionen gegenüber Kämpfern der Heimatarmee, um derentwillen alles geschah. Das ist ein wirklichkeitsgetreues Bild, das in Hunderten von Erinnerungen und Berichten bezeugt wird, das aber im Museum des Warschauer Aufstands praktisch nicht vorkommt: Es konzentriert sich fast ausschließlich auf das Heldentum und vor allem auf die militärische Dimension des Aufstands.

Beschädigt eine solche Erweiterung der Perspektive, die der historischen Wahrheit vollauf entspricht, das Bild vom Aufstand? Vielleicht schwächt sie die nationale Gemeinschaft, deren Stärkung vielen rechten Politikern und Publizisten zufolge Hauptaufgabe von historischen Museen sein soll? Meiner Überzeugung nach verhält es sich ganz anders. Eine nationale und staatsbürgerliche Gemeinschaft sollte auf einer authentisch erlebten Vergangenheit in all ihrer Komplexität basieren, anderenfalls wird sie fassadenhaft und nur bei besonderen Anlässen hervorgekramt. Für mich ist es nicht die Rolle eines Museums, eine prophetische Wahrheit zu verkünden, über die nicht diskutiert werden darf. Vielmehr sollten die Besucherinnen und Besucher zum Nachdenken angeregt werden, zur Reflexion über Entscheidungen und Entscheidungszwänge von Menschen, deren Schicksal sie in der Ausstellung sehen, und auch darüber, wie sie selbst sich in analogen Situationen verhalten würden. Unter anderem darum ist der Abschnitt über den Polnischen Untergrundstaat im Museum so umfangreich, einen Staat, der größtenteils »von unten« aufgebaut wurde, von Zivilisten, aufgrund spontanen Einsatzes, und ein Staat zudem, in dem sich die ganze Vielfalt und teils auch die inneren Konflikte der polnischen Gesellschaft widerspiegelten.

Wir zeigen in der Ausstellung die Judenhilfe Żegota, Irena Sendler (die dort zusammen mit anderen die Kinder-Sektion organisierte), die Apotheke zum Adler im Krakauer Ghetto und weitere Polen, die Juden gerettet haben, oft ohne institutionelle Unterstützung, was sicherlich am schwierigsten war. Wir zeigen aber ebenso das Verbrechen von Jedwabne und sprechen über andere Orte, an denen Polen Juden ermordet haben, auch über Gleichgültigkeit oder Feindschaft, die ihnen entgegenschlugen. Am wichtigsten war, dass wir bei der Präsentation dieser unterschiedlichen Verhaltensweisen die richtigen Proportionen berücksichtigten und uns an die historische Realität hielten, was natürlich immer Gegenstand von Diskussionen und Auseinandersetzungen ist. Schon zu Beginn des neuen Jahrtausends, während der Debatte über Jedwabne, haben sich zwei Sichtweisen herausgeschält, wie die nationale Vergangenheit darzustellen sei. Der konservative Historiker Andrzej Nowak war der Meinung, dass die nationale Gemeinschaft dadurch konstituiert werden müsse, dass man sich auf Heldentum und Opfergeschichte berufe, nicht auf die dunklen Seiten der eigenen Geschichte. »Als Gemeinschaft können wir uns beim Denkmal der Westerplatte-Helden stolz fühlen. Beim Denkmal in Jedwabne werden wir keinen uns einenden Stolz darüber empfinden können, dass wir uns gemeinsame Scham darüber leisten, was dort geschehen ist«,[15] schrieb der Krakauer Historiker. Ich antwortete ihm damals, noch als Direktor des Büros für Öffentliche Bildung beim IPN , dass es unsere Pflicht sei, uns allen Seiten unserer Geschichte zu stellen:[16]

> Wir sollten die ganze Wahrheit über unsere Vergangenheit aufdecken – den Dingen ihren vollen Glanz zurückgeben, auf die wir zu Recht stolz sein sollten, aber auch den Vorhang vor den schändlichen Dingen zurückziehen, die es in der Geschichte jedes Landes gibt. Das ist der beste Weg, um eine nationale Gemeinschaft zu errichten, die in der Vergangenheit verwurzelt ist und sich der ihr vorausgegangenen Generatio-

15 Andrzej Nowak: Westerplatte czy Jedwabne [Westerplatte oder Jedwabne]. In: Rzeczpospolita vom 1. August 2001.

16 Paweł Machcewicz: I Westerplatte, i Jedwabne [Sowohl Westerplatte als auch Jedwabne]. In: Rzeczpospolita vom 9. August 2001.

nen bewusst ist. Eine Gemeinschaft, die keine Angst vor der Konfrontation mit der eigenen Geschichte hat, wird sich nicht von Entdeckungen überraschen lassen, die ihre stabile Identität angreifen.

Wenn man dies alles wieder auf das Museum überträgt, so war ich nicht der Auffassung, dass die Besucherinnen und Besucher unsere Ausstellung vor allem gestärkt und geistig erbaut verlassen sollten, nachdem sie Erzählungen über Heldentum im Krieg betrachtet haben. Ich wollte vielmehr, dass sie das Museum berührt verlassen, ja sogar erschüttert dadurch, was sie gesehen haben, und dass sie versuchen, dies alles in ihren Gedanken zu ordnen, ihm im eigenen Gewissen Sinn zu verleihen, dass sie vielleicht erneut in die Ausstellung kommen, um Antworten auf drängende Fragen zu finden. Um hier schon vorzugreifen – ich konnte sehen, dass viele, mit denen ich sprechen konnte, genau so reagierten.
Ich habe mich in meinen Gedanken über das Museum nicht so weit vorgewagt wie der Kunsthistoriker Piotr Piotrowski, für eine Zeitlang Direktor des Warschauer Nationalmuseums. In seinem Manifest *Das kritische Museum* erklärte er, dass das Museum bilderstürmerisch sein sollte, es müsse provozieren und vor allem kontroverse Themen berühren, die festgefügte gesellschaftliche Vorstellungen in Frage stellen.[17] Ich glaube, dass die Rolle des narrativen Geschichtsmuseums eine andere ist, dass es vor allem eine sachlich fundierte Erzählung über die Vergangenheit präsentieren muss, wobei diese natürlich selbst interpretiert werden kann, indem bestimmte Themen, Personen oder Exponate ausgewählt werden.
Ich würde mich eher den bereits klassischen Überlegungen über die Rolle von Museen anschließen, die zu Beginn der 1970er Jahre von dem kanadischen Museumsfachmann Duncan F. Cameron vorgelegt wurden. In seinem bekannten Text *Das Museum, ein Tempel oder das Forum* verwarf er das bis dahin vorherrschende Museumsmodell, das sich im 19. Jahrhundert entwickelt hatte. Es ging davon aus, eine bestimmte, kodifizierte Wahrheit über Kunst, Geschichte oder

17 Piotr Piotrowski: Muzeum krytyczne [Das kritische Museum]. Poznań 2011.

andere Gebiete weiterzugeben, die von den Menschen übernommen und internalisiert werden sollte, ohne diese anzuzweifeln und ohne unnötige Fragen zu stellen. Dies war ein einseitiges Modell der Kommunikation mit einem passiven Publikum. Das Museum war ein »Tempel«, der eine offenbarte Wahrheit vermittelte, mit der man nicht diskutiert, über die man nicht streitet. Cameron zufolge müssen Museen, wenn sie lebendige Orte sein und Menschen anziehen wollen, in stärkerem Maße zu »Foren« werden, zu einem Raum der Debatte, der Reflexion, der Aushandlung widersprüchlicher Ansichten.[18]
Diese Sicht des Museums war mir näher, auch wenn natürlich die Spezifik des narrativen Geschichtsmuseums dazu führt, dass die Besucherinnen und Besucher auf eine bereits vorgefertigte Erzählung stoßen. Wichtig ist aber, dass diese Raum für unterschiedliche Interpretationen lässt, die ganze Unterschiedlichkeit von Einstellungen zeigt, die damit verbundenen Entscheidungen und Dilemmata, die nicht immer auf der Hand lagen oder »schwarz-weiß« waren. Dies bezieht sich auch auf die Sprache der Beschriftung – wir bemühten uns, diese nicht mit allzu starken, wertenden Formulierungen zu überfrachten. Die Betrachterinnen und Betrachter können ihre Schlüsse aus dem Gesehenen selbst ziehen, sie haben das Recht dazu. Unsere Gegner von den Rechten hatten jedoch eine ganz andere Vorstellung vom Museum: Es soll eine eindeutige Wahrheit vermitteln und im Grunde ein Propagandainstrument sein, das dazu dient, Menschen nach einer vorgegebenen Vision zu modellieren, in der es keinen Raum für Fragen und Zweifel gibt, ja noch nicht einmal für selbständige Interpretation. Sie wollten ganz eindeutig den »Tempel«, keinesfalls ein »Forum«, in dem debattiert wird.

18 Duncan F. Cameron: The Museum, a Temple or the Forum. In: Gail Anderson (Hg.): Reinventing the Museum. Historical and Contemporary Perspectives on the Paradigm Shift. Walnut Creek 2004, S. 61–73.

Vor dem Sturm

All dies begann sich 2015 zu einem kohärenten und fast schon fertigen Ganzen zu fügen. Die detaillierten Ausführungspläne für die Ausstellung waren fertig, sie konnten vor Beginn ihrer Herstellung und Montage im Museumsgebäude nur noch in Ausnahmefällen korrigiert und verändert werden. Die Bauarbeiten waren in ihrer Schlussphase. Wenn wir durch die Innenräume gingen, konnten wir uns schon sehr genau vorstellen, was wir bald in den einzelnen Räumen sehen würden; einige Exponate – diejenigen mit den größten Maßen – befanden sich ja schon dort.

Je näher der avisierte Eröffnungstermin rückte, desto größere Bedeutung hatten die Werbeaktivitäten des Museums. Das war umso notwendiger, als unser Tun ständig von Kreisen aus dem Umfeld der PiS in Frage gestellt und verdreht wurde. Sie wiederholten wie ein Mantra, dass das Museum »zu wenig polnisch« sei, ohne sich aber die Mühe zu machen, seine tatsächliche Gestalt kennenzulernen. Wir drehten einen Film über die Ausstellung, in dem wir deren Visualisierung insgesamt zeigten, aber auch einige der interessantesten Exponate. Als Erzählerin wählten wir Maja Ostaszewska aus, eine bekannte polnische Schauspielerin, die schon in Andrzej Wajdas Spielfilm *Katyn* gespielt hatte: Der Krieg, erzählt mit der Stimme einer Frau – dies sollte Stereotype zerstören und bewusst machen, dass dies kein militärisches Museum im engeren Sinne ist, sondern auch das Schicksal von Zivilisten, Frauen und Kindern zeigt.

Ich bemühte mich, die Regierung für die näher rückende Eröffnung des Museums zu interessieren. Ich war Mitglied des Historischen Rats beim Außenminister und schlug bei einer Sitzung vor, die Oberhäupter der Staaten Europas und der Welt zur Eröffnung des Museums einzuladen, was mir eine riesige Chance zu sein schien, eine noch größere als die Feierlichkeiten auf der Westerplatte 2009, um dem Ausland die polnische Geschichte zu zeigen. Schließlich war das einer der Gründe für die Schaffung des Museums und die Ausgabe so großer Mittel polnischer Steuerzahler gewesen. Der damalige Außenminister Grzegorz Schetyna zeigte Interesse, doch die Sache wurde nicht weiter vorangetrieben. Die nahenden Präsidenten- und anschließend die Parlamentswahlen stellten alle anderen Themen in den Schatten. Ich hatte aber das Gefühl, dass durch die in den vorausgegangenen Jahren geknüpften engen Kontakte mit den wichtigsten Museen der Welt, in denen der Krieg thematisiert wird, die Eröffnung des Museums des Zweiten Weltkriegs auch so zu einem großen internationalen Ereignis werden würde, selbst ohne Unterstützung durch die Regierung. Damals konnte ich nicht vorhersehen, dass schon bald alles auf den Kopf gestellt, dass das Museum und auch ich selbst zu öffentlichen Feinden der neuen Regierung werden würden.

III Krieg

»Der polnische Standpunkt«

Die Zeichen für den aufziehenden Sturm waren freilich schon viel früher sichtbar und hörbar gewesen, angefangen mit Jarosław Kaczyńskis Angriffen auf das Museum im Jahre 2008, gleich nach der Veröffentlichung unserer Programmkonzeption. Der Führer der Partei Recht und Gerechtigkeit vergaß uns auch in den folgenden Jahren nicht. Einen großen Widerhall hatte, als er in seiner programmatischen Rede auf dem Parteikongress Ende Juni 2013 ankündigte, dass seine Partei »die Form des Museums des Zweiten Weltkriegs ändern wird, so dass die Ausstellung in diesem Museum den polnischen Standpunkt ausdrückt«.

Als Antwort wies ich in einer Presseerklärung, die von allen wichtigen Medien veröffentlicht wurde, darauf hin, dass der Parteichef der PiS »so tue, als vertrete das derzeit von mir geleitete Museum nicht den polnischen Standpunkt, sondern den Standpunkt anderer Nationen. Welcher, das hat der Vorsitzende der Vorsitzende von Recht und Gerechtigkeit nicht gesagt.« Ich schrieb weiter:[1]

> Ich möchte daran erinnern – auch wenn das selbstverständlich erscheint –, dass das Museum des Zweiten Weltkriegs eine polnische Kultureinrichtung ist, die vom Kulturminister und dem Ministerpräsidenten der polnischen Regierung ins Leben gerufen wurde und die aus dem polnischen Staatshaushalt finanziert wird. Das Museum [...] wird von polnischen

1 Marek Adamowicz: PiS »chce zmienić kształt« Muszeum II Wojny Światowej. Jarosław Kaczyński kontra Paweł Machcewicz [Die PiS »will die Gestaltung des Museums des Zweiten Weltkriegs ändern«. Jarosław Kaczyński contra Paweł Machcewicz]. In: Dziennik Bałtycki vom 1. Juli 2013.

> Historikern und Museumsleuten vorbereitet. Sein Hauptziel ist es, die polnische und mitteleuropäische Perspektive in die globale Narration und das historische Gedächtnis der Welt einzubringen, wo unsere Erfahrungen oft nur geringen Raum einnehmen und nicht ausreichend bekannt sind und verstanden werden. Das Museum hat die Absicht, dies zu ändern. Der beste Weg hierzu ist es, das polnische Schicksal vor einem breiteren historischen Hintergrund zu zeigen, vor dem Hintergrund der Erfahrungen anderer Nationen, des ganzen europäischen Kontinents und der Welt, da der Zweite Weltkrieg schließlich ein globaler Konflikt war. Ein solcher Blick ist keine Bedrohung der polnischen Identität, ganz im Gegenteil, er erlaubt es, die Spezifik der polnischen Geschichte besser zu verstehen. Wir müssen uns nicht vor dem historischen Dialog mit anderen Nationen, vor der Zusammenarbeit und dem Meinungsaustausch mit Historikern und Museen in anderen Ländern fürchten.

Ich appellierte auch, dass bei der Debatte über das Museum über unsere realen Handlungen und Pläne diskutiert werden solle, nicht über wirklichkeitsfremde Vorstellungen und Vorwürfe, was bei unseren Gegnern schon von Anfang an die Regel war:

> Obwohl das Museum erst im Entstehen begriffen ist, haben wir bereits viele Bücher herausgegeben, eine Reihe von Ausstellungen organisiert (u.a. die feste Freilichtausstellung auf der Westerplatte), wissenschaftliche Konferenzen veranstaltet und umfassende Bildungsmaßnahmen durchgeführt. Diese unsere konkrete Leistung sollte die Grundlage zum – auch kritischen – Urteil über die bisherigen Aktivitäten des Museums sein. Wichtig ist, dass dies ein Austausch sachlicher Argumente ist. Zu diesen gehören sicherlich nicht die Vorwürfe, das Museum des Zweiten Weltkriegs verkörpere keinen polnischen Standpunkt.
>
> Es sollte betont werden, dass niemand ein Monopol darauf hat, zu beurteilen, was der polnische Standpunkt ist. Die Po-

> len unterscheiden sich voneinander. Das ist einer der größten Werte des unabhängigen, demokratischen Staates, dessen wir uns seit 1989 erfreuen. Beunruhigend ist auch die Ankündigung, dass eine politische Partei nach der Machtübernahme den Inhalt der Museumsausstellung verändern wird. Dies trifft direkt das Prinzip der Autonomie von Kultureinrichtungen. Das Eingreifen von Politikern in den Bereich der Geschichte kann keine positiven Auswirkungen haben.

Ich machte mir keine Illusionen, Jarosław Kaczyński damit überzeugen zu können, doch dieser Meinungsaustausch – wenn man diesen nicht wirklich zutreffenden Begriff verwenden möchte – kündigte an, was geschehen könnte, wenn die PiS in Polen an die Regierung kommt. Eine geringere öffentliche Resonanz, jedoch eine größere Bedeutung wegen des sich abzeichnenden Wahlsiegs der Partei hatte ein Auftritt Kaczyńskis im September 2015 während des Parlamentswahlkampfs. Auf einem Treffen im Akademischen Staatsbürgerklub »Lech Kaczyński« in Posen[2] präsentierte er seine Vision eines Staatsumbaus. Er erklärte, eine »entschlossene Geschichtspolitik« einführen zu wollen, die eine »affirmative Botschaft« vermitteln und die im Ausland betriebene »Diffamierung Polens« bekämpfen solle. Dies alles solle zur Entstehung »einer Front der Stärkung der Legitimation unseres Staates, zur Stärkung des Zusammenhalts unserer Gemeinschaft« führen. In diesem Werk sollten die Museen eine wichtige Rolle spielen. Kaczyński kündigte ein »richtig konstruiertes Museum des Zweiten Weltkriegs« an (ohne zu erklären, was dies bedeuten würde) und stellte Veränderungen im Europäischen Solidarność-Zentrum in Danzig in Aussicht. Er forderte auch, für polnisches Geld einen Hollywood-Film mit großem Budget drehen zu lassen, mit einem hervorragenden Regisseur und einer Besetzung voller Stars, am besten über (den bereits erwähnten) Rittmeister Witold Pilecki. Die

2 Diese Vereinigung wurde nach eigenen Angaben gegründet, um das geistige Erbe von Lech Kaczyński fortzuführen – als Reaktion auf die Unzufriedenheit mit der Aufarbeitung des Absturzes der Präsidentenmaschine bei Smolensk im Jahr 2010 [Anm. der Redaktion].

Überzeugung, dass ein bedeutender Film, der die Wahrnehmung polnischer Geschichte in der Welt beeinflussen würde, auf politische Bestellung hin entstehen könne, war absolut typisch.
Kaczyński kündigte auch eine Auswechslung der Eliten und die Unterstützung neuer Leute im Kulturbereich an. Er kritisierte außerdem Tendenzen der modernen Kultur, die traditionelle Werte und Kanons bedrohten: »Die Bevölkerung durch diverse Taten in Bestürzung versetzen, die man zuweilen vor hundert und mehr Jahren im Westen sehen oder hören konnte – das ist wirklich nichts Neues in all diesen vulgären Hochleistungen«.
Der Tonfall einiger Aussagen erinnerte mich als Historiker, der sich mit der Volksrepublik Polen befasst hat, an den Auftritt Władysław Gomułkas auf dem berüchtigten ideologischen Plenum des Zentralkomitees der Polnischen Vereinigten Arbeiterpartei im Juli 1963. Der erste Parteisekretär unterzog damals den Bereich von Kultur und Kunst einer detaillierten Kritik und verurteilte konkrete Kunstschaffende und Werke, die »Verdorbenes« aus dem Westen auf polnischen Boden verpflanzt hätten. Unabhängig von diesen historischen Assoziationen war Kaczyńskis Rede sehr wichtig, denn sie zeigte die deutliche Vision einer Geschichts- und Kulturpolitik, wie er sie nach der Regierungsübernahme umsetzen wollte. Es gab hier keinen Platz für einen institutionellen Pluralismus und für Museen, die kein Teil einer »Einheitsfront« wären.[3] Wir wussten also gut, wie die Haltung der siegreichen Partei gegenüber dem Museum war, doch schon bald sollten wir uns davon überzeugen können, welche konkrete Anwendung sie in den gegen uns unternommenen Schritten finden und in welcher Atmosphäre dies stattfinden würde. Wir erwarteten nichts Gutes, doch der erste Schlag war sogar für mich schockierend, der ich viele Personen von der »anderen Seite« persönlich kannte. Es waren meine Kommilitonen aus dem Geschichtsstudium, die Politiker der PiS geworden waren oder als Journalisten diese Partei unterstützten, aber auch viele IPN-Historiker, deren Denkweise ich dort kennengelernt hatte. Dennoch war ich überrascht, als mich im November 2015,

3 Jarosław Kaczyński im AKO Poznań, 27. September 2015. Eine Aufzeichnung des ganzen Auftritts ist auf Youtube zu sehen. Das Museum des Zweiten Weltkriegs wird in Minute 37 der Aufzeichnung erwähnt (19.2.2018).

gleich nach der Bildung der PiS-Regierung, Rafał Wnuk empört anrief. Auf einer wissenschaftlichen Tagung in Lublin hatte ihn Piotr Niwiński angesprochen, unser gemeinsamer guter Kollege aus der IPN-Zeit, und zwar mit den Worten: »Wir müssen über das Museum sprechen. Paweł ist schon ein toter Mann, über ihn brauchen wir gar nicht mehr zu sprechen. Das haben mir Joachim [Brudziński] und Mariusz [Kamiński] gesagt«, erklärte er unter Verweis auf zwei einflussreiche PiS-Politiker und enge Kaczyński-Vertraute gleich zu Beginn (Kamiński war Geheimdienstkoordinator der Regierung). Er meinte außerdem, dass er mit eigenen Augen »eine Liste der im Museum zu entlassenden Personen« gesehen habe. Einige von ihnen könnte er vielleicht retten, kündigte er an und berief sich auf seine engen Kontakte zu PiS-Politikern. In Gegenzug erwartete er dafür die Kooperation von Rafał Wnuk und Janusz Marszalec, mit denen er über die Person eines neuen, für die PiS akzeptablen Museumsdirektors verhandeln wollte. In den folgenden Monaten sollte er in Danzig noch mehrfach Janusz Marszalec ansprechen, unter anderem bei Besuchen im Museum, wenn ich nicht da war. Dabei wiederholte er dieselben Phrasen, in denen ich als »toter Mann« vorkam, änderte aber die Person, die darüber entscheiden sollte, in Jarosław Kaczyński höchstpersönlich.

Natürlich war ich überrascht, dass sich ein Parteichef mit meiner Person befassen konnte. Ich wusste auch nicht, inwieweit Niwińskis Äußerungen glaubwürdig waren, da er sicherlich keinen direkten Zugang zum Vorsitzenden hatte und sich vielmehr darauf berief, was seine Freunde aus der PiS ihm zutrugen. Zweifellos stand er aber der Partei nahe. Er wurde auch in mehrere Museumsbeiräte berufen – ein Beispiel für die von Kaczyński angekündigte Unterstützung neuer Leute. Irgendwann gab er Janusz Marszalec gegenüber zu, dass er für den Kulturminister eine Rezension unserer Ausstellung geschrieben habe. Bis zu ihrer Veröffentlichung viele Monate später versicherte er jedoch, sie sei positiv, weshalb er sogar gewisse Unannehmlichkeiten im Ministerium gehabt habe. Rasch gelangten wir zu dem Schluss, dass es sein Ziel war, mich in meinem Amt zu beerben (da ich ohnehin schon ein »toter Mann« war). Er gab sogar zu verstehen, dass ihn Staatssekretär Sellin selbst dazu überredet habe, dass es aber – um die Belegschaft des Museums zu retten – so aussehen solle, als hätten ihn meine engsten Mitarbeiter dazu überredet.

Wenn dies jetzt jemand liest, könnte ihm diese Geschichte vor allem grotesk vorkommen. Für uns aber war sie die erste unangenehme Lektion darüber, wie sich ein Mensch verhalten konnte, den wir bis dahin für aufrichtig gehalten hatten und den wir zudem persönlich gut kannten. Aber es war auch eine Lektion über das Polen, wie es sich ab dem Herbst 2015 darstellte, als Land, in dem die Menschen nach neuen Regeln zu handeln beginnen. Später sollten wir uns noch oft davon überzeugen, dass selbst bei bisherigen Bekannten und Freunden moralische Hemmungen keine Rolle mehr spielten, wenn es um die Zerstörung des ideologischen Feindes geht und man bei dieser Gelegenheit Institutionen und Posten übernehmen kann (oft ist die Hierarchie der Ziele natürlich umgekehrt).

Sofort nach der Bildung der neuen Regierung und der Übernahme des Kulturministeriums durch Piotr Gliński und Jarosław Sellin begann eine unaufhörliche Abfolge feindlicher Schritte gegen das Museum und mich persönlich. Alle unsere Bitten und Anträge in welcher Angelegenheit auch immer wurden abgelehnt, meist ohne Angabe von Gründen. So wandte ich mich zum Beispiel an Minister Gliński, damit er uns genehmigt, aus dem uns bewilligten Haushalt 23.000 Euro für den Kauf von dringend benötigten neuen Servern aufzuwenden. Die Antwort war abschlägig, obwohl ich nicht um zusätzliches Geld gebeten hatte, sondern nur um eine routinemäßige Umwidmung. Hinweise, dass uns in jedem Augenblick ein Serverausfall und damit der Verlust der Daten sowie Störungen bei der Projektverwirklichung drohten, hatten keinerlei Bedeutung. Es gab Dutzende ähnlicher Situationen. Man erschwerte uns die normale Arbeit auf alle erdenkliche Weise, noch ehe es im April 2016 zum Frontalzusammenstoß kam.

Im Dezember 2015 hatte Staatssekretär Sellin meinen bis dahin alljährlich eingereichten Arbeitsplan für das nächste Jahr abgelehnt, der das Programm aktualisiert aufführte, das ich bei der Übernahme des Direktorenamts unterzeichnet hatte. Sellin verlangte Erläuterungen, »welche Erfahrungen welcher Nationen« die Hauptausstellung des Museums präsentieren werde. Dies war einerseits die Suche nach einem beliebigen Vorwand zu Aktionen gegen das Museum und gegen mich, andererseits spiegelte es aber auch die Einstellung der PiS-Politiker wider, die selbst auf die kleinsten Hinweise allergisch reagierten, dass in einem Museum über den Zweiten Weltkrieg die Erfahrungen anderer Nationen als der polnischen gezeigt werden könnten.

Ich legte eine Antwort vor, die für mich einen ziemlich absurden Beigeschmack hatte, da ich erklären musste, warum wir uns nicht darauf beschränken, in der Ausstellung lediglich das Schicksal der Polen zu zeigen. Ein Ausschnitt aus meinem Brief vom Januar 2016 gibt gut den »Zeitgeist« wieder, der nach den Wahlen im Herbst 2015 in Polen herrschte:

> In Hinblick darauf, dass das Museum den Ehrgeiz besitzt, die polnischen Kriegserfahrungen in eine umfassende, europäische und globale Dimension einzubringen, ist es selbstverständlich und notwendig, auch Handlungen zu zeigen, die von anderen Staaten und Nationen unternommen wurden, sowohl von Verbündeten Polens als auch von Angreifern und Besatzern, also von Deutschland und von der Sowjetunion. So zeigen wir beispielsweise in der Hauptausstellung den Feldzug im Westen 1940 und berücksichtigen hier natürlich den polnischen Anteil, aber auch den Anteil der Franzosen und Briten. In dem Teil der Ausstellung »Der Weg zum Krieg« zeigen wir die Geburt des nationalsozialistischen und des sowjetischen Totalitarismus als Kräfte, die die europäische Ordnung der Zwischenkriegszeit stürzten und einen Angriff gegen Polen planten, was natürlich erfordert, dass die Erfahrungen des deutschen Volks und der Völker der UdSSR gezeigt werden. Ebenso verlangt die Erzählung über die deutsche und die sowjetische Besatzung und Verbrechen an polnischen Staatsbürgern, dass das Vorgehen von Vertretern des deutschen Volks und der Völker der UdSSR gezeigt werden. […] Nur vor diesem Hintergrund kann man die Besonderheit der polnischen Kriegserfahrungen verstehen, sowohl die polnische Opfergeschichte als auch den polnischen Widerstand.

Abgesehen von dem durchaus grotesken Charakter dieser Situation und meiner Erläuterungen war die Angelegenheit sehr ernst. Die Vorschriften gaben dem Minister die Möglichkeit, meinen Arbeitsplan für das nächste Jahr abzulehnen und mich daraufhin als Museumsdirektor zu entlassen. Zwar hatte eine 2012 beschlossene Gesetzesnovelle im Kulturbereich die Autonomie der Direktoren von Kultureinrichtungen gestärkt und den Grundsatz eingeführt, dass sie auf der Basis eines vorgelegten Programms für einen bestimmten Zeitraum (drei bis sieben Jahre) berufen werden. Dieser Vertrag, der in meinem Fall bis Ende 2019 gültig war, konnte nur bei einer Rechtsverletzung durch den Direktor, bei einer fehlenden Umsetzung des Programms oder bei einer Auflösung der Institution gekündigt werden. Ich befürchtete, dass es darum gehe, eine dieser drei Möglichkeiten zu nutzen, auch wenn ich damals noch nicht vorhersehen konnte, dass man den drastischsten Weg wählen würde, nämlich die formale Auflösung des Museums.

Im Januar, nachdem Sellin meinen Bericht abgelehnt hatte, rechneten wir damit, dass das Ende jeden Augenblick kommen würde. Von da an lebte ich eigentlich die ganze Zeit über in einem Stadium der Ungewissheit, stets darauf vorbereitet, dass ich das Museum und Danzig von einem Tag auf den anderen würde verlassen müssen. Es ging mir gar nicht darum, mich an meinen Posten zu klammern, der aufgrund der damit verbundenen Verantwortung vor allem eine Last und Grund für unaufhörlichen Stress war, was ein normales Privatleben eigentlich unmöglich machte. Schrecklich war vor allem die Perspektive, dass nach fast acht Jahren Arbeit, wo wir dem Ende und der Eröffnung des Museums schon so nahe waren, alles unterbrochen werden könnte, ohne dass wir die Möglichkeit haben würden, der Öffentlichkeit unsere Ergebnisse präsentieren zu können.

Am Schlimmsten war an dieser mehr als ein Jahr dauernden Lage vielleicht die absolute Unsicherheit, das Unwissen darüber, was der nächste Tag bringen, welche Mittel man gegen das Museum und mich persönlich ergreifen würde. Bei alledem mussten die Bauarbeiten geleitet werden, die ihr letztes Stadium erreichten; täglich galt es, Dutzende von Problemen zu regeln, Auseinandersetzungen

mit dem Generalunternehmer oder auch dem Produzenten der Ausstellung, sowie die Ausgabe von vielen Millionen zu verantworten. Alles spielte sich unter extrem ungünstigen äußeren Umständen ab. Wir waren uns vollauf bewusst, dass das Kulturministerium jeden Fehler oder jede riskante Entscheidung ausnutzen würde und zugleich alles Mögliche tat, um unsere Arbeit zu erschweren, von den Bauarbeiten bis zu den kleinsten Dingen. Es wäre vielleicht besser gewesen, in zahlreichen konkreten Situationen juristischen Rat einzuholen, wir hätten dadurch vielleicht meine Sicherheit und die Sicherheit der vielen für den Bau verantwortlichen Menschen vergrößern können, doch wäre es dadurch zu Verzögerungen gekommen. Unser Hauptziel war es aber, vollendete Tatsachen zu schaffen, die nicht rückgängig gemacht werden konnten. Vor allem wollten wir das Stadium erreichen, in dem die Montage der Hauptausstellung im Museumsgebäude beginnen würde, womit wir für das zweite Halbjahr 2016 rechneten. Wir wussten, dass es schwierig sein würde, eine halbfertige Ausstellung zu verändern, zumal dann ein gewaltiger Skandal gedroht hätte, ganz abgesehen von den damit verbundenen Kosten. In Wirklichkeit glaubten wir nicht daran, dass es uns gelingen würde, das Museum auch noch zu eröffnen, denn dazu brauchten wir noch viel Zeit – doch wollten wir so viel wie möglich tun, solange wir das noch konnten.
Darüber, dass es uns wohl kaum gelingen würde, sprach ich offen nur im Kreis meiner drei engsten Mitarbeiter (Marszalec, Majewski, Wnuk). Wir bemühten uns, das damals bereits viele Dutzend Menschen große Team in höchstem Maße anzuspornen und auf Schritt und Tritt zu demonstrieren, dass wir nicht aufgeben, ja dass wir sogar noch mehr geben als zuvor und dies auch von allen anderen erwarten. Wir beschleunigten die Arbeiten auf allen Feldern, doch vor allem bei den Baumaßnahmen ließ sich manches einfach nicht schneller erledigen. Es fand also nicht nur ein unaufhörlicher Kampf gegen das Kulturministerium statt, damit es uns erlaube, den Museumsbau zu vollenden, sondern auch gegen die Zeit, die immer knapper wurde.
Trotz aller ungünstigen Zeichen verlor ich nie die Hoffnung, dass es noch zu einem inhaltlichen Gespräch über den Inhalt der Ausstel-

lung kommen könnte. Während des Wahlkampfs 2015 hatte Jarosław Sellin, der keinen Hehl daraus machte, dass er Kulturminister werden wolle, angekündigt, dass die Ausstellung im Weltkriegsmuseum verändert werden müsse, so dass sie »polnischer« werde. Dies spiegelte die geltende PiS-Parteilinie wider, also waren wir darüber kaum verwundert. Dann aber bat er darum, ihm Material über die Ausstellung zukommen zu lassen, mit dem er sich persönlich vertraut machen wollte. Wir taten dies Anfang Januar 2016, und als ich Sellin auf einem Treffen zur Geschichtspolitik bei Präsident Duda traf, sagte er mir, er würde es studieren und dann mit uns in Danzig über die Form der Ausstellung sprechen. Er nannte sogar ein konkretes Datum – die zweite Märzhälfte. Sellin kannte ich noch aus früheren Zeiten, wir duzten uns sogar. Wir warteten also auf den Besuch des für Museen und Geschichtspolitik zuständigen Staatssekretärs, doch wir warteten vergebens.

Minister Gliński kommt in der Nacht

Am 15. April 2016 (ein Freitag) kehrte ich wie immer nach einer Arbeitswoche aus Danzig nach Warschau zurück. Kurz nach elf Uhr abends, als ich schon fast am Einschlafen war und das Licht löschen wollte, sah ich im Handy eine SMS von Janusz Marszalec mit der Bitte, ihn sofort zu kontaktieren. Seit vielen Monaten hatte ich schon das Schlimmste befürchtet, doch trotz allem war das, was ich hörte, eine komplette Überraschung. Ein Bekannter von Marszalec hatte eine Mitteilung entdeckt, die in den Abendstunden auf der Homepage des Kulturministeriums aufgetaucht war. Die Bekanntmachung des Ministers für Kultur und Nationales Erbe kündigte die Liquidierung des Museums des Zweiten Weltkriegs an. Dies sollte durch seine Vereinigung mit dem »Museum Westerplatte und Krieg von 1939« geschehen, wodurch eine neue Kultureinrichtung mit dem Namen des anderen Museums entstehen würde.
Dieser Schritt wurde wie folgt begründet:[4]

4 Bekanntmachung des Ministers für Kultur und Nationales Erbe vom 15. April 2016 betreffend die Zusammenführung der staatlichen Kultureinrichtungen Museum des Zweiten Weltkriegs in Danzig und Museum Westerplat-

> Die Gründe für die Fusion sind: die Effektivität der Maßnahmen zur Erhaltung und Popularisierung der nationalen und staatlichen Tradition sicherzustellen – insbesondere in Anknüpfung an die Geschichte Polens im Zweiten Weltkrieg, darunter im Verteidigungskrieg von 1939 –, die geeignete Würdigung des Schlachtfeldes auf der Westerplatte als symbolischer Ort sowie die rationale Ausübung der Aufsicht über die vom Minister für Kultur und Nationales Erbe getragenen Museen, und zwar durch die optimale Nutzung des Potentials von in Danzig gelegenen Einrichtungen mit ähnlichem Tätigkeitsprofil bei gleichzeitiger Rationalisierung der Ausgabe staatlicher Haushaltsmittel.

Sogar der Name »Museum des Zweiten Weltkriegs« sollte verschwinden. Es sollte von einem anderen Museum übernommen werden, das sich nicht mit den globalen Konflikten, sondern mit der sieben Tage währenden Verteidigung des Munitionslagers auf der Westerplatte sowie dem Septemberkrieg von 1939 beschäftigen sollte. Diese beiden Themen sollten in unserer Ausstellung umfassend dargestellt werden, doch 90% ihres Inhalts hätten nicht zu so einem so eng gezogenen Rahmen gepasst. Was wäre also mit diesem Rest geschehen? Sollten acht Jahre Arbeit von Dutzenden von Historikern und Szenografen auf den Müll geworfen werden, sollte dieses riesige, schon fast fertige Gebäude nur einem Kriegsmonat gewidmet werden, der zwar für das polnische Schicksal der Jahre 1939 bis 1945 wichtig, aber doch eben nur ein Ausschnitt war? Auf jeden Fall handelte es sich um einen Plan totaler Vergeltung, um eine vollständige Vernichtung des verhassten Museums.
Unabhängig vom Kern des angekündigten Vorgehens waren sowohl die Umstände als auch die Begründung empörend. Der Direktor eines Museums, an dem seit acht Jahren gearbeitet wurde und das kurz vor seiner Eröffnung stand, wurde hierüber zuvor nicht informiert – immerhin war er für die Verwendung eines drei-

te und der Krieg von 1939. In: Dziennik Urzędowy Ministerstwa Kultury i Dziedzictwa Narodowego 2016, Pkt. 18.

stelligen Millionenbetrags verantwortlich und leitete die größte zu dieser Zeit in Polen verwirklichte Investition im Kulturbereich. Alles geschah durch Überrumpelung. Die Veröffentlichung der Information direkt vor dem Wochenende sollte dazu dienen, die Proteste möglichst klein zu halten. Wie ich später von mir bekannten Ministerialbeamten erfuhr, hatte man die Hoffnung, dass es am Montag schon neue, wichtigere Themen geben würde, welche die Aufmerksamkeit der Medien auf sich ziehen würden. Noch erstaunlicher war die Begründung des Ministeriums, durch die Verbindung von Einrichtungen mit ähnlichem Tätigkeitsprofil staatliche Mittel einsparen zu wollen.

Das »Museum Westerplatte und Krieg von 1939« war am 22. Dezember 2015 gegründet worden, was mich durchaus erstaunte, da wir diesen Themen in unserer Ausstellung ja viel Raum geben wollten. Vor allem gab es ja auf der Westerplatte nicht nur in der Wache Nr. 1 bereits eine Abteilung des Historischen Museums der Stadt Danzig, sondern auch seit einigen Jahren zwei feste Freilichtausstellungen unseres Museums, die jährlich von Zehntausenden von Menschen betrachtet wurden. Die Gründung eines neuen Museums auf der Westerplatte hatte meiner Meinung nach inhaltlich keinerlei Sinn, doch dachte ich, Staatssekretär Sellin wolle einfach seine Idee durchsetzen, die er schon unter der ersten PiS-Regierung gehabt hatte, weil dies vor allem eine Frage des persönlichen Ehrgeizes sei. Viele Monate lang legte das neue Museum keinerlei Aktivitäten an den Tag, während wir so viel um die Ohren hatten, dass ich mir kaum Gedanken darüber machte. Nun wurde klar, dass es ein von Anfang an klar durchdachter Plan war, um durch ein nur auf dem Papier bestehendes Museum als »Trojanisches Pferd« die Beseitigung des Museums des Zweiten Weltkriegs herbeiführen und meine Amtszeit vorzeitig beenden zu können; außerdem wollte man nicht zulassen, dass wir unsere Ausstellung der Öffentlichkeit würden präsentieren können.

Nach dem 15. April 2016 kamen Dutzende von Journalisten nach Danzig, die mit mir sprechen wollten, aber auch versuchten, Mariusz Wójtowicz zu kontaktieren, den kommissarischen Direktor des Westerplatte-Museums. Dies stellte sich als unmöglich heraus, da das Museum keine Adresse, keine Homepage und keinen Telefonanschluss besaß. Es handelte sich um ein »Geistermuseum«, über das man nur wusste, dass es das Museum des Zweiten Weltkriegs übernehmen sollte. Noch im März 2016 hatte es keinen festen Mitarbeiter gehabt, erst im Monat darauf waren erste Personen eingestellt worden, als das »Geistermuseum« in die Schlagzeilen geriet und man etwas tun musste, um eine offene Blamage zu verhindern.[5]

Frappierend war der Zynismus in den von Minister Piotr Gliński und Jarosław Sellin wiederholt getätigten Aussagen, dass es sich nämlich darum handele, öffentliche Mittel zu sparen und das Potential von zwei in derselben Stadt arbeitenden Museen zu verbinden. Es war völlig unklar, welches Potential das fiktive Museum haben könnte. Niemand glaubte daran, doch die PiS-Leute und ihre Verbündeten begründeten so mit steinerner Miene öffentlich ihr Vorgehen: »Wir brauchen keine […] zwei Museen in ein und derselben Stadt. Das kostet Polen sehr viel« sagte der Minister, der dieses zweite Museum selbst wenige Monate zuvor gegründet hatte.[6]

Eine andere Frage war, wen Sellin an die Spitze des Westerplatte-Museums gestellt hatte, schließlich betrachtete Sellin die Woiwodschaft Pommerellen als sein eigenes Einflussgebiet, weshalb er alle wichtigeren Entscheidungen wohl selbst traf. Die Lebensaufgabe des Amateur-Historikers und gelernten Ingenieurs Mariusz Wójtowicz war es, die Legende von Major Henryk Sucharski, dem Befehlshaber des Munitionslagers, zu zerstören. Er warf ihm Feigheit vor, da er die Westerplatte schon am 2. September habe aufgeben wollen, nach einem massiven Angriff und aufgrund der Befehle, die ihm aufgetragen hatten, das Lager zwölf Stunden lang zu verteidigen. Er unterstellte ihm, ein demoralisierter Mensch, Syphili-

5 Antwort von Mariusz Wójtowicz, Direktor des »Museums Westerplatte und Krieg von 1939«, auf eine Anfrage Wojciech Ogrodniks auf der Grundlage des Gesetzes über den Zugang zu öffentlichen Informationen vom 4. Oktober 2016.

6 Gliński: dwa muzea w tym samym mieście są bardzo kosztowne [Gliński: Zwei Museen in derselben Stadt sind sehr kostspielig]. In: Polsatnews.pl vom 18. April 2016.

tiker und Homosexueller gewesen zu sein (er habe »eine deutliche Schwäche« für seine eigene Ordonanz gehabt), ja sogar ein deutscher Agent. Wójtowiczs Lebenswerk, das Buch *Westerplatte 1939. Die wahre Geschichte*[7], wurde von Fachhistorikern verrissen, die auf die Manipulation der Quellen durch den Autor und seinen obsessiven Hass auf Sucharski verwiesen.[8] Nun stand dieser Herr an der Spitze eines neu gegründeten Museums, dessen Aufgabe es war, das Weltkriegsmuseum zu »schlucken«. Und berufen wurde er von der Regierung und von einer Partei, die unaufhörlich erklärten, man müsse »den Stolz auf unsere Geschichte wiederherstellen«. Die Westerplatte war dafür eines der wirkmächtigsten Symbole, was sich unter anderem in dem bereits zitierten Text von Andrzej Nowak ausdrückt.

Nachdem mir Janusz Marszalec in der Nacht am Telefon den Wortlaut von Glińskis Bekanntmachung vorgelesen hatte, war ich überzeugt, dass dies schon das Ende wäre und von unserer achtjährigen Arbeit an der Ausstellung keine Spur übrigbleiben würde. Im ersten Augenblick dachte ich, das Museum sei mit sofortiger Wirkung aufgelöst worden, und überlegte mir, wie ich wohl meine persönlichen Gegenstände herausbekommen könnte. Dennoch versuchte ich alles, damit die »Liquidierung« nicht stillschweigend geschah. Am Samstagmorgen schickte ich eine Mail an mehr als hundert Personen – Historiker, Museumsfachleute, Journalisten – und informierte sie in wenigen Sätzen darüber, was geschehen war, wobei ich den von der Ministeriums-Homepage kopierten Text anfügte. Ich hatte nicht erwartet, dass ich damit eine Lawine lostreten würde, die ein ganzes Jahr weiter Tempo aufnehmen sollte, die Existenz des Museums verlängerte und vor allem eine Chance auf seine Eröffnung in Aussicht stellte.

Die Reaktionen ließen nicht auf sich warten. Schon am Wochenende gab ich viele Interviews für Zeitungen und Rundfunksender, und

7 Mariusz Wójtowicz-Podhorski: Westerplatte 1939. Prawdziwa historia [Westerplatte 1939. Die wahre Geschichte]. Gdańsk 2009.

8 Vgl. u.a. Jan Szkudliński: Westerplatte 1939. Prawdziwa historia? [Westerplatte 1939. Die wahre Geschichte?] In: Dziennik Bałtycki vom 29. September 2009.

Informationen über die Lage des Museums standen in den Nachrichtenmedien ganz oben. Der Danziger Stadtpräsident Paweł Adamowicz beraumte eine Pressekonferenz an. Hier erklärte er, dass die Stadt für den Bau des Weltkriegsmuseums ein Grundstück gestiftet habe, doch enthalte der notarielle Vertrag eine Klausel, dass die Schenkung zurückgezogen werden könne, wenn das Museum nicht entsteht. Dies war, wie sich herausstellte, das entscheidende Argument, um den Namen »Museum des Zweiten Weltkriegs« zu retten. Das Kulturministerium war davon völlig überrascht, es hatte von dieser Klausel nichts gewusst. Erst am Montag wurde ich aufgefordert, ihm den notariellen Vertrag zuzusenden. Ich bin überzeugt, dass dies der Hauptgrund war, weshalb Gliński und Sellin den Plan einer völligen »Auslöschung« des Museums modifizierten. Am 6. Mai 2016 gab der Kulturminister eine neue Bekanntmachung heraus: Er wiederholte die Argumentation der vorherigen vom 15. April, doch das neue Haus sollte nun den Namen »Museum des Zweiten Weltkriegs« tragen. Das änderte nichts daran, dass die beiden vereinigten Einrichtungen formal gesehen aufzulösen waren. Es wäre ein »neues« Weltkriegsmuseum entstanden. Mein Vertrag wäre unterbrochen worden, man hätte mich noch nicht einmal entlassen müssen, da schlicht und einfach das Museum verschwand, dessen Direktor ich war. Und dies hätte dann den Weg dafür geöffnet, die Hauptausstellung völlig umzumodeln.

Die Proteste und die Unterstützung für das Museum von Seiten der Historikerschaft waren enorm wichtig. Schon am Wochenende nach der ersten Verlautbarung sammelten zwei Kollegen vom Institut für Geschichte der Polnischen Akademie der Wissenschaften hundert Unterschriften unter einem offenen Brief, darunter von vielen der bekanntesten polnischen Historikerinnen und Historiker, auch von solchen, die mit der PiS sympathisierten. Hier ein Auszug aus diesem Brief:[9]

9 Protestujemy przeciw likwidacji Muzeum II Wojny Światowej [Wir protestieren gegen die Liquidierung des Museums des Zweiten Weltkriegs]. In: Gazeta Wyborcza vom 18. April 2016.

> Wir können kaum umhin, den Eindruck zu haben, dass die Entscheidung zur Auflösung genau zur Logik des politischen Kampfes passt, der auf der Zerstörung von Institutionen beruht, die von der vorherigen Regierung gegründet worden sind, ganz unabhängig von ihrem inhaltlichen Wert. Als Historiker, Geisteswissenschaftler und Museumsfachleute können wir diesen Vandalismus, der gedankenlos an unserer Kultur verübt wird, nur schwer akzeptieren.

Zwei Wochen später richteten 198 amerikanische und europäische Historikerinnen und Historiker einen offenen Brief an den Kulturminister. Unter ihnen befanden sich die bekanntesten Namen unserer Zunft, sie repräsentierten mehrere Dutzend Universitäten und unterschiedliche weltanschauliche Kreise, in den USA zum Beispiel sowohl konservative Republikaner als auch Kollegen mit liberalen oder linken Ansichten. Mit anderen Worten – Personen, die sonst kaum gemeinsam Briefe unterschreiben. Sie waren der Ansicht, dass es nach acht Jahren Arbeit »eine Ungerechtigkeit [wäre], die in der demokratischen Welt des Westens ohne Beispiel ist«,[10] wenn eine Eröffnung der fast fertigen Ausstellung verhindert würde.
Auch die Veteranen protestierten. Schon einige Tage nach der ersten Bekanntmachung des Ministers meldeten sich die Mitglieder des Rates zu Wort, der alle Veteranenorganisationen in Pommerellen vereint:[11]

> Das Museum des Zweiten Weltkriegs sollte eine Visitenkarte Polens in Europa sein, es hatte die Chance, Teil einer klugen europäischen Geschichtspolitik zu werden und unser Land im Kontext der gegen Hitler kämpfenden Koalition zu zeigen [...] Der Sitz des Museums des Zweiten Weltkriegs ist größtenteils fertig, das Programmkonzept ist längst vorbe-

10 List otwarty do ministra kultury Piotra Glińskiego [Offener Brief an den Kulturminister Piotr Gliński]. In: Gazeta Wyborcza vom 5. Mai 2016.

11 Oświadczenie Rady Kombatantów i Osób Represjonowanych Województwa Pomorskiego [Erklärung des Rates der Veteranen und der Verfolgten in der Woiwodschaft Pommerellen], 21. April 2016.

> reitet, Tausende von Exponaten sind gesammelt worden, die auch von unseren Mitgliedern, Veteranen des Zweiten Weltkriegs, stammen […] Wir sind darüber empört, dass eine Regierung, für die die Geschichtspolitik so wichtig ist, ein Museum abschaffen will, das die polnische Perspektive auf den Zweiten Weltkrieg darstellt.

Auch der Weltbund der Soldaten der Heimatarmee, die wichtigste Veteranenvereinigung in Polen, verteidigte das Museum.[12]
Die Unterstützung durch die Veteranen hatte für uns eine besondere Bedeutung, da man ihnen – anders als mir und den anderen Verantwortlichen der Ausstellung – keinen mangelnden Patriotismus unterstellen konnte. Dennoch wurden sie vom Kulturminister konsequent missachtet, auf ihre Schreiben erhielten sie ausweichende Antworten. Wenn sie um persönliche Treffen baten, bei denen sie ihre Argumente zur Verteidigung des Weltkriegsmuseums vorbringen wollten, hielt sie der Minister monatelang hin und versuchte, sie an untergeordnete Stellen zu verweisen. Für mich war besonders wichtig, dass die Veteranen unsere breit angelegte Ausstellung unterstützten, die sich nicht nur auf die polnischen Erfahrungen beschränkte.
Ihre Beunruhigung und Solidarität brachten auch diejenigen zum Ausdruck, dank derer wir unsere Sammlung und Ausstellung hatten aufbauen können. Nach der ministerialen Bekanntmachung vom April 2016 kontaktierten uns zahlreiche Personen und erklärten, sie würden überlegen, die dem Museum überlassenen Leihgaben zurückzuziehen. Oft handelte es sich um die wertvollsten und für die Hauptausstellung zentrale Exponate, wie die bereits erwähnte Standarte des 6. Artilleriekorps aus Lemberg und die Erinnerungsstücke an Oberst Krzyżanowski sowie an den in Piasnitz erschossenen Józef Stach.
Wir baten die Leihgeber, keine vorschnellen Entscheidungen zu fällen und ihre Leihgaben nicht zurückzuziehen, stießen aber oft auf

12 Brief des Vorsitzenden des Weltbunds der Soldaten der Heimatarmee, Leszek Żukowski, an den Minister für Kultur und Nationales Erbe vom 4. Mai 2016.

sehr emotionale Reaktionen, die auch in Gesprächen mit Journalisten zum Ausdruck kamen. So fragte Andrzej Stachecki, der dem Museum eben diese Andenken an seinen in Piasnitz ermordeten Vater und den in Stutthof einsitzenden Schwiegervater überlassen hatte:[13]

> Was wissen die Herren Gliński und Sellin hierüber? Sie spielen Politik auf Kosten fremden Leidens, fremder Dramen, eines fremden Lebens! Ich bin dagegen, dass die Pfoten von Politikern in diesen Reliquien herumkramen. Ich habe diese Gegenstände an ein konkretes Museum gegeben, doch wenn dieses Museum zu etwas anderem werden sollte, nehme ich die Andenken wieder zurück. Sollen sie lieber zuhause herumliegen, bei meinem Sohn.

Stachecki nahm auch auf die Vorwürfe Bezug, dass das Museum nicht den polnischen Standpunkt abbilden werde:

> Mein Vater war ein Pole, der größte Patriot [...] er hat sein Leben für Polen gegeben! Also wie können sie so etwas sagen?! Vielleicht lernen sie erst einmal die Geschichte Polens! Das ist eine Verleumdung meines Vaters und seines Andenkens! Es ist ein sehr polnisches Museum, eine Art von Denkmal für normale Menschen, die ihr Leben für das Land gegeben haben. Nicht für die Anführer, nicht für die Politiker. Meine Mama hat diese Dinge von Vater vor der Gestapo versteckt, dann vor dem kommunistischen Geheimdienst, und nun nehme ich sie aus dem Museum, damit die Politiker nicht mit ihnen manipulieren können.

Diese Emotionen zeigten, dass das Museum und seine Ausstellung nicht nur eine Institution waren oder ein intellektuelles, von Historikern geschaffenes Werk, sondern auch ein Ort, der ganz authen-

13 Sebastian Łupak: Darczyńcy Muzeum II WŚ: wycofamy nasze pamiątki [Spender des Museums des Zweiten Weltkriegs: Wir werden unsere Erinnerungsstücke zurücknehmen]. In: GDANSK.PL vom 24. April 2016.

tische Gefühle von Menschen berührt, die uns einen Teil ihrer Familiengeschichten übergeben haben und die Ausstellung nun als Huldigung für ihre Angehörigen und in gewisser Weise auch als ihr Werk ansahen. Es war für uns faszinierend und zugleich berührend, zu beobachten, wie eine gesellschaftliche Bewegung zur Verteidigung des Museums entstand. Wir waren nicht alleine.

Für die Verteidigung des Museums engagierten sich mir unbekannte Menschen, mit denen ich nie zuvor etwas zu tun gehabt hatte. Der Soziologe Wojciech Ogrodnik richtete auf Facebook die Seite »NIE dla likwidacji Muzeum« (NEIN zur Beseitigung des Museums) ein, auf der er alle Informationen postete und Unterschriften für weitere Aufrufe zu unserer Verteidigung sammelte. Tausende von Usern besuchten diese Seite, die zu einem wichtigen Kommunikationskanal für unsere Unterstützer wurde, zu einer Art Plattform, auf der neue Initiativen entstanden. Mitglieder des Komitees für die Verteidigung der Demokratie (Komitet Obrony Demokracji, KOD), nicht nur aus Pommerellen, sondern auch aus entlegenen Gegenden Polens, organisierten vor dem Museumsgebäude Mahnwachen, bei denen am Bauzaun weiß-rote Spruchbänder aufgehängt wurden. Hier konnte man etwa lesen: »Die Geschichte ist unparteiisch«, »Stoppt die Fälschung der Geschichte«, »Wir unterstützen das Museum des Zweiten Weltkriegs«, »Wir sind bei Euch«, »Gorlice unterstützt Danzig«, »Lasst unser Museum in Ruhe«, »Die Geschichte gehört nicht Euch, sie gehört uns allen«, »Es gibt nur eine Geschichte!!!«, »Zweiter Weltkrieg, nicht nur Zweiter Polenkrieg«, »Gliński – Hände weg vom Museum«, »Keine Zustimmung zum schlechten Wandel«, »Der Krieg ist ein Drama und eine Tragödie für jeden Menschen«. Die Spruchbänder wurden immer wieder von »unbekannten Tätern« entfernt, doch stets wurden neue aufgehängt. Viele Menschen kamen zum Gebäude. Ich sah, wie sie die Sprüche lasen und die Transparente fotografierten.

Nicht nur ich hatte das Gefühl, dass etwas Besonderes im Gange war. Kein Museum in Polen hatte bisher solche Emotionen hervorgerufen und einfache Menschen dazu gebracht, spontan ihre Solidarität und die Unterstützung für bedrohte Werte auszudrücken, mit denen sie sich identifizierten. Für mich und meine engsten Mitarbeitenden bedeutete dies auch eine Verpflichtung. Es ging nicht mehr nur darum, dass unsere vieljährige Arbeit ein konkretes Ergebnis haben sollte, sondern wir wollten all diejenigen nicht enttäuschen, die sich für uns eingesetzt hatten.

Wettlauf mit der Zeit

Das Mediengewitter, die von überall eintreffenden empörten Kommentare, sicherlich auch die Ankündigung von Stadtpräsident Adamowicz, gegebenenfalls das Grundstück zurückzufordern, ließen Minister Gliński ganz offensichtlich begreifen, dass man die Museumsdinge nicht geräuschlos und ohne Gesichtsverlust für die »Liquidatoren« würde erledigen können. Bereits am Sonntag, 16. April, wurde ich für den nächsten Tag zu einem Gespräch mit dem Minister und zugleich stellvertretenden Ministerpräsidenten eingeladen. Der Minister war gleich sehr höflich, entschuldigte sich für das »unkonventionelle« Vorgehen, also für das Ausbleiben vorheriger Informationen über die Entscheidung zur Auflösung des Museums. Dennoch war das Gespräch reich an ziemlich surrealen Elementen. Ich wurde vom Minister wie ein Vertreter des *ancien régime* behandelt, dem alle Vorwürfe an die vorherigen Machthaber präsentiert werden, vor allem jener, dass bislang noch kein Museum für die Geschichte Polens entstanden sei. Ich erklärte, dass derlei Vorwürfe an die Ministerpräsidenten und Kulturminister der Vorgängerregierungen gerichtet werden könnten, ich aber verantworte die Entstehung des Museums des Zweiten Weltkriegs und könne nur hierüber sprechen. Ich versuchte dem Minister auch zu erklären, dass es nicht den geringsten Sinn mache, die Ausstellung nur auf das Jahr 1939 zu beschränken – das wäre die logische Konsequenz seiner eigenen Entscheidung über die Beseitigung unseres Museums –, und zwar auch vor dem Hintergrund der erklärten Ziele seiner eigenen Regierung. Das hatte für mich einen reichlich absurden Beigeschmack, da ich mit steinerner Miene ganz selbstverständliche Dinge erläutern musste, zum Beispiel, dass in der Ausstellung des neuen Museums, das durch die »Vereinigung« entstehen sollte, unweigerlich Themen fehlen würden, die von fundamentaler Bedeutung für die gesamte polnische Kriegserfahrung waren: Der Terror beider Besatzer (und damit sowohl Auschwitz-Birkenau als auch Katyn), der Polnische Untergrundstaat, die Aktion »Burza« (Sturm) der Heimatarmee gegen die deutschen Besatzer, der Warschauer Aufstand sowie die Vernichtung der polnischen Juden. Ich erklärte auch, wie unsere Ausstellung wirklich aussieht und wies darauf hin, dass die große Mehrheit der Angriffe auf sie von Menschen kam, die keine Ahnung von ihr hatten, ja noch nicht einmal eine Ahnung haben wollten. »Minister Gliński stellte in seiner Antwort fest, dass die Ausstellung des Museums, wenn sie wirklich diese Form habe, eine gute Ebene für weitere Diskussionen sei«, notierte ich in meinem Bericht über dieses Gespräch, den ich am nächsten Tag auf der Homepage des Museums veröffentlichte.

Der Minister formulierte nur einen konkreten Vorwurf an die Ausstellung – dass sie angeblich die Verbrechen der ukrainischen Nationalisten an den Polen in Wolhynien nicht berücksichtige. Ich erwiderte, dass es sich genau andersherum verhalte: Wir seien das erste Museum in Polen und wohl auch auf der Welt, das einen eigenen Teil über die Vernichtung der Polen in Wolhynien besitze. Der Minister hatte sich offensichtlich nicht die Mühe gemacht, sich selbst eine Meinung über die Ausstellung zu bilden, sondern stützte sich auf die bestellten Rezensionen. Später stellte sich heraus, dass der Verfasser einer von ihnen, Piotr Semka, den Vorwurf erhoben hatte, dass wir das Verbrechen in Wolhynien nicht zeigten und dies so kommentierte: »Das ist ein wahrer Skandal!« Er hatte eine Information übersehen, die selbst in der dem Kulturminister zugegangenen Kurzbeschreibung der Ausstellung enthalten war.

Während des Treffens sprach Gliński von vier kritischen Rezensionen und kündigte an, ihren Inhalt sowie die Namen ihrer Verfasser publik zu machen sowie eine Debatte zwischen ihnen und den Ausstellungsmachern zu organisieren. Später wollte er davon nichts mehr hören, doch am 18. April schien es, als gäbe es die Aussicht auf einen Dialog, der es uns ermöglich hätte, unsere Sichtweise darzustellen, vor allem aber die wirkliche Gestalt der Ausstellung. Gliński merkte an, die Bekanntmachung über die Auflösung des Museums bedeute noch keine endgültige Entscheidung, er habe

mindestens drei Monate Zeit, um eine Entscheidung über die Zukunft des Museums des Zweiten Weltkriegs zu treffen.
Es war mir klar, dass es bei einem so gewaltigen Ungleichgewicht der Kräfte, einem wahren Kampf Davids gegen Goliath, von zentraler Bedeutung ist, die Öffentlichkeit zu informieren, um nicht alleine zu bleiben. Das war auch gar nicht schwer, denn seitdem die Auflösung des Museums bekannt geworden war, war das Medieninteresse gewaltig, und es sollte auch das ganze nächste Jahr über nicht zurückgehen. Kaum hatte ich Glińskis Büro verlassen, erhielt ich die ersten Anrufe. Ich berichtete mehreren Rundfunkstationen über den Verlauf des Gesprächs. Die Absicht zur Liquidierung des Museums schien so brutal und ohne Vorbild zu sein, dass dies selbst die von der PiS in den ersten Monaten ihrer Regierung gesetzten Standards noch übertraf. Dieses gewaltige Medieninteresse war nicht nach dem Geschmack von Gliński und Sellin, die damit gerechnet hatten, alles stillschweigend umsetzen zu können. Als ihnen dies nicht gelang, begannen sie mich zu beschuldigen, ich würde die öffentliche Meinung im In- und Ausland steuern, ja sogar eine organisierte Kampagne zur Diskreditierung der polnischen Regierung betreiben. Ganz offensichtlich handelte es sich um eine Variante der großen PiS-Verschwörungstheorie, aber auch um einen Ausdruck von Misstrauen gegenüber den elementaren Mechanismen der Demokratie, zu denen die freien Medien eben gehören, die gar nicht so einfach zu steuern sind, schon gar nicht von einem Museumsdirektor aus Danzig.
Diese Beschuldigungen waren ein weiterer grotesker Bestandteil dieser ohnehin schon recht unrühmlichen Geschichte. Ich spottete, dass man mir damit viel zu viel Bedeutung beimesse, dass meine Möglichkeiten zur Beeinflussung der größten Zeitungen und Fernsehstationen der Welt überschätzt würden. Die New York Times etwa machte in einer ihrer Ausgaben den Kulturteil mit dem Streit über das Museum auf. Vanessa Gera, die Warschauer Korrespondentin von Associated Press und eine studierte Historikerin, schrieb viele Meldungen über das Museum, die von Dutzenden Zeitungen und Internetportalen auf der ganzen Welt gedruckt oder zitiert wurden. Ich hatte auch keinen Einfluss auf die öffentlichen

Wortmeldungen von international renommierten Historikern wie Timothy Snyder oder Norman Davies.
Snyder veröffentlichte einen Text im New York Review of Books, der ein besonders großes Echo fand. Später traf ich in den USA oder in Europa oftmals Personen, die ihn gelesen hatten und sich an ihn erinnerten. Snyder hob hervor, wie außergewöhnlich unser Museum war, das ihm zufolge von allen Weltkriegsmuseen der Welt das ehrgeizigste war:[14]

> Anders als andere dem [...] Krieg gewidmete Museen, die dazu tendieren, mit Nationalgeschichte zu beginnen und zu enden, hat das Danziger Museum den Versuch unternommen, die Perspektiven von Gesellschaften weltweit zu zeigen, durch eine beeindruckende Sammlung von Ausstellungsstücken, die in den letzten acht Jahren zusammengetragen wurden, und durch Themen, die scheinbar gegensätzliche Erfahrungen verbinden. Man kann sich keinen geeigneteren Ort hierfür vorstellen als Polen, dessen Bürger das Schlimmste erfahren haben, was der Krieg gebracht hat.

Snyder erklärte, dass das Museum nicht nur den Krieg zeige, sondern auch den Weg in den Krieg, die Geburt und Expansion der Totalitarismen in den 1920er und 1930er Jahren, und er merkte an, dass es eine innovative Interpretation des wichtigsten Bestandteils der menschlichen Erfahrung im 20. Jahrhundert sei. Die Berücksichtigung des Holocaust in der umfassenderen Landschaft deutscher Verbrechen böte eine bessere Möglichkeit zu seinem Verständnis als dies in Museen der Fall sei, die sich nur mit der Judenvernichtung befassen. Ähnlich innovativ waren Snyder zufolge die transnationalen Querschnitte von Fragen wie Kollaboration, Kriegsgefangenenschicksal oder Bombardierung von Städten, die in anderen Museen meist nur vor dem Hintergrund der eigenen nationalen Erfahrungen gezeigt würden, was die Perspektive

14 Timothy Snyder: Poland vs. History. In: New York Review of Books vom 3. Mai 2016 [Übersetzung der Zitate nach dem Original – Anm. der Redaktion].

unweigerlich verenge und es nicht erlaube, die Bedeutung der Ereignisse zu verstehen. Einen großen Teil seines Artikels widmete Snyder der Argumentation, dass die Ersetzung eines fast fertigen »globalen« Museums durch ein nicht existierendes Museum zur sieben Tage dauernden Verteidigung der Westerplatte der Geschichte Polens Schaden zufüge. Deshalb auch der dramatische Titel seines Textes: *Poland versus History*. Er zählte all diejenigen Themen auf, die in einer neuen, »beschnittenen« Ausstellung möglicherweise nicht berücksichtigt werden würden, die für die Kriegserfahrung Polens aber wichtig sind: Besatzungsterror, Holocaust, Widerstand im Land und Kampf der polnischen Soldaten an allen Fronten. Er nannte Beispiele für Exponate, die in einem Westerplatte-Museum nicht gezeigt werden würden: Das Tuch des 1940 von den Deutschen ermordeten Bolesław Wnuk, die Enigma, die Schlüssel aus Jedwabne (hier stellte er die Frage, ob dies nicht zufällig eines der Ziele sei, weshalb das Museum aufgelöst werden sollte).
Dies erinnerte mich ein wenig an meine eigenen Argumente in meinem Gespräch mit dem Kulturminister, in dem ich ihn überzeugen wollte, dass die Liquidierung unseres Museums Polen und der ganzen Welt die Möglichkeit nehme, das Wichtigste unserer Geschichte zu erblicken. Snyder fügte aber noch neue, wichtige Gründe hinzu, indem er darauf hinwies, wie sehr dies alles Putin in die Hände spielen würde:

> Vielleicht am erstaunlichsten ist, dass die Entscheidung der polnischen Regierung eine implizite Allianz mit der aktuellen *russischen* Erinnerungspolitik bedeutet, der es sehr gelegen käme, wenn sich die Erzählung über das polnische Schicksal im Zweiten Weltkrieg auf die siebentägigen Kämpfe auf der Westerplatte beschränken würde.
> [Hervorhebung im Original]

Im neuen Museum wäre nicht von der sowjetischen Besatzung und vom sowjetischen Terror die Rede, es würde keinen Saal über Katyn mit den aus den Gräbern der ermordeten polnischen Offiziere geborgenen Fundstücken geben. Seinen Text beendete Snyder mit einer prophetischen Warnung:

> Die Art und Weise, wie die kommenden Generationen von Polen sich selbst, die Demokratie und Europa sehen werden, hängt zumindest zu einem gewissen Grad davon ab, ob sie einen Zugang zur komplizierten Geschichte ihres Landes während des Zweiten Weltkriegs haben werden. Das erste vom Museum aufgegriffene Thema, der Zusammenbruch der Demokratie, könnte nicht dringender sein als heute. Die Präsentation des Krieges als weltumspannende Tragödie könnte nicht lehrreicher sein. Die Beseitigung des Museums ist ein Schlag gegen das globale Kulturerbe.

Ich weiß nicht, ob der auch in polnischen Medien abgedruckte und diskutierte Text Einfluss auf das Denken von Minister Gliński hatte, doch einige Tage später erklärte er – wie bereits erwähnt –, dass das Museum des Zweiten Weltkriegs fortbestehen sollte, wenn auch als neue Kultureinrichtung (und sicherlich mit einer anderen Ausstellung). Ich neige jedoch zu der Annahme, dass die entscheidende Rolle hierbei die Ankündigung von Stadtpräsident Adamowicz spielte, möglicherweise das Grundstück zurückzufordern. Wir wussten nur so viel, dass wir noch drei Monate Zeit hatten, denn laut Gesetz müssen zwischen der Erklärung über die Auflösung einer Kultureinrichtung oder die Fusion zweier Institutionen und der Realisierung dieser Pläne mindestens 90 Tage verstreichen. Wir mussten möglichst viele vollendete Tatsachen schaffen, die man später nur mehr schwer würde verändern können. Der Bau und die Produktion der Ausstellung ließen sich zum Glück nicht mehr aufhalten, da ich alle wichtigsten Verträge mit den Firmen unterschrieben hatte; ein Rücktritt von diesen Verträgen hätte Strafen in Millionenhöhe für den Fiskus und einen unvorstellbaren Skandal bedeutet, den sich noch nicht einmal die PiS-Regierung erlauben konnte.

Am wichtigsten waren natürlich die Ausstellung und die Möglichkeit, sie der Öffentlichkeit zu präsentieren. Ihre Produktion hatte zur Jahreswende 2015/2016 begonnen. Für die Montage hatten wir anfänglich ein gutes Jahr eingeplant, was bei einer so großen Ausstellung ohnehin ein sehr ehrgeiziges Unterfangen war. Nach Gesprächen mit der beteiligten Firma gelang es uns, diese Zeit womöglich auf fünf Monate zu verkürzen. Notwendig hierfür war eine perfekte Koordination mit der Fertigstellung des Museumsgebäudes.

Wir beschlossen auch, die Arbeiten am Katalog der Hauptausstellung zu beschleunigen, mit denen wir begonnen hatten, als die ersten dunklen Wolken über dem Museum aufzogen. Im Falle der Nicht-Eröffnung wäre er vielleicht das einzige Zeugnis über unsere Ausstellungsarbeit. Der Katalog war also einerseits so etwas wie unser Testament, wie wir in einem Anflug von Galgenhumor sagten, der uns damals oft begleitete. Andererseits hatte er für uns die grundlegende Aufgabe, die Öffentlichkeit über die tatsächliche Gestalt der Ausstellung zu unterrichten und den Lügen über sie entgegenzutreten. Im Juni 2016 gelang die Veröffentlichung, zunächst in einer polnischen Fassung, einige Wochen später auch auf Englisch.[15] Wir schickten ihn an eine große Zahl von Fachleuten aus Geschichtswissenschaften und Museumswesen sowie an Journalistinnen und Journalisten, verkauften ihn aber auch über das Internet.

Der Kulturausschuss des Sejm – die Jagd auf die »Enzyklopädisten«

Wenn ich nach dem Gespräch mit Minister Gliński mit einem Dialog über das Museum und die Form der Ausstellung gerechnet hatte, so beraubte mich die Sitzung des Kulturausschusses des Sejm, die im Juni 2016 stattfand, aller irrigen Hoffnungen. Sie war auf Antrag oppositioneller Abgeordneter einberufen worden, die vom Kulturminister Informationen über seine Pläne bezüglich des Museums des Zweiten Weltkriegs erhalten wollten, doch wurde sie zu einem auf die Stimmen verschiedener PiS-Abgeordneten verteilten öffentlichen Gericht über das Museum.

15 Rafał Wnuk, Paweł Machcewicz, Oliwia Gałka-Olejko, Łukasz Jasiński (Mitarbeit: Jan Daniluk): Museum of the Second World War. Catalogue of the permament exhibition. Gdańsk 2016.

Minister Gliński begann damit, die bekannten Argumente vorzutragen und fügte hinzu: »Natürlich war der Hauptgrund, dass es keinen Sinn hat, zwei staatliche Institutionen in einer Stadt zu betreiben, die dasselbe Aufgabengebiet haben.« Die Abgeordneten der Opposition erinnerten daran, dass sie im Dezember 2015 gefragt hatten, warum man in Danzig noch ein weiteres Museum gründe, das sich mit dem Krieg beschäftigen soll. Damals hatte Staatssekretär Sellin ihnen versichert, dass es Platz sowohl für das Museum des Zweiten Weltkriegs als auch für das neugeschaffene Westerplatte-Museum gäbe und dass er keinerlei Problem darin sehe, noch eine weitere museale Institution aufzubauen. Gliński hielt sich damit nicht weiter darauf, sondern ließ sich lange über die angebliche »Vernachlässigung« der Westerplatte aus und verurteilte ebenso, dass die vorherige Regierung den Bau des Museums der Geschichte Polens vernachlässigt habe. Er gab ganz offen zu, warum er gegenüber unserem Museum keine radikaleren Schritte unternehmen konnte:[16]

> […] die Ausgabe praktisch aller Summen, die für diese Investition vorgesehen sind, also vollendete Tatsachen und unterzeichnete Verträge, führen dazu, dass es eine Verschwendung öffentlicher Gelder wäre, würden wir versuchen, das Projekt aufzuhalten, das derzeit im Museum des Zweiten Weltkriegs realisiert wird.

Glińskis Rede war sehr gemäßigt im Vergleich zu den Reden von PiS-Abgeordneten, die anschließend das Wort ergriffen. Dariusz Piontkowski aus Białystok warf uns vor, »eine kosmopolitische, globale historische Narration« zu präsentieren:

> Hier trägt sich in Wahrheit die größte Auseinandersetzung zu – ob das Museum ein kosmopolitisches Museum sein soll, in dem uns britische, amerikanische Historiker erzäh-

16 Kanzlei des Sejm. Büro der Sejm-Ausschüsse. Sejm der Republik Polen. Vollständige Aufzeichnung der Sitzung des Kultur- und Medienausschusses (Nr. 24) vom 8. Juni 2016. www.sejm.gov.pl.

> len sollen, wie wir Polen uns den Zweiten Weltkrieg vorzustellen und wie wir ihn darzustellen haben, oder ob es, wie wir finden, so sein soll, dass wir der Welt zeigen, wie wir den Zweiten Weltkrieg sehen und wie er das Schicksal der Polen beeinflusst hat. Das ist die prinzipielle Auseinandersetzung. Von unserem Standpunkt aus reagiert die Ausstellung, die der Direktor bis jetzt verwirklicht, leider eher auf die Bedarfe einer solchen kosmopolitischen Weltsicht, die in Teilen an den Bedürfnissen der Polen vorbei geht.

Er vertrat außerdem die Ansicht, dass unser Museum Teil der »antipolnischen« Geschichtspolitik der vorherigen Regierung sei:

> Wir als PiS haben vor den Wahlen deutlich gesagt, dass eines der Felder, auf dem wir überhaupt nicht mit der bis dahin regierenden Koalition übereinstimmen, die in der Geschichtspolitik realisierte Vision ist oder überhaupt das Fehlen von Visionen, da wir zuweilen den Eindruck hatten, dass es keinerlei Visionen gab. Wir haben deutlich gesagt, dass ein großer Teil der Fachkreise – leider hat sich die vorherige Regierung diesen Kreisen unterworfen – versucht hat, eine Pädagogik der Scham zu betreiben, indem sie meist die polnische Perspektive auf die Vergangenheit versteckten, nicht nur in Bezug auf den Zweiten Weltkrieg, sondern auch auf frühere Zeiten, und diejenigen Standpunkte exponierten, die vom Standpunkt der Polen aus nicht neutral und Polen sowie der polnischen Tradition gegenüber geradezu feindlich waren.

Arkadiusz Czartoryski, ebenfalls ein ausgebildeter Historiker und früherer Geschichtslehrer, warf uns vor, in der Ausstellung die Schlacht um Monte Cassino 1944, die polnische Jagdstaffel 303 innerhalb der britischen Luftwaffe, die Vernichtung der polnischen Bildungsschichten in Pommerellen, die Lager Auschwitz und Dachau, die Untergrundhilfe für Juden Żegota und die Rettung von Juden durch Polen nicht zu behandeln (in Wahrheit wurden alle diese Themen natürlich gezeigt). Bei der Lektüre des *Funktions- und*

Nutzungsprogramms – auf das sich auch die Rezensenten des Kulturministeriums bezogen – sei er auf Exponate gestoßen, die seine Empörung hervorgerufen hätten. Er verlangte ihre Beseitigung. Es handelte sich um die erwähnte Pfeife Stalins (»der Stifter [...] möge diese Pfeife wieder mitnehmen«) sowie einen Wandteppich, der von Aufseherinnen des Konzentrationslagers Stutthof im Gefängnis in Danzig gestickt wurde, ehe sie hingerichtet wurden. Sie hatten ihn dem Gefängnisvorsteher als Ausdruck ihrer Dankbarkeit für die Verbesserung der Haftbedingungen geschenkt. Es war eines der ungewöhnlichsten Exponate unserer Sammlung, wir hatten es vom Vorsteher des Gefängnisses Schießstange erhalten. Für den Abgeordneten handelte es sich jedoch um ein Werkzeug, das unseren ruchlosen Bestrebungen diente, die historische Wahrheit zu verfälschen. Er schloss mit der Feststellung, dass er sich einer solchen Form der Ausstellung widersetze:

> Wenn Sie davon reden, dass dies eine allgemeingültige Erzählung für ganz Europa sein soll, dann stelle ich mir vor, dass beispielsweise ein Achtzehnjähriger aus Deutschland einen Ausflug zum Museum des Zweiten Weltkriegs macht, diesen Wandteppich sieht, mit einem ansprechenden weißen Adler und die Aufschrift liest – »Wandteppich mit einem Adler, gestickt von deutschen Aufseherinnen des Lagers Stutthof vor ihrer Hinrichtung«: Die armen deutschen Aufseherinnen, erst haben sie diesen schönen Wandteppich gestickt, aber dann, wie ich sehe, wurden sie erschossen, umgebracht. [...] Als jemand, der sich im Sejm beteiligt, etwa bei der Verabschiedung des Haushalts, wenn diese Hunderte von Millionen Złoty, die vom polnischen Steuerzahler aufgebracht werden, für verschiedene Ausgaben bestimmt werden, bin ich nicht damit einverstanden, dass das erste Museum, das für eine halbe Milliarde gebaut wird, vor allem Dinge zeigt, die aus der Perspektive des Zweiten Weltkriegs eigentlich zweitrangig sind im Hinblick darauf, wie wir Polen das sehen. Ich möchte, dass die Welt davon erfährt, wie polnische Kuriere durch Europa reisten, wie wir Juden gerettet haben, wie es zur Ermordung

> der polnischen Nation gekommen ist. Bedenken Sie bitte, dass es in Berlin ein Denkmal für die ermordeten Juden gibt, eines für die ermordeten Sinti, aber keines für die ermordeten Polen.

Das schriftliche Protokoll von der Ausschusssitzung gibt jedoch nicht die wirkliche Atmosphäre und die dort herrschenden Emotionen wieder. Für mich war es nichts anderes als die Stimmung einer öffentlichen Lynchjustiz. Der Abgeordnete Czartoryski, in dessen Nähe ich saß, wurde immer lauter, errötete, gestikulierte. Er dachte wohl wie auch seine Parteikollegen, dass er mit den Feinden des Vaterlands abrechne, die man im letzten Augenblick aufhalten könne, indem die Eröffnung der von ihnen vorbereiteten »antipolnischen« Ausstellung verhindert wird. Widerstand leistete auch die Abgeordnete Joanna Lichocka, auch wenn sie dazu gezwungen war, persönliche Skrupel zu überwinden. Sie merkte an, dass sie »Professor Machcewicz seit vielen Jahren privat kenne, sehr mag und auch als Historiker schätze«, doch die Wahrheit sei schließlich wichtiger:

> Derzeit ist das Museum des Zweiten Weltkriegs ein Projekt, das den Verlauf des Zweiten Weltkriegs aus der Sicht der zivilen Opfer zeigt, nicht etwa die kriegerischen Leistungen oder die militärischen Aktionen des polnischen Untergrundstaates [...]. Ein solcher Blick auf den Zweiten Weltkrieg als Leidensgeschichte der Zivilbevölkerung ist sehr bequem und steht der deutschen Konzeption von Geschichtspolitik nahe. [...] Ich möchte also fragen: Warum stört Sie die Westerplatte so sehr? Weil das Heldentum der polnischen Soldaten in ihrer Konfrontation mit den deutschen Angreifern ein so starkes Symbol ist, dass es die von der PO übernommene, der deutschen Geschichtspolitik so nahestehende Konzeption auf den Kopf stellt?

Kuriose oder gar groteske Motive fehlten nicht, auch wenn ich ihre Komik während der Sitzung nicht würdigen konnte. Anna Sobecka, eine eng mit dem katholisch-nationalistischen Radio Maryja verbundene Abgeordnete aus Thorn, drückte aus, wie sehr sie die Behandlung eines Exponats durch uns beunruhige:

> Herr Direktor, der Sherman-Panzer ist eines der wertvollsten Exponate des Museums des Zweiten Weltkriegs, und wahrscheinlich sind Sie sehr stolz darauf. Soweit ich weiß, ist es eine Schenkung der belgischen Regierung. Das Gesetz über die Museen verpflichtet sie als Direktor, Exponate und Sammlungen angemessen zu betreuen. Warum also ist eines der wenigen funktionstüchtigen Fahrzeuge dieser Art in Europa in Beton eingegossen worden? Ist der Motor aus dem Fahrzeug herausgenommen worden? Ich hoffe, dass ich eine Antwort erhalte, falls dies nicht wahr sein sollte. Ich habe die Nachrichten hierüber gut verfolgt und sage, was ich weiß. Wird der Panzer konserviert werden, und was geschieht damit, wenn es zu einem Wassereinbruch kommt?

Das war eine Fortsetzung des Angriffs auf das Museum à la Staatssekretär Sellin, der uns schon früher im Sejm vorgeworfen hatte, wir würden einen Panzer »einbetonieren«, der nach seiner Vorstellung kein Teil der Ausstellung sein, sondern durch Polen fahren und für die polnische Geschichte werben sollte. Dies war ein gutes Beispiel dafür, dass jede erdenkliche Tatsache verwendet wurde, um sie in veränderter Form als Angriff gegen uns zu verwenden. Der Abgeordnete Jacek Świat warf uns wiederum vor, dass das Museumsgebäude bewusst unter der Erde versteckt werde, weil wir uns mit dem Bauträger verbündet hätten, der auf dem Nachbargrundstück Wohnblocks errichten wollte. In Danzig »sagt man, dass ein großes Museumsgebäude über der Erde, nicht unter der Erde, schlicht den Ausblick aus dem Komplex des Investors verstellt hätte«. Man warf mir auch vor, das Museum sträflicherweise auf »Sumpfland« gebaut zu haben (obwohl nebenan eine Wohnsiedlung entstehen sollte …), ich sei »unglaublich verschwenderisch«, und einige Abgeordnete meinten, sie seien Experten für die Kosten archäologischer Forschungen und beschuldigten mich, diese um ein Mehrfaches zu hoch angesetzt zu haben.

Elżbieta Kruk, die die Ausschusssitzung leitete, ließ die geladenen Vertreter des Treuhänderrats des Museums nicht zu Wort kommen. Meine Antworten wurden von ihr extrem beschnitten, sie erlaubte nicht, dass ich zu allen Vorwürfen Stellung bezog. Dafür gab sie Personen das Wort und erlaubte deren sehr lange Ausführungen, die weder Mitglieder des Ausschusses waren noch sonst ein Recht darauf hatten, hier aufzutreten. Jan Żaryn, PiS-Senator und Historiker an der Kardinal-Wyszyński-Universität, warf den Ausstellungsmachern vor, es würde ihnen an polnisch-nationaler Sensibilität fehlen, sie würden sich in Richtung eines »Universalismus« bewegen. Er erklärte ferner, dass man sich im Umgang mit der Geschichte ein Vorbild an den Juden nehmen müsse, auch wenn ihm das Wort »Juden« nicht von den Lippen kam:

> Sie alle wissen bestens, wen wir uns zum Vorbild nehmen können und sollten. In diesem Programm wird das auch deutlich. Die einzige Ausnahme, die in diese universelle Geschichte aufgenommen wurde, eine zu begrüßende Ausnahme, um es deutlich zu sagen, ist die Geschichte des Holocaust. Niemand ist in der Lage und niemand ist mutig genug (wenn man dies überhaupt in der Kategorie Mut begreifen soll), aus der Geschichte des Zweiten Weltkriegs die Geschichte des Holocaust auszublenden und sie als eine von vielen zu betrachten, die universellen Werten dienen. Auch Sie haben dies nicht getan, Herr Direktor. Zu Recht, nur warum sollten wir Polen nicht erstmals als unabhängige Nation und Staat genau dasselbe tun, so dass uns niemand nach dem Bau des Museums des Zweiten Weltkriegs in einen Universalismus hineinzupressen wagt, sondern in eine Erfahrung, die so stark ist, wie es die Holocaust-Erfahrung war. Wer sollte dies tun, wenn nicht die Polen?

In einer Reihe mit den PiS-Abgeordneten saß der rechte Fernsehjournalist Jan Pospieszalski. Ich weiß nicht, auf welcher rechtlichen Grundlage dies geschah, aber die Ausschussvorsitzende erteilte ihm zehn Minuten lang das Wort. Er sah unser Museum in einer historischen Landschaft des Revisionismus und der Beschuldigungen gegenüber Polen:

> Vor einigen Tagen auf einer Buchmesse, auf der größten Buchmesse in Chicago, gab es einen bezeichnenden Vorfall. Gerade in dem Moment, in dem sehr viele Menschen aus der ganzen Welt zusammenkamen, fand vor dem polnischen Konsulat eine Mahnwache jüdischer Kreise statt, die Polen beschuldigen, den Holocaust unterstützt, herbeigeführt zu haben, an der Judenvernichtung beteiligt gewesen zu sein.

Er kam zu einer eindeutigen Schlussfolgerung, die er mit zusätzlichem Spott pfefferte: »Ein Museum mit genau diesem Szenario sollte entstehen, aber in Brüssel. Vielleicht wird es dort keine Sumpfgebiete geben.«
Je länger die Sitzung dauerte, desto mehr meinte ich, mich in einem immer schlimmer werdenden Alptraum zu befinden. Diese Vorwürfe hatten keinerlei Zusammenhang mit der tatsächlichen Ausstellung, mit unserer Arbeit und unseren Absichten. Sie waren ganz einfach Teil eines öffentlichen Spektakels, das dazu dienen soll, den Feind zu brandmarken, ihn niederzumachen. Auf diese Aufgabe vorbereitet waren sowohl die Vorsitzende Elżbieta Kruk als auch alle nacheinander ans Mikrofon tretenden Abgeordneten der PiS, der ganze Verlauf der Sitzung war gut vorbereitet worden. Wenn ich jetzt im Protokoll mein Schlussstatement lese, ergreift mich immer noch eine gewisse Scham darüber, dass ich mein »Polentum« erklären musste, dass ich betonen musste, die Ausstellung präsentiere die polnische historische Erfahrung – und das, wo ich mich doch einen Großteil meines Lebens mit der polnischen Geschichte beschäftigt habe. Ich zitiere den Abschluss der Ausschusssitzung, der gut die Atmosphäre und meine Verzweiflung zeigt, zu erklären, dass wir keine nationalen Verräter sind und auch keine »Kosmopoliten«:

Direktor des Museums des Zweiten Weltkriegs, Paweł Machcewicz:
Wenn möglich, würde ich einfach auf die Fragen der Herren und Damen Abgeordneten antworten.
Vorsitzende Abgeordnete Elżbieta Kruk:
Ja, bitte.
Direktor des Museums des Zweiten Weltkriegs, Paweł Machcewicz:
Ich bemühe mich und beginne mit den inhaltlichen Fragen. Ich möchte den Abgeordneten Czartoryski beruhigen. Alle Themen, die Sie erwähnt haben – Monte Cassino, Żegota, Fliegerstaffel 303, Polnischer Untergrundstaat, Jan Karski, Katyn, all das gibt es in der Ausstellung, und ein Teil der Dinge, deren Fehlen Sie uns vorgeworfen haben, befindet sich sogar in dem umfangreichen Material. Bitte beachten Sie, dass hier die Uniform eines Piloten der Staffel 303 gezeigt wird. Was die Rettung von Juden betrifft, so gibt es einen außergewöhnlichen, einzigartigen Gegenstand – eine Schale, die einer polnischen Familie gehörte, die Juden versteckt hat. Auch von der Żegota erzählen wir, doch am meisten wollten wir von gewöhnlichen Menschen erzählen, die … Wenn Sie das genau gelesen hätten, dort wird es beschrieben … Bitte werfen sie mir nicht vor, die Unwahrheit zu sagen, das ist schlicht beleidigend. Sie haben eine sehr einseitige Auswahl des Materials vorgenommen. Sie haben zum Beispiel nicht darüber gesprochen, dass in dem Material, das Sie gelesen haben, Katyn vorkommt, dass wir das erste Museum in Polen und auf der Welt sind, das die Verbrechen an den Polen in Wolhynien durch Ukrainer zeigt, und zwar auf höchst berührende Weise, indem wir Gegenstände präsentieren, die bei Exhumierungen gefunden wurden. Sie werfen uns vor, dass es nichts über Konzentrationslager gibt. Es gibt Gegenstände aus Mauthausen-Gusen, das ein Ort des Leidens der polnischen Intelligenz war. Sollen wir in einer so kurzen Materialsammlung über alle Konzentrationslager sprechen? Übrigens kommt auch Auschwitz-Birkenau dort vor.

Ein sehr großer Teil unserer Narration bezieht sich auf den polnischen Untergrundstaat. In Polen wird es kein anderes Museum mit einer so ausgedehnten Erzählung über den polnischen Untergrundstaat geben (noch nicht einmal das Museum der Geschichte Polens, denn hier wird der Platz kaum reichen). Einige Hundert Quadratmeter alleine über den Untergrundstaat. Ich möchte Ihnen versichern, dass es von Anfang an das Ziel war, ein Museum zu schaffen, das der Welt die polnische historische Narration präsentiert, indem es die polnischen Sensibilitäten, die polnischen Erfahrungen in eine globale Geschichte integriert. Erstmals wird in diesem Museum so umfangreich berichtet werden, dass die Polen Opfer zweier Aggressionen waren – nicht nur der deutschen, sondern auch der sowjetischen. Der Abgeordnete Czartoryski hat dieses Dokument gar nicht erwähnen wollen, das er gelesen hat, die Gegenstände, die den sowjetischen Überfall zeigen, zum Beispiel das polnische Grenzzeichen, den polnischen Adler, der in den Zbrucz geworfen wurde. Sie haben ein Recht auf Kritik, aber ich möchte darum bitten, dass sie sachlich bleibt, denn jedes Projekt kann man durch eine entsprechende Auswahl anprangern, kritisieren. Ich sage nicht, dass ich in allem Recht habe, aber ich bitte um ehrliche Kritik, nicht um Lynchjustiz. […]
Es gibt kein Museum […], das so wie unsere Ausstellung das polnische Schicksal, die polnische historische Erfahrung in solch großem Umfang zeigen würde. Natürlich gibt es keine Einmütigkeit. Ich stimme Professor Żaryn zu, dass es einen ideologischen Streit gibt, doch bitte sprechen Sie uns nicht ab, dass wir eine polnische Sicht der Geschichte präsentieren. Sie kann sich von Ihrer Sicht unterscheiden, aber Sie haben kein Monopol auf die polnische Identität, Sie haben kein Monopol auf Patriotismus. Jemand hat von Kosmopolitismus gesprochen. Ich möchte sagen, dass ich ein polnischer Historiker bin, der sein ganzes berufliches Leben der polnischen Geschichte gewidmet hat; ich glaube, dass ein solcher Vorwurf fehl am Platze ist. Was nun …

Vorsitzende Abgeordnete Elżbieta Kruk:
Herr Professor, bitte nur die wichtigsten Dinge …

Direktor des Museums des Zweiten Weltkriegs, Paweł Machcewicz:
Frau Vorsitzende …

Vorsitzende Abgeordnete Elżbieta Kruk:
Entschuldigen Sie bitte, der nächste Ausschuss wartet, an dem ich teilnehme …

Direktor des Museums des Zweiten Weltkriegs, Paweł Machcewicz:
Sie haben dem Senator Żaryn erlaubt, 15 Minuten zu reden, bitte gestatten Sie mir …

Vorsitzende Abgeordnete Elżbieta Kruk:
Herr Professor, Sie haben zu Beginn sehr lange gesprochen. Sie hatten Zeit, um zu sagen, was Sie zu sagen haben. […]

Direktor des Museums des Zweiten Weltkriegs, Paweł Machcewicz:
Wir zeigen das Leiden der Zivilbevölkerung, weil der größte Teil der polnischen Opfer des Zweiten Weltkriegs Zivilisten waren, aber natürlich zeigen wir auch Monte Cassino und den Weg der Panzerdivision von General Maczek. Der Panzer, nach dem die Abgeordnete Sobecka gefragt hat, ist in den Farben der Panzerdivision von General Maczek angestrichen …

Abgeordnete Anna Sobecka (PiS):
Mit einer Betonplatte bedeckt.

Direktor des Museums des Zweiten Weltkriegs, Paweł Machcewicz:
Frau Abgeordnete, dieser Panzer war Schießziel auf einem Truppenübungsplatz der belgischen Armee, er war in Stücken, zerschossen. Wir haben ihn auf einem Tieflader nach Polen gebracht und renoviert. […].

Ich habe so ausführlich über die Sitzung des Kulturausschusses des Sejm berichtet, da sie am besten die Mentalität und die Argumente jener Menschen wiedergibt, die gegen die Eröffnung des Weltkriegsmuseums in der von uns gewählten Form angingen. Für mich war zum einen die Überzeugung der PiS-Politiker frappierend, dass sie das Recht haben, im Einzelnen über die Ausstellung entscheiden zu können, ja sogar darüber, welche Exponate hier gezeigt werden. Zum anderen beanspruchen sie eine Art Monopol auf polnische Identität, sie meinen, sie dürften festlegen, was den polnischen nationalen Erwartungen entspricht und was nicht. Auf einer anderen Ebene drückten ihre Argumente die fundamentale Überzeugung aus, dass wir als Nation gefährdet seien, unaufhörlich angegriffen werden, dass unsere historische Identität und unsere Verdienste in Frage gestellt werden. Ginge es nach ihnen, sollten wir ausschließlich unsere eigene Geschichte zeigen; jeder Versuch, sie in einen breiteren Kontext einzubinden und die Erfahrungen anderer Nationen zu berücksichtigen, ist eine Bedrohung des polnischen Sondercharakters und vielleicht auch der polnischen Identität an sich. Nicht von ungefähr warf man uns »Universalismus« und »Kosmopolitismus« vor.

Ein Historiker, der den Nationalismus und Antisemitismus in der Propaganda vom März 1968 in Polen untersucht hatte, machte mich nach Sichtung der Aufzeichnung von der Ausschusssitzung darauf aufmerksam, dass sie ihn so wie auch die vorherigen Angriffe auf das Museum an die Abrechnung mit den »Enzyklopädisten« im Jahr 1968 erinnere. Es hatte damals eine viele Monate lange Pressekampagne gegen die Redakteure der *Großen Allgemeinen Enzyklopädie* gegeben, die mit der Zerschlagung eines Großteils der Redaktion endete.[17] Ausgangspunkt war die Kritik an den Einträgen zu Konzentrations- und Vernichtungslagern, deren Inhalte angeblich die Opferrolle der polnischen Nation verringerten und die Judenvernichtung übermäßig akzentuierten. Fast alle Einträge der *Großen Allgemeinen Enzyklopädie* zum Zweiten Weltkrieg wurden radikal kritisiert. Hier eine Kostprobe dieser Vorwürfe des Publizisten Tadeusz Kur in einer zeitgenössischen Zeitschrift:[18]

17 Vgl. Tadeusz Rutkowski: Adam Bromberg i »encyklopedyści«. Kartka z dziejów inteligencji w PRL [Adam Bromberg und die »Enzyklopädisten«. Ein Blatt aus der Geschichte der Intelligenz in der Volksrepublik Polen]. Warszawa 2010; Piotr Skwierciński: Encyklopedyści '68 [Enzyklopädisten '68]. In: Res Publica 1990, H. 1, S. 75–84.

18 Tadeusz Kur: Encyklopedyści. In: Prawo i Życie vom 24. März 1968, zit. nach: Piotr Osęka: Syjoniści, inspiratorzy, wichrzyciele. Obraz wroga w propagandzie marca 1968 [Zionisten, Inspiratoren, Unruhestifter. Das Feindbild in

> […] ist es leider notwendig, den Redakteuren […] den Vorwurf zu machen, dass Kampf und Opfertum der polnischen Nation keine Angelegenheiten waren, die ihnen am Herzen lagen […] Es ist höchste Zeit, diesem fröhlichen Werk ein Ende zu bereiten, Entscheidungen zu fällen, die in Zukunft ähnliche Dinge verhindern, Mittel zur Reparatur der bisherigen Schäden anzuwenden.

Der Autor sprach sich gegen die in der Enzyklopädie enthaltene Unterscheidung von NS-Lagern in Vernichtungslager und Konzentrationslager ebenso aus wie gegen alle Informationen, dass das Schicksal der Juden schlimmer gewesen sei als jenes der Polen: »Alle hitleristischen Lager waren Vernichtungslager. Davon berichtet ausdrücklich schon allein die polnische Erfahrung.« Er führte Dutzende von Hinrichtungsstätten für die polnische Bevölkerung auf, die in der Enzyklopädie nicht berücksichtigt worden seien, so wie auch zahlreiche Orte von Partisanenkämpfen. Für Kur war klar, dass es in der Enzyklopädie »um die fehlende Anerkennung des bewaffneten Kampfes von Polen gegen den hitleristischen Besatzer« gehe. Hingegen »hatten die Deutschen viel Glück in der Enzyklopädie und fanden Gnade in den Augen ihrer Redakteure«. Dies sei unter anderem ein Ergebnis der Tatsache, dass die Hauptrolle der SS hervorgehoben wurde. »Damit wurden die Regierung des Dritten Reichs, die Wehrmacht und die Zivilverwaltung in den besetzten Ländern von den Redakteuren […] rehabilitiert«.
Ein ähnlicher Ton findet sich auch in einem Auszug aus einem Interview, das der einflussreiche Innenminister und Anführer der nationalistischen Faktion der »Partisanen« im Regierungslager, Mieczysław Moczar, 1968 der Polnischen Presseagentur gab:[19]

der Propaganda vom März 1968]. Warszawa 1999, S. 174–188, hier S. 175, 176, 179, 185.

19 Należy przekazać młodzieży historię naszych heroicznych zmagań. Wywiad z min. Mieczysławem Moczarem [Wir sollten jungen Menschen eine Geschichte von unseren heroischen Kämpfen erzählen. Gespräch mit Minister Mieczysław Moczar]. In: Polska Agencja Prasowa vom 12. April 1968, zit. nach Osęka: Syjoniści, S. 231–234, hier S. 233.

> *Ist der Wissensstand über die Haltung der Polen in den Jahren des vergangenen Krieges in unserer Bevölkerung ausreichend?*
> Er ist absolut unzureichend. Das waren Dinge, die bislang einseitig, oft geradezu unredlich dargestellt worden sind. Bestimmte Dinge, die aus der Perspektive der Tradition und des nationalen Ehrgefühls wesentlich sind, wurden schweigend übergangen, und das mit Absicht. Das beste Beispiel ist die *Große Allgemeine Enzyklopädie*, die unter der Leitung von Leuten erarbeitet worden ist, die besonders aus der stalinistischen Zeit bekannt waren. Dinge, die den Stolz der polnischen Nation herausstellen, interessierten sie kaum. Geleitet von der einst von Jakub Berman geäußerten Devise, dass man alles mit einem heißen Eisen ausmerzen muss, was gegen die Führung ist, als die sie wiederum sich selbst und die Gruppe ihrer Anhänger verstanden, versuchten sie, unsere Geschichte zu deformieren und die Erinnerung an die nationalen Traditionen zu schwächen. Alles, was unser Volk in den Jahren des letzten Krieges geleistet hat, muss würdig erinnert, der jungen Generation vermittelt werden. Es kann nicht durch seichte Pseudoanalysen herabgewertet werden. Mit diesen Dingen müssen sich Menschen befassen, die das verstehen, die den Atem unserer Nation spüren.

Jakub Berman und die anderen Stalinisten kann man gegen all jene austauschen, die den europäischen Eliten, Brüssel und Berlin dienen, aber alles andere ist nach wie vor aktuell. Es fehlt nur die Bezeichnung »Pädagogik der Schande«, die Moczar noch nicht kennen konnte. Nach der Entlassung mehrerer Dutzend Redakteure der *Großen Allgemeinen Enzyklopädie* wurden Errata ausgearbeitet und als Beilage dem nächsten Band der Enzyklopädie beigefügt, der im Dezember 1968 erschien. Sie enthielt eine neue Version des Eintrags über die »hitleristischen Lager« (nun ohne Unterteilung in Vernichtungslager und Konzentrationslager). Es wurden 60 Zeilen über die Opfergeschichte der Polen in den Konzentrationslagern hinzugefügt, während die Informationen über die Ausrottung der

Juden um das Doppelte gekürzt wurden – auf 15 Zeilen. Es wurde auch entschieden, dass in der 2. Auflage der Enzyklopädie die Zahl der Einträge über polnische Themen deutlich erhöht werden sollte.[20]

Die enttarnten Rezensenten

Nach dem Treffen mit Minister Gliński hatte ich vielfach öffentlich dazu aufgerufen, er möge die von ihm bestellten vier Rezensionen unserer Ausstellung veröffentlichen, unter anderem in der Ausschusssitzung: »Wir sind einer Debatte gegenüber wirklich sehr positiv eingestellt. Es lohnt sich zu reden, wir sind offen für Kritik.« Diese Appelle hatten jedoch keinerlei Effekt und die ganze Situation nahm langsam Züge wie in Kafkas *Prozess* an. Seit Monaten wurde unsere Ausstellung gnadenlos kritisiert, aber meistens von Leuten, die keinerlei Ahnung von ihr hatten. Es gab vier mythische Rezensionen, doch wusste niemand, wer sie geschrieben hatte oder was man uns konkret vorwarf.

Als klar war, dass Minister Gliński nicht beabsichtigte, das mir gegebene Versprechen einzulösen, und die Rezensionen freiwillig nicht veröffentlichen würde, beantragte der Danziger Stadtpräsident Paweł Adamowicz unter Verweis auf das Gesetz über den Zugang zu öffentlichen Informationen ihre Offenlegung. Anfang Juli 2016 erhielt die Danziger Stadtverwaltung drei »freigegebene« Rezensionen (die vierte war irgendwie verschwunden, vielleicht hatte sie nie existiert) und gab sie an das Museum und an die Medien weiter. Dabei fehlte es nicht an kuriosen Situationen. Das Kulturministerium hatte die Rezensenten offensichtlich nicht vorgewarnt, dass sie sich der öffentlichen Auseinandersetzung würden stellen müssen. Als ein Journalist der Danziger Lokalausgabe der Gazeta Wyborcza Piotr Niwiński anrief, bestritt dieser anfangs, überhaupt eine Rezension geschrieben zu haben: »Und woher haben Sie die Information, dass ich eine solche Rezension angefertigt

20 Tomasz Stańczyk: Atak na encyklopedystów [Angriff auf die Enzyklopädisten]. In: Rzeczpospolita vom 13. Oktober 2008; Rutkowski: Adam Bromberg i »encyklopedyści«, S. 264.

habe? Sie machen mich staunen und bringen mich zugleich in Verlegenheit.«[21]

Rafał Wnuk und ich studierten sie sehr genau (Janusz Marszalec und Piotr M. Majewski waren damals im Urlaub) und veröffentlichten sie sofort auf der Museumshomepage. Am meisten waren wir davon überrascht, dass die Rezensenten nur ein kurzes Dokument aus dem gesamten sehr umfangreichen Materialpaket verwendet hatten, das wir Anfang Januar dem Kulturministerium übergeben hatten. Dieses Paket enthielt zum Beispiel Tabellen, anhand derer sich jedes Fragment der Ausstellung rekonstruieren ließ, und auch einen Film über die Ausstellung, der unter anderem zahlreiche Exponate zeigte, welche die Besucher sehen würden. Man musste zwar wissen, wie diese Tabellen zu lesen waren, doch hatte ich in meinem Begleitschreiben an Staatssekretär Sellin erklärt, dass wir gerne alles erläutern und auf alle Fragen zur Ausstellung antworten. Niemand hatte sich an uns gewandt. Die Rezensenten stützten sich ausschließlich auf das 75 Seiten lange, reich illustrierte *Funktions- und Nutzungsprogramm des Museums des Zweiten Weltkriegs*. Als mich ein Ministerialbeamter im Auftrag von Sellin um Material über die Ausstellung gebeten hatte, hatte er deutlich gemacht, dass wir der Hausleitung neben anderen Materialien auch eine relativ kurze, synthetische Darstellung zusenden sollten, weil sie nicht viel Zeit für die Lektüre umfangreicher Texte hätten. Und so verfuhren wir, doch war uns nicht in den Sinn gekommen, dass das Urteil über das Museum nur aufgrund einer Art »Inhaltsverzeichnis« gefällt werden würde, das auch die Abgeordneten des Kulturausschusses verwendeten, ohne sich in die Details der Ausstellung zu vertiefen. Bereits auf der ersten Seite des Programms konnten die Rezensenten lesen, dass sich die Ausstellung

21 Krzysztof Katka: Znamy recenzje wystawy Muzeum II Wojny Światowej. »Źle postawione akcenty« [Wir kennen die Rezensionen der Ausstellung des Museums des Zweiten Weltkriegs. »Falsch gesetzte Akzente«]. In: Gazeta Wyborcza Trójmiasto vom 11. Juli 2016.

> […] allerdings nicht ganz ohne die zugehörige technische Dokumentation darstellen lässt. Bei der Analyse des vorliegenden Dokuments muss man sich also der Pläne der gesamten Ausstellung und ihrer einzelnen Teile bedienen, außerdem braucht man die technischen Aufrisse sowie die sog. Interventionstabelle, in der alle Bestandteile der Szenografie genannt werden.[22]

Dies wurde jedoch komplett ignoriert, was zu einem absoluten *qui pro quo* führte. Die Rezensenten warfen uns vor, dass es in der Ausstellung an vielen wichtigen Themen der polnischen Kriegserfahrungen fehle, während sie in Wirklichkeit vorhanden waren, nur waren die Verfasser nicht in der Lage, sie zu finden, oder sie wollten dies nicht tun. Einige Themen waren sogar in der Kurzfassung enthalten, auf die sie sich stützten, doch hatten sie sie offensichtlich nicht gründlich genug studiert. Der Großteil aller drei Rezensionen bestand aus einer langen Litanei völlig unzutreffender Vorwürfe, in der angebliche Mängel und Versäumnisse der Ausstellung aufgezählt wurden. Jan Żaryn warf uns unter anderem vor, wir hätten die Bombardierung polnischer Städte durch die Deutschen 1939, die Verteidigung Warschaus und die Person des amerikanischen Korrespondenten Julien Bryan ausgelassen, der einige Wochen in der belagerten Stadt verbracht hatte und dessen Fotos und Filme später die ganze Welt sah. In Wirklichkeit wurden diese Themen nicht nur berücksichtigt, sondern jedes von ihnen besaß einen eigenen Saal. Im Fall von Bryan war es sogar ein Kinosaal, in dem die Besucher Ausschnitte seines Films *The Siege* (Die Belagerung) betrachten, daneben sehen sie eine echte Filmkamera des Regisseurs. Nach mehrjährigen Bemühungen hatte sie mir der Sohn überlassen. Ich hatte sie in New York in den Koffer gepackt und nach Danzig gebracht.
Am kuriosesten waren wohl die Vorwürfe Piotr Semkas, auf die sich anscheinend bereits der Kulturminister bei unserem Treffen gestützt hatte. Der Journalist der Zeitschrift Do Rzeczy beschul-

22 Paweł Machcewicz, Piotr M. Majewski, Janusz Marszalec, Rafał Wnuk: Muzeum II Wojny Światowej w Gdańsku. Program funkcjonalno-użytkowy wystawy głównej [Museum des Zweiten Weltkriegs in Danzig. Funktions- und Nutzungsprogramm der Hauptausstellung]. Januar 2016.

digte uns, Themen auszulassen, die sogar in der Kurzfassung genannt wurden:[23] Er war es, der behauptete, dass es in der Ausstellung »kein einziges Wort über das Massaker von Wola« während des Warschauer Aufstands gebe und dass auch die an den Polen in Wolhynien begangenen Verbrechen nicht vorkämen. Wie erwähnt, werden in Wirklichkeit beide Begebenheiten gezeigt, die Ereignisse von Wolhynien sogar in einem eigenen Raum. Semka erkannte nicht, dass beide Themen in der Kurzfassung genannt werden, sogar mit Bildern und Beschreibungen der entsprechenden Exponate, wie etwa jener Gegenstände, die bei Exhumierungen in Wolhynien geborgen wurden.

»Irgendwie verschwindet und verpufft die Schlacht von Monte Cassino«, empörte sich der Journalist: »Ja! Das ist kein Irrtum – im Ausstellungsplan eines polnischen Museums des Zweiten Weltkriegs gibt es kein einziges – sofern mir nichts entgangen ist – Wort darüber«. Tatsächlich war ihm »etwas entgangen«: Monte Cassino und alle anderen Schlachten mit Beteiligung polnischer Soldaten werden in der Ausstellung gezeigt, das 2. Korps wird im *Funktions- und Nutzungsprogramm* genannt, in dem wir als Illustration Fotos und Beschreibungen persönlicher Gegenstände von General Władysław Anders zeigen.

Piotr Niwiński warf uns vor, dass die Ausstellung nicht modern sei, »und es gibt praktisch keine Interaktivität (ich habe drei Standorte mit Multimedia-Elementen gezählt)«.[24] Das war ihm sehr wichtig, denn er wiederholte diesen Vorwurf in seiner nicht besonders umfangreichen Rezension mehrere Male. Tatsächlich gibt es in der Ausstellung 240 interaktive Multimedia-Stationen, jede von ihnen war in den dem Kulturminister zugesandten Materialien beschrieben.

23 Piotr Semka: Recenzja dokumentu »Program funkcjonalno-użytkowy wystawy głównej« [Rezension des Dokuments »Funktions- und Nutzungsprogramm der Hauptausstellung«. Januar 2016 [Eine später veröffentlichte Version: www.rp.pl/Plus-Minus/308119920-Muzeum-II-Wojny-Swiatowej-Analiza-Piotra-Semki.html (13.2.2018)].

24 Piotr Niwiński: Recenzja programu funkcjonalno-użytkowego wystawy głównej [Rezension des Funktions- und Nutzungsprogramms der Hauptausstellung. Stand Januar 2016.

Für uns war nach vielen Jahren Arbeit an der Ausstellung noch etwas Anderes frappierend: Dass die Rezensenten überhaupt nicht verstanden, was ein Museum ist, wie man eine museale Narration konstruiert und welche Rolle die Exponate spielen. Keiner der drei Rezensenten hatte Museumserfahrung, was man in fast jedem ihrer Sätze spürte. Die Ausstellung betrachteten sie als großes Buch oder gar Lexikon, sie verlangten die Berücksichtigung eines immensen Bestands an Informationen und begriffen offenbar nicht, dass eine museale Erzählung durch Beispiele, Symbole und Gegenstände entsteht.

Bedeutender waren die Vorwürfe allgemeiner Natur, die den tatsächlichen ideologischen Konflikt und ein ganz anderes Verständnis von Geschichte und von der Rolle von Museen abbildeten. Einer der wichtigsten war, dass wir dem Schicksal Polens zu wenig Aufmerksamkeit widmen würden, dass Polen von anderen Nationen »in den Schatten gestellt« würde. Dieses Thema war bereits 2008 bei den Angriffen auf das Museum hervorgehoben worden (Semka und Żaryn hatten schon damals eine wichtige Rolle dabei gespielt), und auch bei der Sitzung des Sejmausschusses war es zur Sprache gekommen. Jan Żaryn schlussfolgerte in seiner Rezension, dass »die Autoren eine meiner Meinung nach strategische Auswahl vorgenommen haben, in der die polnische Perspektive auf die Geschichte durch einen Pseudouniversalismus ›verschüttet‹ wurde, durch eine Art von Allgemeingeschichte«[25]. Er warf uns im Grunde dasselbe vor, was er im Sejmausschuss gesagt hatte – wir würden uns vom Gefühlsleben und von der Tradition der Nation distanzieren:[26]

> Die Verfasser wollen also signalisieren, dass es möglich ist, sich mit dem Drama des Zweiten Weltkriegs zu identifizieren, wenn man ganz personenzentriert an diese Zeit herangeht, ohne sich auf die nationalen Mythen, auf die Erinnerung an die kollektiven Erfahrungen der Polen zu beziehen. Natürlich

25 Jan Żaryn: Recenzja wewnętrzna: Program funkcjonalno-użytkowy wystawy głównej [Interne Rezension: Funktions- und Nutzungsprogramm der Hauptausstellung]. Warszawa, 24.03.2016.

26 Ebenda.

> schlägt niemand ein solches Vorgehen vor, wenn er den Holocaust analysiert, dem ausschließlich Juden zum Opfer fielen. Es ist so, als hätten die Polen keine eigene Erfahrung (darunter auch Erinnerung und Mythen) und als sei es nicht wert, dies in Polen zu zeigen.

Seine Rezension schloss mit einer eigenen Vorstellung davon, was das Museum vor allem zeigen solle: »wer wir heute sind und warum wir so und nicht anders sind: Freiheitsliebend, Katholiken, Patrioten usw. – vor allem aber stolz auf unsere Geschichte«.
Piotr Semka warf uns ebenfalls verderblichen »Universalismus« vor und wollte uns nach Brüssel schicken, ganz so wie Jan Pospieszalski in seinem Auftritt im Ausschuss:[27]

> Man könnte dieses Konzept verstehen, wenn es sich um ein Museum des Schicksals Europas in Brüssel handelte. Aber dieses Museum soll in einem Land entstehen, das oft zu Hitlers Helfern bei der Judenvernichtung gezählt wird. Dieses Land sollte sich bemühen, an den Ruhm der polnischen Waffen und des polnischen Leidens zu erinnern. Erst wenn wir uns darum sorgen, dass ein Tourist aus London oder Wien unseren Beitrag zur Beseitigung des Hitlerismus kennenlernt, kann man die Ausstellung um universellere Themen erweitern. Es kann auch nicht verschwiegen werden, dass die Darstellung des Zweiten Weltkriegs als anonymes Leiden aller Europäer für die Deutschen und die mit dem Dritten Reich kollaborierenden Völker von Vorteil ist.

In der Ausstellung erkannte Semka »auf jedem Schritt eine aufdringliche Erinnerung daran, dass die Deutschen Opfer waren«. Der Journalist markierte den Platz der Ausstellungsmacher auf der ideologischen Landkarte Polens ganz eindeutig: »[…] fast absurd scheint mir das Misstrauen eines Teils unserer Eliten gegenüber der Konzeption von Geschichtspolitik zu sein, wie sie das Museum des

27 Semka: Recenzja.

Warschauer Aufstands bietet. Der Grad des Argwohns gegenüber dieser Konzeption ist erstaunlich.« Und seine Rezension schloss er mit folgenden Bemerkungen:

> Die Verfasser der Konzeption sollten sich nicht wundern, dass es die Erwartung gibt, das Schicksal unseres Landes und unserer Ahnen deutlich in den Vordergrund zu rücken […] Die nun präsentierte Konzeption erfüllt die Erwartung einer polnischen Erzählung über den Zeiten Weltkrieg nur in beschränktem Maße. Die Ausstellung bedarf einer erheblichen Überarbeitung.

Ich habe mich schon immer von dem Selbstbewusstsein von Menschen beeindrucken lassen, die sich das Recht anmaßen, zu entscheiden, was ein »polnischer Standpunkt« (so wie Jarosław Kaczyński, wenn er über unser Museum sprach) oder eine »polnische Erzählung« ist und was nicht. Andere dürfen keine unterschiedliche Interpretation der polnischen Geschichte präsentieren oder die Identität anders erleben, denn ansonsten gehören sie nicht mehr dazu.

Die Rezensenten erhoben auch den Vorwurf, es handele sich um eine Antikriegs-Ausstellung; Niwiński schrieb:[28]

> […] angesichts dessen, dass der Schwerpunkt auf dem Schrecken des Kriegs liegt, der durch das Schicksal der Zivilbevölkerung bewusst gemacht wird, erhalten wir ein relativ einseitiges Bild. Es wird auf ziemlich selektive Weise […] die dunkle Seite des Kriegs gezeigt, während das, was an lichten Dingen aus ihm entstand, weit im Hintergrund steht.
>
> Man könnte dies als Dominanz des Unglücks über andere Merkmale bezeichnen. Am zutreffendsten wäre es, die Gesamtaussage mit einer noch in der Volksrepublik Polen geprägten Formel zusammenzufassen: Nie wieder Krieg.

28 Niwiński: Recenzja.

Sowohl er als auch Semka verlangten mehr Militärgeschichte und sahen es kritisch, dass wir der Zivilbevölkerung so viel Aufmerksamkeit schenkten, wodurch die Leistungen der polnischen Soldaten angeblich verringert würden, aber auch die Bedeutung der Erkenntnis, dass der Krieg »Charaktere stählen« könne.
Rafał Wnuk und ich bereiteten eine Antwort auf die Rezensionen vor, die in gekürzter Fassung in der Tageszeitung Rzeczpospolita erschien. Wir hoben hervor, dass sich ein Großteil der angeblich übergangenen Themen in Wahrheit in der Ausstellung befindet, bezogen uns aber auch auf die allgemeineren Vorwürfe und Fragen. Wir erklärten, warum es sich – wie uns einer der Rezensenten vorwarf – um ein »martyrologisches Museum« handele, in dem so viel über das Leiden der Zivilbevölkerung erzählt wird:[29]

> Während des Kriegs sind über 200.000 polnische Staatsbürger kämpfend mit der Waffe in der Hand gefallen, deren Schicksal im Museum vielfach erwähnt wird und denen wir unsere Hochachtung zollen. Ungleich größer waren aber die zivilen Verluste. Es wurden mehr als 5 Mio. Menschen ermordet: Rund 3 Mio. polnische Juden und über 2 Mio. ethnische Polen. Sie sind meist einen schrecklicheren Tod gestorben als die Soldaten: In Gaskammern, Konzentrationslagern, bei Hinrichtungen, etwa in Pommerellen 1939, in Palmiry oder während des Warschauer Aufstands in Wola. Wir sind erstaunt darüber, dass die Urheber eines Museums, das in Polen entsteht, in einem Land, das im Krieg so schreckliche Verluste hinnehmen musste, sich für eine solcherart gewählte Perspektive der Ausstellung rechtfertigen müssen.

Wir erinnerten auch daran, dass die Botschaft »Nie wieder Krieg« keine propagandistische Schöpfung des kommunistischen Polen war, sondern im Grunde eine zutiefst christliche Bedeutung besitzt. Sie wurde von Papst Paul VI. bei seinem ersten Besuch der Verein-

29 Paweł Machcewicz, Rafał Wnuk: Muzeum zwykłych ludzi [Ein Museum der gewöhnlichen Menschen]. In: Rzeczpospolita vom 7. August 2016.

ten Nationen 1965 ausgesprochen und später von Johannes Paul II. wiederholt. Wir erinnerten daran, was der polnische Papst 2003 über den Krieg sagte:

> Die Ausmaße der erlittenen Verluste, noch mehr die Ausmaße des den Menschen, Familien und verschiedenen Gruppen zugefügten Leidens, ist wahrlich schwer aufzuzählen. [...] Der Krieg spielte sich nicht nur an den Fronten ab, sondern traf als totaler Krieg ganze Gesellschaften. Ganze soziale Milieus wurden deportiert. Tausende von Menschen wurden zu Opfern von Gefängnissen, Folter und Hinrichtungen. Es kamen Menschen fernab der Kriegshandlungen ums Leben, als Opfer von Bombenangriffen oder systematischem Terror, dessen organisiertes Zentrum die Konzentrationslager waren, die sich zu Todeslagern wandelten.

Diese Sicht des Kriegs – die Piotr Niwiński gewiss als zu »negativ« bezeichnen würde – und auch des Schicksals der Zivilbevölkerung steht den Ausstellungsmachern des Museums des Zweiten Weltkriegs nahe.

Wir wiesen auch darauf hin, dass Piotr Semka und Jan Żaryn das Museum des Zweiten Weltkriegs von Anfang an bekämpften, sodass der Kulturminister sogleich wusste, welchen Inhalt die bei ihnen bestellten Rezensionen haben würden. Dies hatte nichts mit den Regeln redlicher Urteile zu tun, was Minister Piotr Gliński als Soziologieprofessor eigentlich gut wissen müsste, sondern vielmehr mit der Suche nach Gründen für die geplanten Schritte gegen das Museum. Am Ende riefen wir, wenn auch ohne größere innere Überzeugung, den Kulturminister dazu auf, es uns zu ermöglichen, das Museum in der von uns vorbereiteten Form zu eröffnen, damit die Öffentlichkeit es beurteilen könne:

> Wir leben in einem ungeteilt von einer politischen Richtung regierten Land, deren Mandat natürlich aus demokratischen Wahlen hervorgeht. Sie kann alle von ihr vorgeschlagenen Institutionen einrichten, die das Bewusstsein der Polen prägen

> sollen: ein Museum der Geschichte Polens, ein Museum der Verfemten Soldaten (davon sind sogar schon zwei gegründet worden), ein Museum der Westgebiete, ein Museum der Ostgebiete. Sollte es in dieser Museumslandschaft keinen Platz für ein Museum des Zweiten Weltkriegs geben, in einer Form, die von Historikern geschaffen wurde, deren Kompetenzen – abgesehen von weltanschaulichen Unterschieden – niemand in Frage gestellt hat?
> Wenn die jetzige Regierung die Eröffnung einer praktisch schon fertigen Ausstellung nicht zulassen wird, so wird dies das brutalste, beispielloseste Eingreifen in die Autonomie einer Kultureinrichtung und in den Bereich der öffentlichen Geschichte sein, die es im freien Polen gegeben hat. Eine solche Präventivzensur hat es nach 1989 nicht mehr gegeben. Früher oder später wird dies auch auf andere Einrichtungen ausstrahlen, auch auf die von der heutigen Regierung geschaffenen. Schließlich hat niemand die Ausstellung im Museum des Warschauer Aufstands verändert, eines Werks von Lech Kaczyński, dessen Direktor Abgeordneter und Politiker der PiS war. Wir sind auch gespannt, ob Minister Gliński tatsächlich radikale und administrative Maßnahmen, die eher für autoritäre Systeme denn für pluralistische Demokratien typisch sind, als den besten Weg ansieht, um das Geschichtsbewusstsein der Polen zu festigen.

Als Antwort von Minister Gliński kann man seine Rede im Sejm aus dieser Zeit ansehen:[30]

> Der Inhalt der Ausstellung eines so wichtigen Museums wie des Museums des Zweiten Weltkriegs ist keine Frage des Geschmacks von – teils sogar bedeutenden – polnischen und ausländischen Historikern oder des Geschmacks von Minis-

30 Gliński: Wystawa Muzeum II Wojny Światowej musi być zgodna z polską racją stanu. [Gliński: Die Ausstellung des Museums des Zweiten Weltkriegs muss in Einklang mit der polnischen Staatsräson stehen]. In: Polska Agencja Prasowa vom 14. September 2016.

> tern. Der Inhalt dieser Ausstellung sollte die grundlegenden Annahmen der Geschichtspolitik in Übereinstimmung mit der polnischen Staatsräson zum Ausdruck bringen [...] In dieser Konzeption muss auch in einem tieferen, umfassenderen Sinn die Haltung derjenigen Politiker ausgedrückt werden, die derzeit das gesellschaftliche Mandat für Geschichtspolitik haben.

Also die Wahlsieger haben auch das Recht dazu, museale Ausstellungen, vielleicht auch Schulbücher zu ändern. Ein solches Verständnis der öffentlichen Rolle von Geschichte und Museen beraubt sie aller Autonomie im Verhältnis zur Welt der Politik – einer Autonomie, die schließlich eines der wichtigsten Elemente des demokratischen Rechtsstaates war, in dem wir nach 1989 lebten und die ihn vom kommunistischen Polen unterschieden. In Antwort auf Argumentationen wie die des Kulturministers stellte ich oftmals die rhetorische Frage, ob wir in einem Land leben wollen, in dem nach jeden Wahlen die neue Regierung mit ihrem gesellschaftlichen Mandat den Inhalt von Ausstellungen verändert oder sogar unbequeme Museen schließt? Ich schlug den Anhängern der »Vereinigung« der Museen auch ein Gedankenspiel vor. Ich bat sie, sich eine Lage vorzustellen, in der die Stadtpräsidentin von Warschau, eine Politikerin der oppositionellen Bürgerplattform, ein Museum der Aufstandskämpfe im Stadtteil Wola gründet, das selbst keinerlei Aktivitäten an den Tag legt. Nach einigen Monaten fällt dann aber das Argument, dass es nicht rational sei, in einer Stadt zwei Museen zu haben, die sich mit derselben Thematik beschäftigen. Das neugegründete Museum solle deshalb mit dem Museum des Warschauer Aufstands vereint werden, das allgemein mit der Partei PiS in Verbindung gebracht wird, der Direktor dieses Museums würde seinen Job verlieren und die vielfach kritisierte Ausstellung würde modifiziert werden. Dies rief bei Anhängern eines gewaltsamen Vorgehens gegen das Museum des Zweiten Weltkriegs jedoch keinerlei Nachdenklichkeit hervor, vielleicht deshalb, weil sie überzeugt waren, die PiS würde für alle Zeiten an der Regierung bleiben, und weil sie nicht daran glaubten, dass ein einmal in Bewegung gesetzter Mechanismus in Zukunft auch gegen sie selbst verwendet werden könnte.

Ich lud die Rezensenten (und auch Minister Gliński) nach Danzig zu einer öffentlichen Debatte über die Ausstellung ein, ließ ihnen den frisch erschienenen Katalog zukommen und rief sie auch dazu auf, sich mit dem tatsächlichen Inhalt der Ausstellung vertraut zu machen. Anfang September erhielten wir eine ablehnende Antwort. Dies wunderte mich nicht allzu sehr. Es ist leichter, an einem Standgericht teilzunehmen als sich öffentlich den Argumenten von Historikern zu stellen, die acht Jahre lang an einer Ausstellung gearbeitet haben. Und das auch noch vor der Eröffnung eines Museums, was insgesamt mit einem ernsthaften Fragezeichen versehen war. Es gab auch keine Antwort auf den Text, den Rafał Wnuk und ich für die Rzeczpospolita geschrieben hatten. Dafür verteidigte das Kulturministerium die Rezensenten und veröffentlichte hierzu eine offizielle Erklärung. Das wissenschaftliche Werk der Rezensenten wurde hervorgehoben, unsere Antwort dagegen als »unredlich« bezeichnet. Es wurde behauptet, dass »die öffentlichen Äußerungen, die Gutachter hätten nicht alle zur Rezension nötigen Materialien verwendet, unwahr sind«. Es folgte eine Mahnung: »Der Minister für Kultur und Nationales Erbe ruft dazu auf, in der Debatte um das Museum des Zweiten Weltkriegs sachlich zu bleiben. [...] Die öffentliche Beleidigung anerkannter Historiker gehört nicht zu einer solchen Debatte.«[31]

Die aufgedeckten Rezensionen riefen in der Öffentlichkeit erhebliches Aufsehen hervor. Besonders häufig kommentiert wurden die Vorwürfe, dass das Museum zu viel Leiden zeige und ein allzu »schwarzes« Bild des Kriegs, zu wenige »lichte« oder »positive« Seiten und auch nicht das »Stählen der Charaktere«. Zu diesen An-

31 Erklärung des Ministeriums für Kultur und Nationales Erbe zu unzutreffenden Vorwürfen der Leitung des Museums des Zweiten Weltkriegs. 18. Juli 2016. www.mkidn.gov.pl; MKiDN: recenzenci wystawy Muzeum II Wojny – rzetelni i rzeczowi [MKiDN: Rezensenten der Ausstellung des Museums des Zweiten Weltkrieg – solide und sachlich]. In: Polska Agencja Prasowa vom 19. Juli 2016.

schuldigungen schrieb der Journalist und Historiker Marcin Meller in der Wochenzeitung Newsweek:[32]

> Fast ein Jahrzehnt lang habe ich die unterschiedlichsten Kriege beschrieben, vom Kaukasus über das ehemalige Jugoslawien bis nach Afrika [...]. Und nie hatte ich geeignete Worte, um die Hölle des Kriegs, das Schicksal der zwischen Gemetzel, Mord und Ausrottung irrenden Menschen zu beschreiben. Vielleicht sprechen mich deshalb alle diese historisch-militärischen Rekonstruktionen nicht an, die mir unendlich infantil und gedankenlos vorkommen. Vielleicht ertrage ich deshalb keine resoluten und optimistischen Erzählungen über den Warschauer Aufstand, den wir irgendwie fast gewonnen hätten, und es sei eben Pech, dass bei dieser Gelegenheit 200.000 Menschen ums Leben kamen. Denn im Krieg gibt es nichts Schönes. Der Krieg ist keine Fernsehserie über den Krieg, sondern eine entmenschlichte Hölle. Jetzt lese ich, dass die von Kulturminister Piotr Gliński beauftragten Rezensenten die Idee des Museums des Zweiten Weltkriegs in Danzig mit Schmutz bewerfen, weil »das Museum hauptsächlich eine Botschaft über das außerordentliche Unglück vermittelt, das der Krieg darstellt. Es werden keine positiven Eigenschaften wie Patriotismus, Selbstlosigkeit, Aufopferung hervorgehoben.« Wie oft habe ich schon Ideologen und Helfershelfer von Massakern in den unterschiedlichsten Winkeln der Welt von den »positiven Seiten« des Kriegs, vom »Stählen des Menschen« sprechen gehört, an denen den Herren Niwiński, Semka und Żaryn so liegt.

Es meldeten sich genau dazu auch Stimmen der Erlebnisgeneration zu Wort, etwa Joanna Muszkowska-Penson:[33]

32 Marcin Meller: Jak to na wojence ładnie [Wie hübsch ist's im Krieg]. In: Newsweek vom 18.–24. Juli 2016.

33 Lech Wałęsa – nie macie prawa go niszczyć. Z Joanną Muszkowską-Penson rozmawia Marek Górlikowski. [Ihr habt kein Recht Lech Wałęsa zu zer-

> Ich habe den ganzen Zweiten Weltkrieg in seinen schlimmsten Szenen gesehen [...] Schon im März 1941 wurde ich in meiner Heimatstadt Warschau wegen Untergrundarbeit [...] verhaftet. Ich habe Verhöre und Schläge im Pawiak-Gefängnis und im Gestapositz in der Schuch-Allee überlebt. Mit einem der ersten Transporte kam ich ins Lager Ravensbrück, wo ich vier Jahre blieb, bis zu seiner Schließung. Die meisten meiner Freundinnen und Freunde haben den Krieg nicht überlebt. Der Krieg vernichtet alles. Es kommt zu einer vollständigen Zerstörung. Auch psychisch. Warum soll ein junger Mensch einen anderen umbringen, den er nicht kennt und der ihm nichts getan hat? Der Krieg ist immer zutiefst unmoralisch und ungerecht. Die besten sterben. Die Mutigsten, die aus der ersten Reihe. Es gibt nichts, was so schlimm ist wie der Krieg.

Aleksander Tarnawski, der letzte lebende jener polnischen Exil-Soldaten, die mit dem Fallschirm über dem besetzten Polen absprangen, war noch deutlicher als Joanna Muszkowska-Penson. Er forderte Semka und Niwiński dazu auf, nach Syrien zu fahren, bei einer Abteilung einer der Kriegsparteien anzuheuern und am eigenen Leib zu erfahren, was der Krieg ist und wie er »stählt«.[34]
Mit Sicherheit stimmten nicht alle diesen Einschätzungen zu; die Rezensenten waren in ihrer Vorstellung über den Krieg und über seine Darstellung nicht allein. Zu einem Gralshüter der polnischen Rechten ist im letzten Jahrzehnt der Dichter und Schriftsteller Jarosław Marek Rymkiewicz geworden. In seinem Buch über den Warschauer Aufstand stellte er die These auf, dass dieses gewaltige Opfer die Polen als Nation zusammengeschweißt habe und es ihnen ermöglicht habe, die nächsten Jahrzehnte zu überstehen. Rymkiewiczs ganzes Buch ist von einer Faszination für Tod, Mas-

stören. Gespräch zwischen Joanna Muszkowska-Penson und Marek Górlikowski]. In: Gazeta Wyborcza vom 4.–5. Februar 2017.

34 Wojna o muzeum wojny [Krieg um das Musem des Kriegs]. TVN 24 vom 29. Juli 2017.

saker und die Aufopferung des eigenen Lebens für das Vaterland durchzogen.[35]

Die menschlichen Verluste und das Leiden stehen auch nicht im Zentrum des Museums des Warschauer Aufstands, das Jahr für Jahr von mehreren Hunderttausend Menschen besucht wird. Das Museum hat neben der Ausstellung von Anfang an viele Werbe- und Bildungsveranstaltungen organisiert und ein Bild des Aufstands als Aufbegehren junger, wunderbarer Menschen gezeichnet, die unter der heutigen Jugend Nachahmer finden müssten. »Das Museum zeigt seit elf Jahren den Aufstand als wunderbares Abenteuer und wird dies auch in den nächsten Jahren so zeigen«, schrieb anlässlich eines Jahrestags des Aufstands eine Journalistin der liberalen katholischen Wochenzeitung Tygodnik Powszechny.[36] Dazu kommt die immer größere Rolle des Aufstands in der Popkultur, ja geradezu die Kommerzialisierung der Erinnerung an den Aufstand: Es gibt eine wahre Flut an Malbüchern, Puzzlespielen, Bechern, T-Shirts und anderen Artikeln mit Aufstandssymbolik. Einige von ihnen werden im Aufstandsmuseum selbst verkauft. Das ist sicherlich nicht die Perspektive, über die Tomasz Łubieński in seinem Buch über den Aufstand geschrieben hat:[37]

> Für diese Legende eignen sich nicht die im Park vergewaltigten Mädchen, die auf dem Narutowicz-Platz abgeschossenen Jungen, die ermordeten Verwundeten in den Krankenhäusern, Kinder, Frauen und Greise, die nur deshalb umgebracht wurden, weil sie sich nicht rechtzeitig vor den Bomben verstecken konnten, oder weil sie zwar in die Keller gelangten, dort aber lebendig begraben oder von Granaten zerfetzt wurden, die der Feind durch die Kellerfenster warf.

35 Jarosław Marek Rymkiewicz: Kinderszenen. Warszawa 2008.

36 Kalina Błażejowska: Powstańcze przebieranki [Aufstands-Verkleidungen]. In: Tygodnik Powszechny vom 14. August 2016. Vgl. auch das Gespräch mit Jan Ołdakowski: Zakładnice opasek to nie hołd [In der Geiselhaft der Armbinden – das ist keine Ehrerbietung]. In: Gazeta Wyborcza. Magazyn Stołeczny vom 29. Juni 2016.

37 Tomasz Łubieński: Ani triumf ani zgon [Weder Triumph noch Tod]. Warszawa 2004, S. 42f.

Ein anderes Phänomen ist die in Polen – und auch europaweit – wachsende Beliebtheit historischer *Reenactments*: Tausende von Menschen ziehen Uniformen an, nehmen Waffenattrappen in die Hand und spielen Szenen aus den Kämpfen der Kriegszeit nach, oft auch aus dem Warschauer Aufstand, oder Episoden aus dem Leben der »verfemten Soldaten«. Weitere Tausende schauen sich diese Spektakel an, die Krieg und Kampf insgesamt als etwas sehr Attraktives, Aufsehenerregendes zeigen, als etwas, das die besten Charaktereigenschaften des Menschen zum Vorschein bringt. In diesem sehr oberflächlichen Bild vom Krieg gibt es keinen Ort für Reflexionen über den Preis, den man für Widerstand und Heldentum zahlt, Wunden und Tod sind etwas »Verabredetes«, Theatralisches. Dafür gibt es eine Faszination für Militaria, Uniformen und Waffen.[38] Über Ausmaße und Charakter dieses Phänomens hat sich sogar das polnische Episkopat beunruhigt gezeigt. Der Rat für gesellschaftliche Fragen bei der Polnischen Bischofskonferenz hat ein Dokument über die christliche Form von Patriotismus veröffentlicht, in dem es unter anderem an die Adresse der historischen Rekonstrukteure heißt:[39]

> Bei der Vorbereitung derartiger Inszenierungen ist an das Mysterium des menschlichen Todes und des Leidens zu denken, an Furcht und Heldentum, deren Erhabenheit und Geheimnis sich nicht immer gut in massenhaften Freiluftveranstaltungen zeigen lässt. [...] diese Inszenierungen, die notwendigerweise symbolisch und vereinfacht sind, können nicht die ganze Dramaturgie und zuweilen auch die Grausamkeit historischer Situationen ausdrücken [...].

38 Forschungen über die Szene der Rekonstrukteure sind von einem interdisziplinären Team unter Leitung des Soziologen Tomasz Szlendak unternommen worden. Vgl. Tomasz Szlendak (Hg.): Dziedzictwo w akcji. Rekonstrukcja historyczna jako sposób uczestnictwa w kulturze [Erbe in Aktion. Historisches Reenactment als Möglichkeit der kulturellen Teilhabe]. Warszawa 2012.

39 Chrześciański kształt patriotyzmu. Dokument Konferencji Episkopatu przygotowany przez Radę ds. Społecznych [Die christliche Form des Patriotismus. Erklärung des Rates für gesellschaftliche Fragen bei der Polnischen Bischofskonferenz]. 27. April 2007. http://episkopat.pl.

Ein anderer Hinweis hatte einen universelleren Charakter und bezog sich indirekt auf die Auseinandersetzung darüber, wie in unserem Museum der Krieg dargestellt wird:

> Der Krieg ist, auch wenn er oft menschliche Größe und Heldentum offenbart, keine schillernde Erzählung, kein Abenteuer, sondern ein Drama, Leiden und Übel, dem stets entgegenzuwirken ist.

Über alles hat sich zusätzlich der Kult der »verfemten Soldaten« gelegt, der seit der Regierungsübernahme Hauptbestandteil der Geschichtspolitik der PiS ist, aber auch zuvor in rechten Kreisen bereits sehr lebendig war.[40] Die Politiker des Regierungslagers und die von ihnen kontrollierten Medien lancieren auf alle erdenkliche Weise die Soldaten des Nachkriegs-Untergrunds als Vorbild für die heutigen jungen Polen und rücken alle anderen, vor allem »zivile« Arten von Vaterlandsdienst, in den Hintergrund. Es werden unzählige Konzerte, Festivals und andere Festveranstaltungen über die »Verfemten« organisiert. Es werden Filme über sie gedreht, sie werden zu Namenspatronen der neu gebildeten »Territorialverteidigung«, also freiwilliger Gruppen, die darin geschult werden, die reguläre Armee zu unterstützen. Von der ganzen komplexen Realität der 1940er Jahre ist eigentlich nur der oberste Imperativ geblieben, dass man nach Kriegsende mit der Waffe in den Wald gehen und gegen die Besatzer kämpfen musste.
Es musste zur Konfrontation zwischen diesem Verständnis und Erleben von Geschichte und der Botschaft unseres Museums kommen, denn es sollte prinzipiell nicht-militärisch sein, um sich auf die Erfahrungen der Zivilbevölkerung zu konzentrieren und den Krieg vor allem als schreckliche Tragödie darzustellen. Es ist klar, dass er auch als Zeit größten Heldentums und höchster Aufopferung gezeigt werden sollte, was die Rezensenten und andere Kritiker nicht erkennen wollten oder konnten. Im Grunde hat diese

40 Siehe Rafał Wnuk: Wokół mitu »żołnierzy wyklętych« [Über den Mythos der »verfemten Soldaten«]. In: Przegląd Polityczny Nr. 135, 2016, S. 184–187.

Auseinandersetzung aber tiefere Wurzeln und ist stärker in der polnischen Tradition verankert als die ideologischen Konflikte der letzten anderthalb Jahrzehnte. Die Literaturwissenschaftlerin Maria Janion hat vom romantischen Kult des Kampfes und der Aufstände geschrieben, die schon im 19. Jahrhundert das polnische Bewusstsein dominierten. »Entsprechend bildete sich die Überzeugung heraus, das Soldatische, Heroische und Erhabene sei dem Zivilen, Gewöhnlichen und Bodenständigen überlegen. [...] Die polnischen Positivisten, Verfechter der organischen Arbeit, betrachteten die zutiefst antizivile, romantische Haltung stets mit Argwohn«,[41] bemerkt Janion und erinnert an die Diskussionen, die sich nach jedem verlorenen Aufstand entwickelten. Doch es ist der romantische Kult der bewaffneten Tat, der in der polnischen historischen Erinnerung und im Verständnis von Patriotismus eine zentrale Rolle spielt. Der Zweite Weltkrieg hat das noch verstärkt.

Die Versuche, diese Erinnerung und dieses Verständnis um die Erfahrungen der Zivilbevölkerung zu ergänzen, stießen meist auf Widerstand, lösten zuweilen auch radikale Reaktionen der Empörung hervor. Der Schriftsteller und Literaturwissenschaftler Stefan Chwin hat sogar von einem Tabu der »zivilen Stimme« in der polnischen Kultur und Literatur gesprochen.[42] Ein aussagekräftiges Beispiel sind die Angriffe, die Miron Białoszewski nach der Veröffentlichung seiner *Erinnerungen aus dem Warschauer Aufstand* 1970 erleben musste. Man warf ihm vor, er habe nicht gekämpft (in Wahrheit hatte er sich gemeldet, war aber von der Heimatarmee nicht aufgenommen worden), dass es nur sein Ziel gewesen sei, zu überleben. Höhnisch nannte man ihn einen »Außenseiter« oder »Klein-Miron«, der nichts über den ihn umgebenden Kampf verstanden und sich nur für seine eigenen irdischen Angelegenheiten

41 Maria Janion: Krieg und Form. Aus dem Polnischen von Thomas Weiler. In: dies.: Die Polen und ihre Vampire. Studien zur Kritik kultureller Phantasmen. Herausgegeben und mit einer Einführung von Magdalena Marszałek. Berlin 2014, S. 123–209, hier S. 125, 127.

42 Stefan Chwin: Strefy chronione [Schutzzonen]. In: Res Publica vom Oktober 1995.

interessiert habe. Und auch das Zeugnis, das er ablegte, hatte für die Kritiker keine Bedeutung. Maria Janion schreibt:[43]

> Białoszewski hat die 63-tägige Gehenna der Warschauer Bevölkerung vollständig durchlebt. Wenig ist ihm dabei erspart geblieben (so ist er nicht von deutschen Panzern auf die Stellungen der Aufständischen getrieben worden, hat sich aber von denen, die dabei waren, viel darüber berichten lassen). Die Qualen der Bevölkerung lassen sich unmöglich alle aufzählen […]. In dieser Welt der Zerstörung wurden heulende Kinder getröstet mit den Worten: »Wein nicht, du lebst sowieso nicht mehr lange«.

Alles dies war jedoch irdischer, weniger wertvoll und weniger patriotisch als der bewaffnete Kampf, an dem der Erzähler und die anderen Protagonisten der *Erinnerungen* keinen Anteil genommen hatten, obwohl sie sich direkt im Zentrum des Kampfes befanden und von ihm ihr Leben abhing. Eine ähnliche Haltung lässt sich in der Kritik erkennen, ja sogar in der Verspottung unseres Museums als »Museum der Martyrologie« oder »Museum des Schicksals der Zivilbevölkerung während des Zweiten Weltkriegs«, wie dies einer der Rezensenten bezeichnet hat. Białoszewskis Perspektive galt als schlechter und nachrangiger; Rymkiewiczs Sichtweise spricht die Phantasie stärker an. Dieser warnte die Polen in seinem Buch *Kinderszenen,* sie sollten heute bereit sein, den Kampf aufzunehmen, wenn auf der Warschauer Straße Krakowskie Przedmieście so wie 1944 wieder Tiger-Panzer auftauchen sollten.[44]

Und was ist, wenn diese Panzer nicht kommen werden? Werden wir nur auf sie warten und soll diese Bereitschaft der wichtigste Maßstab sein, um Patriotismus zu messen? In unserem Museum ist einer der umfangreichsten Teile die Erzählung über den vor allem von unten, durch tausenderlei gesellschaftliche Initiativen und vor allem von Zivilisten geschaffenen Polnischen Untergrundstaat.

43 Janion: Krieg und Form, S. 197.
44 Rymkiewicz: Kinderszenen, S. 65.

Dieses Phänomen der Selbstorganisation, des Dienstes am Gemeinwohl, nicht notwendigerweise mit der Waffe in der Hand, ist immer noch viel zu wenig präsent in der polnischen historischen Erinnerung und wird verstellt von der Erzählung über die militärischen Auseinandersetzungen. Es ist auch kein starker Bestandteil des gegenwärtig dominierenden Modells von Patriotismus, in dem die tägliche Arbeit für die Gemeinschaft nicht im gleichen Maß gewürdigt wird wie die hypothetische Bereitschaft, für sie zu sterben.

Stalingrad statt Blitzkrieg

Die modifizierte Erklärung des Kulturministers über die »Vereinigung« der beiden Museen (unter Beibehaltung des Namens Museum des Zweiten Weltkriegs) wurde am 6. Mai 2016 veröffentlicht. Also hätte unser Museum schon am 5. August, nach drei Monaten, geschlossen werden können. Je näher dieser Zeitpunkt rückte, desto größer wurde die Spannung. Wir hatten keinerlei Informationen aus dem Kulturministerium, was sich genau ereignen würde. Gliński und Sellin antworteten grundsätzlich nicht auf meine Schreiben, und der Kulturminister kam auch nicht auf meine Frage zurück, die ich bei der Ausschusssitzung im Juni gestellt hatte, wie denn die Zukunft des Museums aussehen und was mit seinen Mitarbeitenden geschehen werde. Vor dem 5. August packte ich alle meine Sachen, um das Museum in dem Moment verlassen zu können, in dem das Fallbeil in Bewegung gesetzt werden würde. An diesem besagten Tag saß ich in meinem leergeräumten Büro, wartete auf Nachrichten aus dem Kulturministerium und führte Dutzende von Telefongesprächen mit Journalisten, die in den Startblöcken standen, um über die letzten Minuten aus dem Leben des Museums des Zweiten Weltkriegs zu berichten. Ich spürte, wie aufmerksam mich die Mitarbeitenden des Museums musterten, wenn sie mit aktuellen Angelegenheiten zu mir kamen oder auf dem Flur an mir vorbeiliefen. Sie warteten auf Informationen und fragten sich gewiss auch, wie ich den steigenden Druck aushalte und wie ich mich im entscheidenden Augenblick verhalten würde. Doch weder am 5. August noch in den nächsten Tagen geschah etwas. Es gab auch keinerlei Informationen aus Warschau. Die Journalisten begannen also selbst das Ministerium zu bestürmen, das als Antwort eine rätselhafte Verlautbarung veröffentlichte, dass die gesetzlichen Vorschriften

> nicht dazu verpflichten, die Entscheidung über die Vereinigung der musealen Einrichtungen sofort nach Ablauf von drei Monaten nach Bekanntmachung der Absicht der Vereinigung zu verkünden […] nach drei Monaten kann das Ministerium Maßnahmen ergreifen, die darauf abzielen, die Museen zu vereinigen, darunter auch den Termin hierfür festlegen. Derzeit bereitet sich der Minister für Kultur und Nationales Erbe darauf vor, eine entsprechende Verordnung zu erlassen.

Das war alles, was über unsere Zukunft bekannt war. Es blieb uns nur übrig, unsere Arbeit fortzusetzen, Entscheidungen zu fällen, die die Ausgabe von zig Millionen Euro betrafen, dafür die Verantwortung zu übernehmen und abzuwarten, dass zu einem nicht näher präzisierten Zeitpunkt, prinzipiell aber zu jeder Zeit, wahrscheinlich in nächster Minute, dies alles unterbrochen werden würde. Im August begann gerade der Aufbau der Ausstellung im Museumsgebäude, einer der wichtigsten Abschnitte des gesamten Unternehmens. Ich glaube nicht, dass irgendeine andere große öffentliche Investition, die sich zudem in einem neuralgischen Augenblick ihres Entstehens befand, jemals von der Regierung ihres eigenen Landes so behandelt worden ist, weder in Polen noch in der Europäischen Union.

Auf jeden Fall schien es, dass uns nicht mehr als einige Wochen blieben, die wir vielleicht aufgrund des Sommerurlaubs erhielten, den sogar die regierenden Vertreter des »guten Wandels« nahmen. Von unserem Standpunkt aus war es wichtig, dass wir in diesen wenigen Monaten seit der Entscheidung über die Schließung des Museums den Katalog der Hauptausstellung hatten veröffentlichen und verschicken konnten, dass wir die Aufdeckung der *Rezensionen* herbeigeführt hatten und öffentlich über die Form der Ausstellung diskutierten. Von Schlüsselbedeutung war, dass nun die Montage der Ausstellung begann, was es noch weiter erschweren würde, sie

zu verändern, sollte die Regierung der PiS sich tatsächlich dazu entschließen.
In dieser sehr nervenaufreibenden Zeit der völligen Ungewissheit erhielten wir von ganz unerwarteter Seite Unterstützung. Der konservative Historiker Andrzej Nowak schlug Timothy Snyder vor, einen gemeinsamen Aufruf an die Regierung zu verfassen, dass man uns erlauben möge, das Museum und die Ausstellung in der von uns vorbereiteten Form zu eröffnen. Er wurde am 13. August 2016 gleichzeitig in vielen Zeitungen und Internetportalen veröffentlicht, sowohl in regierungskritischen als auch in regierungsfreundlichen Medien, selbst in denen, die sich in der Kampagne gegen das Museum engagiert hatten:[45]

> Es ist ganz normal, dass sich Historiker bei der Interpretation der Vergangenheit unterscheiden, auch bei ihrem Urteil über die Gegenwart. Das betrifft ebenso die beiden Unterzeichner. Genauso stellen auch Geschichtsmuseen in Polen und in anderen Ländern unterschiedliche Vergangenheitsbilder dar. Keiner von uns würde die Ausstellung im Museum des Zweiten Weltkriegs genau so planen, wie sie heute aussieht. Wir beide denken aber, dass die Ausstellung sowohl die historische Wahrheit hinsichtlich des allgemeinen Bilds vom Krieg als auch des besonderen Platzes Polens darin abbildet. Wir stimmen darin überein, dass das Museum des Zweiten Weltkriegs in seiner gegenwärtigen Form eine außergewöhnliche Chance für die Polen sein könnte, um etwas über den Krieg außerhalb Polens zu erfahren, und für die ausländischen Besucher, um die polnische Geschichte kennenzulernen. Als Mitglied des Programmbeirats des Museums des Zweiten Weltkriegs (Snyder) sowie als polnischer Historiker, der keine Verbindung mit diesem Vorhaben hat (Nowak), möchten wir

45 Prof. Andrzej Nowak i Timothy Snyder bronią Muzeum II Wojny Światowej: »Wystawa ta oddaje prawdę historyczną«. [Prof. Andrzej Nowak und Timothy Snyder verteidigen das Museum des Zweiten Weltkriegs: Diese Ausstellung zeigt die historische Wahrheit]. In: Gazeta Wyborcza vom 13. August 2016.

> unserer gemeinsamen Hoffnung Ausdruck verleihen, dass das Museum und seine Ausstellung abgeschlossen und den bisherigen Plänen entsprechend eröffnet werden.

Der Yale-Professor Snyder ist einer der bekanntesten Historiker der Welt, die sich mit dem Zweiten Weltkrieg, den Totalitarismen und Ostmitteleuropa beschäftigen. Nowak, Professor an der Krakauer Jagiellonen-Universität und am Institut für Geschichte der Polnischen Akademie der Wissenschaften, ist ein sehr guter Kenner der polnisch-russischen Beziehungen und Autor geschätzter Arbeiten vor allem über das 19. und den Beginn des 20. Jahrhunderts. Was von besonderer Bedeutung war – er ist auch eine der wichtigsten intellektuellen Autoritäten der polnischen Rechten. In publizistischen Beiträgen hat er viel über das erwünschte Modell von Patriotismus und über Geschichtspolitik geschrieben, wobei er konservative Modelle unterstützte, oft auch ganz direkt die PiS. Er war außerdem einer der schärfsten Kritiker der Dritten Republik und der Regierung der Bürgerplattform, der er vorwarf, die polnische Identität abgelegt zu haben. Seine Diagnosen wurden von Politikern der PiS aufgegriffen und Präsident Duda ernannte ihn zum Mitglied des Nationalen Entwicklungsrats. Wenn nun eine solche Persönlichkeit das Museum des Zweiten Weltkriegs verteidigte, so hatte dies große Bedeutung. Es handelte sich um den ersten Bruch in der bis dahin fast einheitlichen Front beim Kampf der Rechten gegen das Museum. Die Überraschung war groß, und Nowak wurde trotz seiner Verdienste in den rechten Internetportalen von einer Hasswelle überrollt, ja man bezichtigte ihn dort sogar des Verrats. Für mich war dieser Aufruf auch aus einem anderen Grund wichtig: Wegen unser älteren Auseinandersetzung mit Nowak über die erwünschte Form der historischen Erinnerung, deren Symbole Westerplatte und Jedwabne waren. Dies war öffentlich oft aufgegriffen worden, als zwei sich stark voneinander unterscheidende, ja nach der Meinung einiger geradezu gegensätzliche Sichtweisen von Geschichte, der öffentlichen Aufgabe von Geschichte und von Erinnerungspolitik.

Der Aufruf von Nowak und Snyder wurde jedoch von Gliński und Sellin vollständig ignoriert, so wie auch die vorherigen Appelle von Historikern und Veteranen. Am 6. September 2016 folgte dann das, was alle erwartet hatten. Minister Gliński unterschrieb eine Verordnung über die »Vereinigung« der beiden Museen und über das Entstehen eines »neuen« Museums des Zweiten Weltkriegs. So wie zuvor wurden wir auch diesmal nicht vorgewarnt, das Ministerium veröffentlichte seine Verordnung in den Abendstunden auf seiner Homepage und ich erfuhr davon wieder einmal telefonisch von Janusz Marszalec, diesmal im Zug von Warschau nach Danzig. Die »Vereinigung« sollte am 1. Dezember 2016 vollzogen werden. Der Minister präzisierte, welche Ziele das neue, von ihm gegründete Museum haben sollte. Es sollte vor allem[46]

> [...] Exponate sammeln und Wissen über die Geschichte des Polnischen Verteidigungskriegs 1939 als Beginn des globalen Konflikts des Zweiten Weltkriegs verbreiten, über die militärischen und patriotischen Traditionen sowie über die Geschichte und die Leistungen der Polnischen Armee der Zweiten Republik, mit besonderer Berücksichtigung:
> a) des Schicksals des Munitionslagers von Beginn seines Bestehens bis zum Ende des 20. Jahrhunderts, darunter seiner heldenhaften Verteidigung im September 1939,
> b) des Widerstands des Polnischen Soldaten gegen die Aggressoren, das Dritte Reich und seine Verbündeten sowie die Union Sozialistischer Sowjetrepubliken,
> [...] des Schutzes, der Erhaltung und der Revitalisierung des Gebäudekomplexes militärischer Architektur auf dem Gebiet der Westerplatte.

46 Verordnung des Ministers für Kultur und Nationales Erbe vom 6. September 2016 über die Vereinigung staatlicher Kultureinrichtungen – des Museums des Zweiten Weltkriegs in Danzig und des Museums Westerplatte und Krieg von 1939 sowie über die Errichtung einer staatlichen Kultureinrichtung, des Museums des Zweiten Weltkriegs in Danzig. www.mkidn.gov.pl.

Dies bedeutete, dass das neue Museum sich fast ausschließlich mit militärischen Dingen befassen sollte. Sollte es tatsächlich so weit kommen, so hätte ein größerer Teil der Ausstellung keine Daseinsberechtigung – ebenso, wie die meisten Exponate, die dafür vorgesehen waren, nie das Licht der Welt erblicken würden. Denn sie hätten nicht zu einem in dieser Weise formulierten Profil eines Militärmuseums gepasst. Obwohl der bisherige Name erhalten blieb, wäre es also ein Museum hauptsächlich über Westerplatte und Septemberkrieg, und zwar in einem gigantischen Gebäude, das für viel umfassendere Zwecke errichtet worden war. Die gesamte »internationale« und »zivile« Dimension des Museums, die von Anfang an so verbissen angegriffen worden waren, wären schlicht und einfach verschwunden.

Wir überlegten uns, wie sich Gliński und Sellin dies alles überhaupt vorstellten. Sollten die schon hergestellten Ausstellungselemente, die in einigen Fällen bereits aufgebaut waren, beseitigt und zerstört werden? Was würde mit dem fertigen, detaillierten Plan der gesamten Ausstellung geschehen, dessen Entstehung so viel Arbeit und Geld verschlungen hatte? Die einzige Antwort, die wir uns denken konnten, war die – es würde alles auf den Müll geworfen werden. Doch glaube ich – und die folgenden Ereignisse deuteten darauf hin –, dass die Spitze des Ministeriums sich diese Fragen gar nicht stellte, ja sie wussten noch nicht einmal, wie weit die Herstellung und Montage unserer Ausstellung schon vorangeschritten war. Sie hatten nicht die geringste Ahnung, was die Schaffung eines Museums bedeutet, sondern es war ihnen einzig daran gelegen, so schnell wie möglich mich und meine Mitarbeitenden loszuwerden. Sie müssen sicherlich gedacht haben, dass sie dies noch vor der Herstellung und dem Aufbau der Ausstellung schaffen würden. Sie hätten dann nämlich erklären können, dass sie das Museum für das »Polentum« gerettet hätten. Man hätte dann auch einen Großteil der von uns schon geleisteten Arbeit nutzen können, um das Endergebnis als Werk der neuen Herren darzustellen. Die Zeit bis zum 1. Dezember war nötig, um die Vereinigung juristisch und materiell vorzubereiten, unter anderem durch eine Inventarisierung unseres Vermögens, was eine gesetzliche Vorschrift war, die jedoch ange-

sichts der andauernden Bauarbeiten und der Herstellung der Ausstellung völlig unausführbar war. Das bedachte das Ministerium offensichtlich gar nicht.
Die Veröffentlichung der Verordnung hatte für uns aber auch eine positive Folge. Man konnte beim Verwaltungsgericht dagegen klagen, was zuvor in Bezug auf die ministerialen Absichtserklärungen nicht möglich gewesen war. Wir waren überzeugt, dass die Aktivitäten des Kulturministers gesetzwidrig waren, nun konnten wir unsere Argumente in einer Klage vor dem Woiwodschafts-Verwaltungsgericht präsentieren. Wir warfen dem Kulturminister vor, das Gesetz über die Museen verletzt zu haben. Vor allem hatte er nicht die gesetzlich erforderte positive Stellungnahme des Museumsrates eingeholt (dieser Rat besteht aus den Direktoren der wichtigsten Museen Polens), der die Pflicht hat, sich zu jeder geplanten Verbindung von Museen zu äußern. Ich bin sicher, dass dieses Übergehen von Minister Gliński beabsichtigt war, der sich schon denken konnte, dass die Museumsfachleute sein Vorgehen nicht unterstützen würden. Der Museumsrat hatte sich im Übrigen auf eigene Initiative schon im Juni 2016 hierzu geäußert – einstimmig negativ.[47] Der Minister setzte sich darüber hinweg.
Das Gesetz sagte auch, dass es nur dann zur Vereinigung von Museen kommen kann, wenn dieser Schritt das Bestehen und die Ausübung der bisherigen Aufgaben der betroffenen Institutionen nicht beeinträchtigen würde. Wir wiesen darauf hin, dass in unserem Fall die Verwirklichung des ministerialen Plans ein großes Chaos und Verzögerungen in der entscheidenden Endphase des Baus und der Montage der Ausstellung hervorrufen würde. Sie würde außerdem zu einer fundamentalen Verengung des Profils der neuen Institution führen (zu einem Museum der polnischen Waffentaten und nicht eines globalen Konflikts). Man müsse mit sehr erheblichen finanziellen Verlusten rechnen, die sich aus der notwendigerweise zu ändernden Ausstellung und der Beseitigung schon fertiger Teile ergaben.

47 Beschluss Nr. 2 des Museumsrates. 27. Juni 2016.

Eine andere offensichtliche »Beeinträchtigung« wäre der Zerfall der Exponatensammlung. Wie ich dem Gericht schrieb:[48]

> Schon jetzt kündigen viele Schenker an, ihre Exponate zurückzuziehen, auch diejenigen, die Teil der Dauerausstellung sein sollen, wenn die Zukunft des Museums des Zweiten Weltkriegs in seiner bisherigen Gestalt gefährdet sein sollte. Dies würde den integralen Charakter der Dauerausstellung bedrohen, der Öffentlichkeit die Möglichkeit nehmen, einzigartige Exponate von enormem historischem Wert kennenzulernen und wäre auch eine Gefahr für diese Exponate. Viele von ihnen müssen umgehend im Museum konserviert werden. Die Schenker haben den Menschen vertraut, die ein konkretes Museum aufgebaut haben, dessen Form sie kannten und akzeptierten. Ihr Vertrauen wurde viele Jahre lang erworben, man kann es aber blitzschnell infolge nicht durchdachter institutioneller Veränderungen verlieren.

Eine Klage reichte auch die Stadt Danzig bei Gericht ein, die unter anderem auf die gewaltigen finanziellen Verluste für den Fiskus hinwies, zu denen es kommen würde, sollte die Schenkung des Grundstücks zurückgenommen werden. Die größte Bedeutung hatte jedoch die dritte Klage, die von einem Verfassungsorgan eingereicht wurde, dem Ombudsmann für Bürgerrechte Adam Bodnar. Er wies darauf hin, dass die Verordnung des Ministers viele rechtliche Vorschriften verletzte, darunter sogar die Verfassung. Bodnar argumentierte, dass die Verordnung des Ministers[49]

> dem aus Art. 2 der Verfassung der Republik Polen hervorgehenden Prinzip des Vertrauens der Bürger zum Staat und zum Recht widerspricht. Dieses Verfassungsprinzip geht davon aus, dass die Bürger beim Prozess der Entstehung des Rechts sowie seiner Anwendung das Recht auf volle Kenntnis der

48 Klage des Direktors des Zweiten Weltkriegs gegen die Verordnung des Ministers für Kultur und Nationales Erbe. 21. September 2016.

49 Klage des Ombudsmanns für Bürgerfragen. 20. Oktober 2016.

> Voraussetzungen für das Handeln öffentlicher Staatsorgane haben. Dieses Recht wird – so wie im vorliegenden Fall – dann verletzt, wenn ein öffentliches Staatsorgan eine Entscheidung trifft, ohne die wahren und tatsächlichen Ursachen für seine Entscheidung offenzulegen.

Der Ombudsmann für Bürgerrechte warf dem Minister vor, dass die von ihm angegebenen Gründe für die Vereinigung der Museen »einen vorgeblichen Charakter haben und nicht dem tatsächlichen Stand der Tatsachen entsprechen […] Schließlich gründet man kein staatliches Museum nur deshalb, um nach knapp vier Monaten seine Auflösung durch Vereinigung herbeizuführen.« Er wies auch darauf hin, dass das Argument über die Nutzung des Potentials zweier Museen unwahr sei, da im Augenblick der Verkündigung der ministerialen Absicht das »Museum Westerplatte und Krieg von 1939« über »kein Potential verfügte, das hätte optimal genutzt werden können«.
Die Klage des Ombudsmanns war für den Kulturminister auch deshalb vernichtend, weil sie den Katalog der Rechtsbrüche im Vergleich zu den vom Weltkriegsmuseum und von der Stadt Danzig erhobenen Vorwürfen deutlich vergrößerte, aber auch weil sie die Manipulation von Recht und Öffentlichkeit, die mit voller Absicht eingesetzt wurde, direkt aufdeckte. Es war also nicht überraschend, dass nicht mehr nur ich, sondern auch Adam Bodnar zum Gegenstand immer aggressiverer Attacken von Seiten Glińskis und Sellins wurde.
Der von Gliński in Gang gesetzte »Liquidationsmechanismus« funktionierte jedoch unabhängig von den eingereichten Klagen. Im Museum fand sich Zbigniew Wawer ein, ein Militärhistoriker und Spezialist für Monte Cassino und das 2. Korps, den Gliński zu seinem Bevollmächtigten zur Vereinigung der Museen ernannt hatte. Wir kannten ihn unter anderem daher, weil er uns als Sammler zu Beginn unserer Arbeit Uniformen verkauft hatte. Unsere Überraschung war groß, da Wawer kein PiS-Mitglied war, auch war sein Vertrag als Direktor des Museums der Polnischen Armee nicht verlängert worden. Er hatte damals seine Enttäuschung nicht ver-

borgen und dies im Gespräch mit Piotr M. Majewski sarkastisch so kommentiert, dass er wohl auf zu vielen Fotos gemeinsam mit dem der Bürgerplattform angehörigen Staatspräsident Bronisław Komorowski zu sehen war, um noch das Wohlwollen des rechten Lagers zu genießen. Nun aber war er bereit, als »Liquidator« tätig zu werden und kam in Begleitung einiger Juristen ins Museum. Sellin hatte den Medien noch mitgeteilt, dass Zbigniew Wawer entscheiden würde, wann und in welcher Form das Museum eröffnet werden würde, was bedeutete, dass er eine wichtige Rolle spielen sollte.

Eine halbe Stunde vor seinem Eintreffen erfuhr ich, dass vor dem Eingang ins Museum eine Demonstration des Komitees für die Verteidigung der Demokratie KOD auf ihn wartete und dass unsere Tür in der Langgasse im Herzen der Rechtsstadt mit Transparenten behängt war, auf denen unter anderem zu lesen war: »Herr Wawer, seien Sie ein Ehrenmann!« Wir baten die Leute von KOD, auf die Demonstration zu verzichten und entfernten die Spruchbänder selbst, da sie den »Liquidator« hätten beleidigen können. Der Besuch war natürlich sehr unangenehm. Es war so, als würden lebendige Menschen, die in hitzige Aktivität vertieft sind, von Totengräben aufgesucht werden, um die Einzelheiten ihrer Bestattung zu besprechen. Damit verbunden waren auch kuriose, gar groteske Elemente. Die »Gäste« gestanden selbst ein, dass sie nicht wüssten, wie sie die »Vereinigung« der Museen herbeiführen sollten. Sie verbargen auch nicht, dass das Westerplatte-Museum ein völlig hohles Geschöpf sei und dass es auf dieser Seite eigentlich nichts gäbe, was man hätte vereinigen können. Das einzige, was ihnen in den Kopf kam, waren Analogien zur Vereinigung von Handelsgesellschaften. Wir informierten sie, dass Bautätigkeit, Produktion und Aufbau andauerten, weshalb die vom Gesetz verlangte Inventarisierung unseres Vermögens praktisch unmöglich sei: Die Situation auf der Baustelle veränderte sich täglich, es wurden neue Elemente hingebracht und montiert, während ein Teil der Produktion bei Subunternehmen an Dutzenden von Orten außerhalb von Danzig erfolgte. Die Durchführung einer Inventur hätte es erfordert, alle Arbeiten mindestens für einen Monat einzustellen, was geringstenfalls Hunderttausende an Verlusten bedeutet hätte (u.a. durch Vertragsstrafen), wofür ich keine Verantwortung übernehmen wollte. Unsere Gesprächspartner gaben zu, dass dies tatsächlich ein Problem sein könne. Ich appellierte, den Termin der »Vereinigung« der Museen zu verschieben, damit wir zuvor den Bau beenden konnten. Ich versuchte sie zu überzeugen, dass die formale Auflösung einer Einrichtung, die die landesweit größte kulturelle Investition durchführte, ein Irrsinn sei und zu einem unvorstellbaren Chaos führen müsse. Wawer lehnte jedoch ab, als ich ihm vorschlug, die Baustelle zu besuchen, damit er sich ein Bild darüber machen konnte, was er eigentlich unterbrechen möchte. Er entgegnete, dass ihn dies überhaupt nicht interessiere; seine Mission sei lediglich die »Vereinigung«. Galant erklärte er auch, dass er nicht an meinem Posten interessiert sei, da er Warschau nicht verlassen wolle. Er kündigte aber an, dass ihm die Regierung eine andere, wichtige Aufgabe übertragen werde.

Sein Team bestand aus zehn Personen, neben Juristen aus Buchhaltern und Museumsfachleuten, die aus verschiedenen Institutionen zusammengezogen worden waren. Besonders stark vertreten war aus einem mir unbekannten Grund das Museum des Masowischen Adels in Ciechanów. Ein anderer weigerte sich, sich vorzustellen und zu sagen, wo er arbeite; er beschränkte sich darauf zu wiederholen, dass es sich um die »öffentliche Verwaltung im weitesten Sinne« handele. Es war klar, dass er die Geheimdienste repräsentierte, was uns vielleicht zusätzlich einschüchtern sollte. In den nächsten Monaten stahlen sie uns Zeit und beschäftigten uns, indem sie die Inventur durchführten, alle finanziellen Operationen untersuchten und Mitarbeitende von dringenden Aufgaben auf der Baustelle und bei der Ausstellung abzogen. Aus Informationen, die wir vom Kulturministerium (durch eine Anfrage im Sejm) erhielten, ging hervor, dass die Arbeiten des Wawer-Teams den polnischen Steuerzahler alleine bis zum 30. November 2016 an die 50.000 Euro kosten würden.[50] Damit zeigte sich ein weiteres Mal,

50 Adam Leszczyński: Koszt likwidacji Muzeum II WŚ [Kosten der Liquidation des Museums des Zweiten Weltkriegs]. In: Gazeta Wyborcza vom 29. September 2016.

dass die Argumente, es gehe bei der Vereinigung der Museen um Einsparungen öffentlicher Mittel, unwahr waren. Vorerst wurden immer höhere Summen aufgewendet, um uns aufzulösen. Wir berechneten, dass dies zusammen mit den Kosten für den Betrieb des »virtuellen« Westerplatte-Museums bis Herbst 2016 schon mehr als 250.000 Euro waren. Der »Liquidator« selbst wurde einige Monate später Direktor des wichtigen Museums im Łazienki-Park in Warschau. Um für ihn Platz zu machen, wurde der bisherige Direktor rechtswidrig vor dem Ende seiner Amtszeit abberufen. Wir bewunderten Zbigniew Wawer, der sich als ein wahrer Renaissance-Mensch herausstellte: Er war nicht nur ein Fachmann für die Schlacht bei Monte Cassino, sondern – was neu war – offensichtlich auch für die mit dem königlichen Łazienki-Park verbundene Kunst und Kultur der Aufklärung.

Ich übermittelte Wawer ein Dokument, das wir vom Generalunternehmer der Bauarbeiten sowie vom Produzenten der Ausstellung erhalten hatten und in dem die Verluste taxiert wurden, die unweigerlich eintreten würden, müssten die Arbeiten eingestellt werden, um eine Inventur durchzuführen. Einige Tage später beschloss Minister Gliński, den Termin zur Vereinigung der Museen vom 1. Dezember 2016 auf den 1. Februar 2017 zu verschieben. Offensichtlich hatte er Angst davor, für erhebliche finanzielle Verluste verantwortlich zu sein, die später einmal, wenn die PiS nicht mehr regieren würde, sogar zu strafrechtlichen Konsequenzen führen könnten. Wieder einmal erfuhren wir von der Entscheidung des Ministers von der Homepage seines Ressorts. Diese ganze Situation zeigte die völlige Inkompetenz der Leitung des Kulturministeriums, die die Konsequenzen ihres Tuns nicht vorhersehen konnte, sie hatte keinerlei Wissen über die tatsächliche Situation des Museums und war auch gar nicht daran interessiert. Gliński und Sellin waren trotz meiner oftmaligen Einladung nie ins Museum gekommen, sie hatten weder den Bau noch die Ausstellung mit eigenen Augen gesehen, die in den letzten Monaten des Jahres 2016 im Gebäude in immer größerem Tempo Gestalt annahm.

Insgesamt hatten wir aber zwei weitere Monate gewonnen. In einem Anflug von Galgenhumor spotteten wir über die Unfähigkeit der Minister, die nicht in der Lage waren, den Verurteilten richtig aufzuknüpfen, der seinen Kopf immer wieder aus der Schlinge zieht. Im November kam es ganz unerwartet zu einer weiteren günstigen Wendung für uns. Das Woiwodschafts-Verwaltungsgericht in Warschau ordnete an, die Umsetzung der Verordnung des Ministers über die Vereinigung der Museen mit sofortiger Wirkung einzustellen, bis die eingereichten Klagen rechtsgültig entschieden seien. Dies hatten sowohl ich als auch die Stadt Danzig sowie der Ombudsmann für Bürgerrechte beantragt. Wir hatten auf die negativen und unmöglich bzw. schwer rückgängig zu machenden Folgen hingewiesen (neben dem Zerfall der Exponatensammlung und den Veränderungen in der Ausstellung auch die Beseitigung des bisherigen Arbeitgebers aller im Weltkriegsmuseum beschäftigten Personen), wenn es zu dieser Vereinigung kommen würde. Wäre sie anschließend im Urteil als widerrechtlich anerkannt worden, hätte das Gericht die Wiederherstellung des vorherigen Zustands anordnen müssen, was natürlich nur höchst schwierig zu bewerkstelligen gewesen wäre.

Minister Gliński legte beim Obersten Verwaltungsgericht Berufung ein, der Prozess ging also weiter, doch wir gewannen weitere Argumente und das Allerkostbarste – Zeit. Wir schienen eine Chance zu haben, das Gebäude und den Aufbau der Ausstellung abschließen zu können, vielleicht könnten wir die Ausstellung sogar der Öffentlichkeit präsentieren, was noch im April völlig unmöglich erschienen war. Im November sagte ich in einem Gespräch mit einer Journalistin der New York Times, die Regierung habe damit gerechnet, dass der »geniale« Trick mit der Vereinigung der Museen eine blitzschnelle Übernahme des Museums und seine Neuausrichtung ermöglichen würde. Doch habe sich herausgestellt, dass wir hartnäckigen Widerstand leisteten. Anstelle eines »Blitzkriegs«, auf den Minister Gliński und Staatssekretär Sellin spekuliert hatten, erhielten sie »Stalingrad«, in dem sich ein verbissener Kampf um jede Straße und jedes Haus abspielte.[51]

51 Rachel Donadio: A Museum Becomes a Battlefield Over Poland's History. In: New York Times vom 9. November 2016.

Das Fiasko der ministerialen Offensive wurde auch von der Öffentlichkeit immer deutlicher wahrgenommen. Es handelte sich um einen der wenigen Erfolge, bei dem es gelungen war, die Dampfwalze der PiS aufzuhalten, die in beeindruckendem Tempo viele andere Institutionen zerstörte, darunter das Verfassungsgericht. Ich glaube, dass Jarosław Kaczyński persönlich unzufrieden war mit dem äußerst ungeschickten Vorgehen des Kulturministers, da der Parteivorsitzende sich oftmals für unser Haus interessiert hatte. Das Ergebnis war eine immer schärfere Sprache und unverhohlene Aggression gegenüber dem Museum und meiner Person, die zu meiner nicht geringen Überraschung zu einem Hauptfeind der Regierung wurde. Es änderten sich die Akzente in der gegen uns geführten Kampagne. Nachdem wir den Ausstellungskatalog in vielen Exemplaren verschickt hatten und belegten, wie die Ausstellung tatsächlich aussehen würde, konnte man uns kaum mehr vorwerfen – zumindest wenn man die Grundelemente der Logik einhalten wollte –, dass es sich um ein »kosmopolitisches«, »unpolnisches« Museum handele. Die Aufdeckung der Rezensionen hatte gezeigt, wie banal diese Vorwürfe waren; in den Augen der Öffentlichkeit kompromittierten sie eher ihre Verfasser, was sich wohl auch Minister Gliński bewusst machen musste. Das Ministerium ging also dazu über, mich persönlich durch Vorwürfe über angebliche Unregelmäßigkeiten beim Museumsbau zu diskreditieren. Der Minister schickte zehn Kontrolleure ins Museum, die einige Monate lang ganze Stapel von Dokumenten durchsahen und alle möglichen Verfehlungen suchten. Zweitweise lähmten sie die Arbeit der Finanz- und der Investitionsabteilung, deren Mitarbeitende auf dem Höhepunkt der Bauarbeiten auf jeden Zuruf hin Tausende von Dokumenten heraussuchen mussten, oft viele Jahre alte Papiere, und sofort auf Dutzende formaler Fragen zu antworten hatten. Anschließend wiederholte sich diese Lähmung durch völlig unnötige Dinge während des Einsatzes von »Liquidator« Wawer.

Chef des Kontrollteams war der langjährige Direktor der Finanzabteilung des Ministeriums für Kultur und Nationales Erbe, Wojciech Kwiatkowski, der von Anfang an im Ministerium für die Aufsicht über unsere Investition zuständig gewesen war und zahlreiche diesbezügliche Entscheidungen getroffen hatte, mit einem Wort also mitverantwortlich war. Nun warf er uns ohne mit der Wimper zu zucken fundamentale Unregelmäßigkeiten in Dingen vor, denen er selbst zuvor (schriftlich) zugestimmt hatte. Endlich verstand ich, worauf die Kunst des Überlebens beruhte und wie es Direktor Kwiatkowski gelungen war, seinen Posten mehr als zehn Jahre lang zu behalten und dabei viele Minister und viele Regierungsparteien zu überstehen.

Es war für mich von Anfang an klar, dass die Kontrolle dazu diente, kompromittierendes Material gegen uns zu finden, doch blieb ich dabei ganz ruhig. Unlängst war im Museum eine viele Monate währende, detaillierte Kontrolle des Obersten Rechnungshofes zu Ende gegangen, die dieselben Fragen betraf, die nun von den Minister Gliński unterstehenden Beamten erforscht wurden. Gliński und auch alle interessierten Journalisten verwies ich auf die Dokumentation des Rechnungshofes. In seinem Schlussbericht vom Dezember 2015 bestätigte dieser die »Sachlichkeit, Wirtschaftlichkeit und Sinnhaftigkeit der Aktivitäten des Museums«[52].

Nun wurden alle Vektoren umgekehrt: Was Gegenstand des positiven Urteils eines unabhängigen Verfassungsorgans war, das der Kontrolle öffentlicher Einrichtungen dient, wurde nun von den Ministerialbeamten gebrandmarkt und weithin kolportiert. Die besten Kräfte wurden an die Museumsfront beordert. Die Vorwürfe des Ministers wurden in der rechten Gazeta Polska vom Enthüllungsjournalisten Piotr Nisztor dargestellt, in einem umfangreichen Text mit dem dramatischen Titel *Das überbezahlteste Museum in Polen*.[53] Seine Rolle beschränkte sich darauf, Fragmente des ihm vom Ministerium übersandten Nachprüfprotokolls abzuschreiben, wobei er dieses wohl nicht wirklich verstand. Weitere Monate lang bemühten sich die Ministerialbeamten, Minister Gliński und Staatssekretär Sellin, mich als einen Menschen darzustellen, der sich ernste Unregelmäßigkeiten zuschulden habe kommen lassen,

52 Berichte des Obersten Rechnungshofes sind auf dessen Homepage www.nik.gov.pl einsehbar.

53 Piotr Nisztor: Najbardziej przepłacone muzeum w Polsce [Das überbezahlteste Museum in Polen]. In: Gazeta Polska vom 21. Dezember 2016.

der um jeden Preis der Verantwortung entkommen wolle, weshalb er den ganzen Kampf um das Museum führe. So antwortete Sellin Jerzy Halberstadt, dem stellvertretenden Vorsitzenden der polnischen Sektion von ICOM (Internationaler Museumsrat), auf einen Aufruf zur Verteidigung des Museums, der von weit mehr als hundert polnischen Museumsfachleuten unterzeichnet worden war: Der Konflikt »betrifft keinesfalls, so wie es der derzeitige Museumsdirektor nahelegt, den Inhalt der Hauptausstellung, sondern ergibt sich aus Unregelmäßigkeiten bei der Durchführung der Investition, die unter anderem bei einer Kontrolle des Obersten Rechnungshofes festgestellt wurden«.[54] Sellin muss sich absolut bewusst gewesen sein, dass der Bericht des Obersten Rechnungshofes ein ganz anderes Urteil über die von mir geleitete Investition enthielt, doch am interessantesten ist wohl, dass er so tat, als habe es zuvor keine Angriffe auf die Form der Ausstellung gegeben, auch nicht durch ihn selbst.

Einen Frontalangriff aufgrund der »Unregelmäßigkeiten« unternahm Kulturminister Gliński persönlich, mit Unterstützung von PiS-Senatoren bei einer Sitzung des Senatsausschusses für Kultur und Medien. Er stellte im Einzelnen elf Vorwürfe aus der »Kontrolle« vor, was zeitweise geradezu surrealistisch klang: »Die Kontrolleure stellten die Verantwortlichkeit der Museumsleitung für die Planung eines Objekts fest, das fehlerhaft ist und ungünstigen atmosphärischen Bedingungen nicht standhält«, las der Kulturminister vom Zettel ab und wiederholte auch die Vorwürfe, das Museum sei in einem »Hafenbecken« errichtet worden, was keinerlei faktische Grundlage hat. Senator Czesław Ryszka äußerte seine Bedenken um die »Sicherheit der Sammlungen und um die Sicherheit der Besucher, weil sich der Ausstellungssaal 17m unter der Erde befindet, es gibt Wassereinbrüche«.[55]

Ich antwortete auf alle Vorwürfe bautechnischer Natur. Ich versicherte, dass die Exponate und die Menschen sicher sind, obwohl

54 Schreiben von Staatssekretär Sellin an Jerzy Halbersztadt, 7. März 2017.

55 Senat der Republik Polen. Stenographischer Bericht. Sitzung der Kommission für Kultur und Medien (Nr. 31) am 26. Oktober 2016, 9. Legislaturperiode. www.senat.gov.pl/prace/komisje-senackie/przebieg,6816,1.html (19.2.2018).

ich in diesem Augenblick den Eindruck hatte, an einem absurden Theaterstück teilzunehmen. Wie man in Danzig baut und welches die geologischen Verhältnisse sind, erläuterte den Anwesenden anschließend Rechtsanwalt Jacek Taylor, in der Volksrepublik Verteidiger in politischen Prozessen, der nun als Mitglied des Treuhänderrats des Museums mit großem Engagement dessen Verteidigung betrieb:

> Sie haben oftmals von der Lage gesprochen, die sozusagen Ergebnis von irgendjemandes Schuld sei. Ich möchte sofort darauf antworten, dass auch die dem Vernehmen nach größte Backsteinkirche Europas, die Marienkirche, nicht besser gelegen ist, die seit 500 Jahren auf Pfählen steht, so wie auch viele Gebäude in der Nachbarschaft des entstehenden, fast schon fertiggestellten Museums des Zweiten Weltkriegs.

Vor allem aber erinnerte ich an die für das Museum positiven Ergebnisse der vom Obersten Rechnungshof durchgeführten Kontrolle. Sie wurden von Minister Gliński in Frage gestellt, der unterstellte, der Bericht sei »abgekartet« gewesen, auch wenn er nicht erklärte, von wem und auf welche Weise. Er stellte auch die Absichten des Ombudsmanns für Bürgerrechte in Frage und warf ihm bei seiner Klage gegen die Vereinigung der Museen politische Motive vor.
Es gab zudem eine Litanei der traditionellen, persönlichen Vorwürfe gegen mich. »Sie haben eine große, entsetzliche, negative, schwarze Kampagne gegen mich und meine Institution in Bewegung gesetzt. Und das ist für mich völlig offensichtlich«, klagte Gliński an. Diese Verschwörungstheorie überraschte mich im Fall des Kulturministers, der sich als Soziologe mit der Zivilgesellschaft befasst hatte. Nun wollte er nicht zur Kenntnis nehmen, dass Menschen sich aus Eigeninitiative für die Verteidigung von Werten einsetzen können, die sie für wesentlich halten. Ich entgegnete ihm:

> Ich habe keine Kampagne eingeleitet, sondern es sind die Bürger und die Medien, die sich für diesen Fall interessieren. Viele Kreise sind über Ihr Vorgehen empört. Sie haben ein Recht

dazu. In Wirklichkeit rege ich nichts an und muss auch nichts anregen. Das soziale Leben wird von unausweichlichen autonomen Regeln gelenkt. Und ich bin auch kein Urheber einer Verschwörung, weder gegen Sie noch gegen das Ministerium, Herr Minister.

Es gab auch Beschuldigungen von Seiten des Ministers, dass ich ein Politiker sei, ja dass ich seinen Platz einnehmen wolle. Der abschließende Wortwechsel zwischen Gliński und mir hatte schon einen grotesken Beigeschmack:

– Herr Minister … Entschuldigung, Herr Direktor, vielleicht in Zukunft Herr Minister.
– Nein, Herr Minister. Mich würde die Funktion des Ministers ermüden, so viel organisatorische und administrative Arbeit … also, ich werde mich nicht um das Amt bewerben. Ich möchte Bücher schreiben …

Dies dauerte insgesamt über vier Stunden. Ich saß Gliński gegenüber, gegen Ende war es schon fast eine verbale Konfrontation zwischen uns beiden, welcher der Saal folgte. In jedem Wort und in jeder Geste des Kulturministers spürte ich Wut und Frust darüber, dass der Kampf gegen das Museum trotz der asymmetrischen Kräfteverhältnisse unerwarteterweise zu einem schon so lange dauernden »Ermüdungskrieg« geworden war.
Die Unmöglichkeit, sofort die Kontrolle über das Museum übernehmen zu können, wurde durch immer feindlichere Schritte kompensiert, die auch einen zunehmenden psychischen Druck mit sich brachten. Minister Gliński und Staatssekretär Sellin erklärten, die Entscheidung des Woiwodschafts-Verwaltungsgerichts über die Unterbrechung der Vereinigung der Museen sei nicht rechtskräftig und das Ministerium würde nicht auf diesen Schritt verzichten. Dies wäre ein offener Rechtsbruch gewesen, doch dazu war es im Laufe des vorausgegangenen Jahres in Polen schließlich schon auf vielen Gebieten gekommen. Der Ombudsmann für Bürgerrechte rief den Kulturminister dazu auf, das Gesetz zu beachten und

davon abzusehen. Nichts deutete darauf hin, dass es so kommen würde. Auf Anweisung des Ministers bemühte sich der »Liquidator« Wawer seine Arbeit fortzusetzen, doch angesichts der Gerichtsentscheidung weigerte ich mich, ihm Dokumente zu geben. Man versuchte mich sogar mit der Androhung strafrechtlicher Konsequenzen wegen der angeblichen Unregelmäßigkeiten zu erschrecken. Das Kulturministerium veröffentlichte kurz vor Weihnachten ein unheilverkündendes Kommuniqué, in dem es hieß, dass »einige während der Kontrolle beurteilte Maßnahmen der Museumsleitung den Tatbestand von Handlungen erfüllen, die keine Verankerung im Recht haben und nicht nur für das Museum, sondern auch für den Fiskus schädlich sind«. Man kündigte an, nicht näher präzisierte, jedoch »adäquate Maßnahmen« zu ergreifen.[56]

Damit sollte ich einfach nur belästigt werden, vielleicht mit dem Gedanken, ich hätte irgendwann genug davon und würde von selbst aufgeben. Ende Dezember erhielt ich per Mail die Einladung zur Beteiligung an einer öffentlichen Diskussion über Erinnerung an den Zweiten Weltkrieg. Der zweite Diskussionspartner sollte Andrzej Nowak sein und das Gespräch sollte im unlängst gegründeten Witold-Pilecki-Forschungszentrum für Totalitarismusforschung stattfinden, das dem Kulturministerium untersteht. Ich wunderte mich ein wenig, da alle wussten, dass ich auf der »schwarzen Liste« stehe, doch nahm ich die Einladung an. Einige Tage später rief mich dann aber der stellvertretende Direktor des Zentrums an und benachrichtigte mich, dass er die Einladung zurücknehmen müsse. Sie war nicht mit dem Ministerium abgestimmt gewesen, das nun seinen Standpunkt übermittelt hatte – sollte ich mich an der Diskussion beteiligen, so würde dies ungünstige Konsequenzen für das Zentrum haben. Ich machte den Vorgang öffentlich, da mich dies an Praktiken erinnerte, die ich aus der Volksrepublik Polen kannte.[57]

56 Kommuniqué des MKiDN zur Vereinigung des Museums des Zweiten Weltkriegs und des Museums Westerplatte und Krieg von 1939. 21. Dezember 2016. www.mkidn.gov.pl.

57 Paweł Kośmiński: Dyrektor Muzeum II Wojny niemile widziany na debacie historycznej? »Wracają czasy dyrektyw z KC«. [Direktor des Museums des Zweiten Weltkriegs nicht willkommen in historischer Debatte? »Rückkehr

Nun schaltete sich in der Rolle eines Internet-Trolls Łukasz Michalski in den Kampf ein (er war im Übrigen mein alter Bekannter, er hatte früher in dem von mir geschaffenen Büro für Öffentliche Bildung des IPN gearbeitet), ein Berater von Staatssekretärin Magdalena Gawin, der das Zentrum unterstand. Er behauptete auf Facebook, die Einladung zu der Diskussion habe nur einen »provisorischen« Charakter gehabt, er habe schon viele Konferenzen organisiert und es sei angeblich eine übliche Gepflogenheit, auf einen Teil der Eingeladenen noch zu verzichten. Und überhaupt sei es eine widerliche, bewusst von mir arrangierte Provokation, um den Kulturminister anzugreifen. Letzterer ernannte Michalski einige Monate später, offensichtlich in Anerkennung seiner Verdienste, zum Direktor des Staatlichen Verlagsinstituts.

Es war für mich interessant zu beobachten, wie sich viele Menschen verhielten, und das damit zu vergleichen, was ich als Historiker über die Volksrepublik Polen wusste. Wenn ich an öffentlichen Ereignissen teilnahm, vermieden viele Personen, die Führungspositionen im Staatssektor innehatten, Kontakte mit mir. Einige, die Mutigeren, traten auf mich zu, begrüßten mich, blickten sich dabei aber aufmerksam um, und wenn ich mit einem Gespräch begann, merkte ich schon bald, dass sie gar nicht mehr da waren und ich nur noch mit mir selbst sprach. Die Epidemie der Angst war ansteckend, und viele Menschen, die schon im freien Polen aufgewachsen waren, waren offensichtlich überhaupt nicht darauf vorbereitet, sich den unerwarteten Herausforderungen zu stellen.

Es überwogen jedoch Bekundungen der Solidarität, was es ermöglichte, die schlimmsten Augenblicke zu überstehen. Solidarität mit dem Museum drückten die Teilnehmenden am Forum für Neueste Geschichte aus, das im Dezember in Warschau von der Polnischen Historischen Gesellschaft einberufen worden war und zu dem mehr als 200 Historikerinnen und Historiker aus dem ganzen Land kamen.[58] Für mich besonders berührend waren jedoch Wortmel-

zu Zeiten der Direktiven aus dem Zentralkomitee«]. In: Gazeta Wyborcza vom 3. Januar 2017.

58 Adam Leszczyński: Alarmowy zjazd historyków [Notfall-Historikerkongress]. In: Gazeta Wyborcza vom 27. September 2016; ders.: Kongres histo-

dungen von Menschen, mit denen ich keine beruflichen Kontakte hatte und die ich nicht erwartete. Krystyna Zachwatowicz schrieb einen Brief an Minister Gliński, in dem sie ihm für seine Anwesenheit auf der Beisetzung von Andrzej Wajda dankte. Wajdas Witwe führte aus:[59]

> Wie Sie gut wissen, waren wir beide von Anfang an mit dem Entstehen des Museums des Zweiten Weltkriegs in Danzig verbunden. [...] Sie wissen sicherlich von unserem Protest gegen die von Ihnen angekündigten Änderungen in der Ausstellung und gegen die Entscheidung, das Museum des Zweiten Weltkriegs mit dem nicht existierenden Westerplatte-Museum zu vereinen. Ich möchte Sie mit diesem Brief darum bitten, von diesen Absichten abzusehen. Damit würdigen Sie die Erinnerung an Andrzej Wajda am besten.

Ich erhielt auch viele Briefe von Leihgebern und Stiftern, die ich nie persönlich kennengelernt hatte. Hier Auszüge aus einem von ihnen:[60]

> Ich bin von meiner Ausbildung her Jurist und habe mein ganzes berufliches Leben lang als Justiziar gearbeitet. Doch schon in [...] der Schule begann ich mich für Geschichte zu interessieren, und dieses Interesse begleitet mich das ganze Leben lang. [...] Vielleicht darum, weil dieser Krieg mich so gebrandmarkt hat, dass ich dies das ganze Leben lang verspüre. Mein Vater war am 4.9.1939 mit der 7. Telegrafenkompanie der Ar-

ryków. Prof. Friszke: Na temat Okrągłego Stołu panuje kłamstwo, oszczerstwo, pomówienie [Historikerkongress. Prof. Friszke: Lüge und Verleumdung zum Thema des Runden Tisches]. In: Gazeta Wyborcza vom 10. Dezember 2016; Videoaufzeichnung vom 10. Dezember 2016 auf www.pth.net.pl.

59 Jak uczcić Wajdę. Wdowa po reżyserze pisze do prezydenta Andrzeja Dudy i ministra kultury Piotra Glińskiego [Wie Wajda ehren. Die Witwe des Regisseurs schreibt an Präsident Andrzej Duda und Kulturminister Piotr Gliński]. In: Gazeta Wyborcza vom 23. November 2016.

60 Brief von Wojciech Rybarczyk vom 20. Juli 2016. Mit dem Soziologen ist Kulturminister Gliński gemeint.

> mee Poznań aus der Posener Zitadelle aufgebrochen. Ich war damals 81 Tage alt und sollte Vater nie mehr wiedersehen. Er wurde in Ungarn interniert, kam in die KZ Auschwitz und Neuengamme und starb wenige Tage vor Kriegsende auf den »Todesschiffen« in der Lübecker Bucht. Aufgrund des Krieges erfuhr ich nie väterliche Liebe, Fürsorge oder auch Unterstützung. Mit Mühe konnte ich mich mit dem Anblick von Schulfreunden abfinden, die mit ihren Vätern zu einem Fußballspiel gingen oder einen Ausflug machten. Darum fühle ich mich berechtigt – wie wohl auch viele Polen –, mich dazu zu äußern, was ein gewisser Soziologe rund um das Museum ausgelöst hat […] Niemand Vernünftiges wird sagen, dass der Krieg ein anderes Antlitz hat als Tod, Verkrüppelung und Zerstörung. All diese Erzählungen von Heldentum, Patriotismus oder der Entwicklung von Charakteren sind größtenteils spätere Erfindungen von Propagandisten, die den Krieg weit hinter der Front verbracht haben oder so wie heute ihn im Fernsehen betrachten, ihn bei »historischen Rekonstruktionen« oder beim Paint-Ball-Spielen kennenlernen. Man muss immer und überall darüber sprechen und zeigen, dass jeder Krieg das größte Übel ist, das der Menschheit geschehen kann. Und ich denke, dass die Ausstellung diese Aufgabe zu hundert Prozent erfüllt. Herr Professor, ich habe sicherlich zu lange geschrieben, aber ich wollte zum Ausdruck bringen, dass es Menschen gibt, die wie Sie und Ihr Team denken. Und dass es Menschen gibt, die eine solche Vision des Museums, wie sie der Katalog enthält, ausdrücklich unterstützen.

Und noch aus einem etwas anders gestimmten Brief, ebenfalls von einem Schenker, dem wir den Katalog der Hauptausstellung geschickt hatten:[61]

> Ich möchte meine Anerkennung für Sie, für den Programmbeirat und für das gesamte Team ausdrücken […] so siedelt uns auch der Gedanke, das Schicksal unseres Landes in ein

61 Brief von Piotr Kwieciński vom 17. Juli 2016.

> umfassendes Panorama des Zweiten Weltkriegs einzufügen, wieder unter den Nationen der Welt an und nicht wie bisher am Rande dieser Welt. Das ist ein unschätzbarer Wert. Seine Unterminierung ist ein Verbrechen.
> Sehr geehrter Herr Professor! Ich betrachte, höre, lese, wie kleine Leute, die sich der Sprache eines Berman, Moczar, Gomułka und Urban bedienen, aus persönlichen, niederen Zielen Ihre Arbeit und die Arbeit Ihres Teams zerstören wollen. Ich schreibe diesen Brief ausschließlich zu diesem Zweck: Damit Sie wissen, dass ein gewöhnlicher Durchschnittsmensch wie ich die Arbeit sieht und schätzt, die für die Organisation und die Entstehung des Museums des Zweiten Weltkriegs geleistet wurde. Er sieht die Ausmaße von Lügen und Unterstellungen, die gegen eine europaweit beispiellose Einrichtung und ihre Urheber gerichtet werden. Dass dieser durchschnittliche Mensch tief daran glaubt, dass dieses Werk nicht zu zerstören ist. Niemandem wird dies gelingen, nie!

Es kam vor, dass auf der Straße, vor allem in Danzig, unbekannte Menschen auf mich zutraten und mich baten, im Museum auszuharren. Sie versicherten mir, dass sie mich und unser ganzes Team unterstützen. Ich war mir bewusst, dass das Museum zu einem Symbol für Werte geworden war, die nicht nur für mich und meine Mitarbeitenden, sondern auch für einen großen Teil der Polinnen und Polen von Bedeutung waren. Ohne dies geplant zu haben, befanden wir uns an der Frontlinie des Kampfes um die Bewahrung kultureller und historischer Autonomie in Polen, aber auch um Rechtstaatlichkeit. Für mich war es immer offensichtlicher, dass wir nicht zurückweichen durften, sondern um jeden Preis und allen Widrigkeiten zum Trotz die Eröffnung des Museums herbeiführen mussten.

Das Finale

Das war jedoch nicht einfach, und zwar nicht nur, weil unsere Lage absolut unsicher war und weil von Seiten des Kulturministeriums schon seit vielen Monaten offene Feindschaft herrschte. Ein ernstliches Problem war der Mangel an Geld und Mitarbeitenden, die für die Eröffnung und den Betrieb des riesigen Museums nötig waren. Das Ministerium hatte uns für 2017 ein Budget von rund 2,5 Millionen Euro bewilligt, was annähernd so viel war wie der Haushalt für 2016, obwohl ich eine fast doppelt so hohe Summe beantragt hatte. Der Unterschied war groß, da wir bis dahin eine Reihe von Räumen in unserem provisorischen Sitz in der Langgasse gemietet hatten, nun aber nach der Eröffnung des Neubaus ganz neue Ausgaben auf uns zukamen, die mit dem Unterhalt dieses Gebäudes zusammenhingen: Strom, Wasser, Reinigung, Aufsicht und Schutz. Allein dies würde unseren Schätzungen zufolge fast 2,3 Millionen Euro kosten, und wir wussten nicht, woher wir noch die Mittel für die Löhne nehmen sollten. Gegen Ende 2016 beschäftigte das Museum etwa 60 Personen, darunter ein Dutzend Ingenieure, deren Gehälter nicht aus unserem Jahresbudget gezahlt wurden, sondern aus den Mitteln des Mehrjährigen Regierungsprogramms, das im Augenblick der Fertigstellung des Baus auslaufen würde. Wir gingen davon aus, dass für einen normalen Betrieb nach der Eröffnung rund 120 Menschen nötig waren; diese Zahl war bereits zu Beginn unserer Investitionstätigkeit vom Kulturministerium bestätigt worden. Zum Vergleich – das Museum für die Geschichte der Polnischen Juden in Warschau, das kleiner ist als unseres, beschäftigte 2016 rund 150 Personen und verfügte über ein Jahresbudget in Höhe von 8 Millionen Euro. Wir planten, dass man spätestens zwei Monate vor der geplanten Eröffnung schon eine große Gruppe von Menschen einstellen müsste, deren Aufgabe es sein würde, vor allem die Besucherströme zu organisieren. Vor der Eröffnung müssten sie geschult werden, denn wir rechneten mit Tausenden von Besucherinnen und Besuchern. Angesichts unserer finanziellen Lage war das allerdings gänzlich unmöglich.

In verschiedenen Schreiben an Minister Gliński schlug ich Alarm, dass das uns zugebilligte Budget es faktisch nicht ermöglichen

würde, das Museum zu eröffnen, zumindest nicht seinen normalen Betrieb. Ich argumentierte, dass der polnische Steuerzahler für den Bau schon so große Mittel aufgewendet hatte, dass eine ausbleibende Eröffnung eine Verschwendung dieses Geldes bedeuten würde. Wie ich schrieb, sollte unser Museum eine breit angelegte Bildungsarbeit aufnehmen, da dies Teil seiner Aufgabe sei, und im neuen Gebäude gab es dazu hervorragende Voraussetzungen. Dazu bedürfe es aber neuer Kräfte, da die wenige Personen große Bildungsabteilung all diese Aufgaben nicht würde schultern können. Meine Appelle hatten keinerlei Erfolg, ja sie hatten sogar entgegengesetzte Folgen. Der Kulturminister nahm weitere Abstriche an unserem Haushalt vor: Zunächst strich er ihn Ende 2016 um 27.000 und dann im Januar um weitere 96.000 Euro. Erklärungen hierzu gab es nicht. Es war für mich klar, dass dies eine weitere Methode des Kampfes gegen uns war und ein Versuch, die Eröffnung des Museums zu verhindern.
Das ließ unsere Entschlossenheit aber nur noch weiter anwachsen. Wir entschieden uns Ende 2016, dass wir, würden wir bis dahin weitermachen können, das Museum um jeden Preis eröffnen wollten, selbst in dem Bewusstsein, dass anschließend Mittel fehlen könnten. Seit Januar 2017 stellten wir jegliche Bildungs-, Forschungs- und Verlagstätigkeit ein, um größtmögliche Mittel einzusparen. Sie sollten nur dafür aufgewendet werden, die Eröffnung herbeizuführen und einen grundlegenden Betrieb des Museums für einige Monate sichern zu können. Wir beschlossen auch, einige weitere Personen für die Kassen einzustellen, denn ansonsten hätten wir niemanden empfangen können, doch alle anderen Aufgaben sollten von dem bisherigen Rumpfteam übernommen werden, das für die Bedürfnisse eines Museums nach der Eröffnung eigentlich überhaupt nicht geeignet war. Wir mussten auf eigenes Personal für Museumsführungen verzichten, dafür führten wir Schulungen für externe Fremdenführer aus Danzig durch. Bis zu meinem Ausscheiden aus dem Museum hatten wir schon rund 60 Personen darauf vorbereitet, in mehreren Sprachen durch die Ausstellung zu führen (selbst auf Chinesisch). Wir schätzten, welche Einnahmen aus dem Verkauf von Eintrittskarten zu erwarten waren, und wussten, dass

wir damit ungefähr bis Herbst 2017 durchhalten könnten. Weiter reichte mein zeitlicher Horizont nicht. Ich glaubte, dass ich ohnehin keine Aussicht haben würde, bis dahin Direktor zu bleiben. Es war klar, dass der neue Direktor, den Minister Gliński einsetzen würde, zusätzliche Mittel erhalten würde. Der Kampf ging nur darum, das Museum zu eröffnen und unsere Arbeit der Öffentlichkeit zeigen zu können. Dies wäre ein gewaltiger Sieg, der noch wenige Monate zuvor ganz außerhalb unserer Möglichkeiten zu liegen schien.

Noch kritischer wurde die Situation angesichts der Ankündigung von Gliński und Sellin, die Museen mit Sicherheit am 1. Februar 2017 zusammenzulegen, da die Gerichtsentscheidung ihnen nicht die Hände binde. Aus Informationen, die uns dann aus dem Ministerium erreichten, ging hervor, dass dies tatsächlich ihr Plan war. Das wäre ein klarer Rechtsbruch gewesen, und nach einer Beratung mit Jacek Taylor kamen wir zu dem Ergebnis, dass wir dies nicht zulassen konnten. Ich hatte natürlich die Absicht, alle Gerichtsentscheidungen zu respektieren, doch dasselbe erwartete ich vom Kulturminister. Wenn die Leute des Ministeriums am 1. Februar versuchen würden, das Museum zu betreten, so hätten sie dazu die Polizei zu Hilfe rufen müssen. Dies hätte sich vor den Augen von Fernsehteams ereignet und wäre zu einem unvorstellbaren Skandal geworden, doch konnte ich nicht ausschließen, dass es tatsächlich so weit kommen würde.

Im Dezember erfuhren wir, dass der Oberste Verwaltungsgerichtshof schon am 24. Januar eine Klage des Ministers verhandeln würde (meistens dauerte es viel länger, bis Prozesstermine anberaumt wurden). Einerseits gab uns dies die Chance, schon vor dem 1. Februar ein rechtskräftiges Urteil zu bekommen, also die dramatischste Variante zu vermeiden. Zwar war ich sicher, dass ich auch dann meinen Posten verlieren würde, und zwar unter dem Vorwand angeblicher Unregelmäßigkeiten, die bei der Kontrolle durch das Ministerium »aufgedeckt« worden waren, wenn auch vielleicht nicht gleich. Andererseits bedeutete dieses rasche Handeln des Obersten Verwaltungsgerichts, dass wir wirklich nicht mehr viel Zeit hatten. Bei einem für uns ungünstigen Urteil wäre das definitive Ende am 1. Februar gekommen. Deshalb beschlossen wir, der Öffentlichkeit

die Ausstellung in einer noch unfertigen Form zu zeigen. Bis zum Ende des Aufbaus fehlte nicht mehr viel, nur noch wenige Wochen, doch war nicht sicher, ob wir noch so viel Zeit haben würden. Am 23. Januar, also am Vorabend der Gerichtsverhandlung, luden wir Fachleute aus Geschichtswissenschaften und Museumswesen, Veteranen, Leihgeber und die Presse ein, insgesamt mehrere Hundert Menschen. Wir erklärten Samstag und Sonntag, den 28. und 29. Januar, zu Tagen der offenen Tür für alle Interessierten. Eintrittskarten gab es online; innerhalb weniger Stunden waren sie alle vergriffen.
Die letzten Tage waren für den Produzenten der Ausstellung, der den Aufbau in unglaublichem Tempo durchzog, und für die Museumsmitarbeitenden ein einziger Wahnsinn. Noch in der Nacht vom 22. auf den 23. Januar stellten wir Exponate in die Schaukästen. Als die ersten Gäste eintrafen, konnten sie schätzungsweise 70% der Ausstellung sehen, bei den Tagen der offenen Tür noch mehr.

> »Guten Tag, ich heiße Paweł Machcewicz, ich bin der Direktor des Museums des Zweiten Weltkriegs.« Nach diesen Worten klatschten ihm mehrere Hundert Menschen stehend Beifall. Dies war Ausdruck der Unterstützung für die Bemühungen Machcewiczs, die Unabhängigkeit der Einrichtung zu bewahren.[62]

So begann der Bericht der Gazeta Wyborcza von diesem Tag im Museum. Für mich war das ein Augenblick gewaltiger Befriedigung und persönlichen Triumphes, einer der wichtigsten Augenblicke meines Lebens. Ich hatte nicht geglaubt, diesen Moment erleben zu können, in dem wir diese noch unfertige Ausstellung öffentlich präsentieren konnten. Die Reaktionen waren insgesamt begeistert, sowohl bei den »einfachen« Menschen, bei Veteranen und Leihgebern, als auch bei vielen bedeutenden Historikern und

62 Krzysztof Katka, Emilia Stawikowska: Bitwa o drugą wojnę. Muzeum w Gdańsku pokazało wystawę, nikt z PiS nie przyszedł. [Kampf um den Zweiten Krieg. Danziger Museum präsentierte Ausstellung, niemand von der PiS kam]. In: Gazeta Wyborcza vom 24. Januar 2017.

Museumsfachleuten aus aller Welt. Ihre Debatte nach dem Besuch der Ausstellung war der erste Test dafür, wie sie ankommen würde. So sagte Timothy Snyder:[63]

> Es gibt viele Museen, die über den Zweiten Weltkrieg erzählen, doch die Narration der Ausstellung in Danzig verändert den Blick auf den Krieg völlig, ein solches Museum ist eine zivilisatorische Errungenschaft. Die Ausstellung ist sehr universell, da sie über das Schicksal der Zivilbevölkerung auf der ganzen Welt erzählt, aber sie ist zugleich auch sehr polnisch, da auf die Geschichte Polens im Krieg bezogen keines der wichtigsten Ereignissen versäumt wird. Polnische Politiker und Wissenschaftler beklagen oft, dass die Welt sie nicht versteht. Wenn es tatsächlich so ist, so ist die Ausstellung im Museum des Zweiten Weltkriegs für sie eine Chance, um endlich verstanden zu werden. Jede Veränderung in dieser Ausstellung wird dazu führen, dass diese kohärente Erzählung zerstört wird. Das Museum des Zweiten Weltkriegs kann weder mehr Militärgeschichte zeigen noch mehr über den Krieg von 1939 erzählen noch mehr über das Schicksal der Polen berichten. Dadurch, dass die Ausstellung den Krieg global sieht, stellt sie Polen und Danzig ins Zentrum der Debatte über die Geschichte des Zweiten Weltkriegs.

Sehr wichtig für mich war auch das Urteil der Direktorin des Holocaust-Museums in Washington, des ersten narrativen Geschichtsmuseums weltweit, das auf diesem Gebiet Vorbild für viele andere Einrichtungen geworden war. Sara Bloomfield führte aus:[64]

> Es gibt in Polen viele Museen zu einzelnen Aspekten des Zweiten Weltkriegs, doch es gibt keines, das so komplex über ihn

63 Emilia Stawikowska: Wrażenia gości po wizycie w Muzeum II Wojny. Timothy Snyder: »To osiągnięcie cywilizacyjne« [Eindrücke von Gästen nach dem Besuch des Museums des Zweiten Weltkriegs. Timothy Snyder: »Das ist eine zivilisatorische Leistung«]. In: Gazeta Wyborcza vom 24. Februar 2017.

64 Ebenda.

> berichtet. Schon alleine die architektonische Form und die Lage des Museums sprechen die Besucher an. Die Menschen wissen nicht viel über die Geschichte des Zweiten Weltkriegs. So denken die Amerikaner zum Beispiel, dass sie den Krieg ganz alleine gewonnen hätten; ihr Wissen über die Kampfhandlungen beschränkt sich auf die Kämpfe im Pazifik. Darum sind solche Orte wie das Museum des Zweiten Weltkriegs, die ihnen sehr umfassend die Geschichte des Kriegs erzählen, notwendig.

Die internationalen Reaktionen, auch in der Berichterstattung, zeugten davon, dass der Gedanke, eine ganzheitliche, umfassende Erzählung über den Krieg zu schaffen und die polnische Geschichte darin einzufügen, gelungen war. Es war nur ein bitteres Paradox, dass dies in einem Museum geschah, das von der polnischen Regierung mit allen Mitteln bekämpft wurde, von einer Regierung, die zudem unaufhörlich erklärte, dass wir als Nation unverstanden sind, geringgeschätzt werden, dass man uns beschuldige, beim Holocaust und vielen anderen schändlichen Taten mitgeholfen zu haben.
Es war ein großer Freudentag für das ganze Team, das so viele Jahre lang an der Entstehung des Museums gearbeitet hatte, im letzten Jahr unter immer dramatischeren Umständen. Am nächsten Tag änderte sich die Lage jedoch diametral. Während eines Mittagessens für die Mitglieder des Programmbeirats wurde ich telefonisch darüber informiert, dass das Oberste Verwaltungsgericht den Prozess erneut an das Woiwodschafts-Verwaltungsgericht zurück überwiesen hatte, da es in dessen vorherigem Urteil formale Fehler erkannt hatte. Zugleich hob es die Aussetzung der Vereinigung der Museen auf. Dies bedeutete, dass am 1. Februar, nur wenige Tage nach der öffentlichen Präsentation der Ausstellung, das bisherige Museum des Zweiten Weltkriegs formal aufhören würde zu existieren. Wir rechneten nämlich nicht damit, dass das Gericht der niedrigeren Instanz die Sache innerhalb weniger Tage erneut verhandeln könnte.

Zwei Tage später folgte der nächste Schlag, der gut zeigte, worauf der ganze »Antriebsstrang« zur Zerstörung von Menschen und Institutionen beruhte, die von den Regierenden als ihre Feinde angesehen wurden. Es begann mit einer Frage, die Barbara Dziuk, eine Abgeordnete der PiS, am Morgen des 26. Januar 2017 in einer Plenarsitzung des Sejms dem Kulturminister stellte:[65]

> Zwei Fragen an den Herrn Minister: Ist es wahr, dass der Direktor des Museums des Zweiten Weltkriegs einen Hotelkomplex mit Luxusappartements gebaut hat? Und die zweite Frage: Ist es wahr, dass dieser Direktor Haushaltsgeräte unter Verletzung der Gesetze, gegen die Vorschriften über öffentliche Bestellungen gekauft hat? Wenn ja, wie hoch war die Summe? [...] Wenn sich die in den Fragen enthaltenen Vorwürfe bewahrheiten, so ist dies das Ergebnis einer unverantwortlichen Verwaltung staatlicher Gelder. So waren die Standards bei der Ausgabe öffentlicher Mittel, und die Beamten haben diese Standards zu freizügig genutzt.

Sogleich trat Staatssekretär Sellin ans Rednerpult. Er präsentierte sich als mustergültiger Staatsdiener, da er von dieser detaillierten Frage nicht überrascht war, sondern erschöpfend Antwort auf sie gab:[66]

> Zu dem Museum, für das Sie sich so detailliert interessiert haben – und auch zu der konkreten Frage in Zusammenhang mit dem Bau dieses Museums: Das Museum des Zweiten Weltkriegs in Danzig ist 2008 entstanden, es sollte 2014 eröffnet werden. Es ist bis heute nicht eröffnet. Ursprünglich war der Bau dieses Museums für 85 Millionen Euro in einem mehrjährigen Regierungsprogramm geplant. Diese Summe ist auf fast 107 Millionen Euro erhöht worden. Es ist bisher das teuerste je in Polen gebaute Museum, obwohl es noch gar

65 Äußerungen bei Sitzungen des Sejms. 34. Sitzung am 26. Januar 2017, 14. Punkt der Tagesordnung: Fragen zu laufenden Angelegenheiten – www.sejm.gov.pl.
66 Ebenda.

> nicht zu Ende gebaut, noch nicht eröffnet ist. Aber um konkret auf Ihre Frage nach dem, wie Sie es formuliert haben, Bau eines Hotelkomplexes mit Luxusappartements bei der Errichtung des Museums zu antworten, informiere ich: Tatsächlich wurden beim Bau dieses Museums acht Wohnräume mit Verbindungstrakt gebaut, die im ersten Stock sowie in einem Teil eines anderen Museumsgebäudes liegen. [...] Diese Zimmer sind mit vollständig eingerichteten Bädern, Schlafzimmern, Sesseln, Radio- und Fernsehgeräten ausgestattet. Jedes Appartement besteht aus Küche, Esszimmer, Wohnzimmer, zwei Bädern, zwei Schlafzimmern und einer Garderobe, sie sind auch mit Haushaltsgeräten sowie Radio- und Fernsehgeräten ausgestattet.

Sellin las auch umfangreiche Fragmente aus dem Protokoll der Kontrolle durch das Ministerium vor, das er durch eine glückliche Fügung des Schicksals gerade bei sich trug.
Kurze Zeit später wurde ich von der Danziger Abteilung des staatlichen Fernsehens angerufen, das im Hotelbereich drehen wollte. An der Ausstellung waren sie überhaupt nicht interessiert. Das staatliche Fernsehen hatte im Gegensatz zu den privaten Sendern und vielen ausländischen Fernsehanstalten nichts über die Präsentation der Ausstellung gezeigt. Ein wenig mehr als 20 Jahre alter Journalist las Fragen an mich von einem Blatt ab, die er handschriftlich notiert hatte. Er wollte mir unterstellen, dass die Appartements für mich und meine Mitarbeitenden gebaut worden seien und dass ihre Einrichtung mehr als 3,5 Millionen Euro gekostet habe. Ich dementierte beide Informationen und erklärte, dass diese Summe für die Beendigung und Einrichtung des gesamten Gebäudes aufgewendet worden sei. Ich fragte den Reporter, was auf dem Blatt stehe, von dem er seine Fragen ablas. Mit erstaunlicher Offenheit gab er zu, es handele sich um »Themen«, die er vom Kulturministerium erhalten habe, um sie bei dem Interview anzusprechen.
Der Kameramann filmte die Türklinken, Duschkabinen und Brauseköpfe von Nahem. Das erinnerte mich an Berichte der Fernsehnachrichten aus den 1980er Jahren, in denen die Festnahme von

Aktivisten der Untergrund-Solidarność durch die Geheimdienste gezeigt wurde. Die Kamera zeigte schonungslos die bei ihnen gefundenen Dollar, ausländische Alkoholika und Zigaretten, um ihr vorgeblich wahres Gesicht zu offenbaren. Nun wurde in der Hauptabendausgabe der Nachrichten im ersten polnischen Fernsehprogramm ein mehr als vier Minuten dauernder Bericht unter dem schockierenden Titel *Ein Hotel im Museum des Zweiten Weltkriegs* gezeigt.

Gliński und Sellin konnten die begeisterten Reaktionen nach der Präsentation der Ausstellung offensichtlich nicht ertragen und wollten die Stimmung vor den bevorstehenden Tagen der offenen Tür möglichst gut verderben. Sie rechneten damit, dass die Öffentlichkeit sich nicht auf die Ausstellung, sondern auf die »Luxusappartements des Direktors« konzentrieren würde. In Wahrheit waren sie nicht luxuriös, sondern besaßen einen Standard, der es gestattete, sie zum Nutzen des Museums zu vermieten. Von Anfang an waren sie Teil des Plans für das so attraktiv gelegene Gebäude, so dass man aus den Mieteinnahmen der Hotelzimmer mit Geldern von mehr als hunderttausend Euro im Jahr rechnen konnte. Zusätzlich sollten sie von den Mitgliedern des Treuhänderrats und des Programmbeirats genutzt werden, aber auch von allen anderen Gästen des Museums, wodurch wir erhebliche Summen einsparen konnten. Ähnliche Gästezimmer besitzen viele andere Institutionen in Polen, und dort stören sie niemanden.

Ein weiteres »Geschenk« des Ministers war die bereits erwähnte Reduktion unseres Budgets um mehr als hunderttausend Euro kurz vor den Tagen der offenen Tür. Es war eine kleine Rache dafür, dass wir die Ausstellung der Öffentlichkeit zeigten. Später, als ich die Angelegenheit publik gemacht hatte, erhielten wir das Geld doch noch, auch diesmal ohne jede Erklärung. Dies zeigte, wie effektiv es war, sich an die Medien zu wenden.

Bei den Tagen der offenen Tür kamen mehr als 3000 Menschen ins Museum. Es bildeten sich lange Schlangen von Menschen, die keine Eintrittskarte mehr erhalten hatten. Wir bemühten uns, alle hineinzulassen, da wir uns bewusst waren, dass dies die letzte Gelegenheit sein könnte, die Ausstellung in der von uns geschaffenen

Form zu sehen. Ich hielt mich am Samstag und am Sonntag viele Stunden lang hier auf und versuchte mir, alles bestens einzuprägen. Gewissermaßen war das auch mein Abschied von ihr, denn bis zum 1. Februar waren es nur noch drei Tage. Ein weiteres Mal packte ich und räumte mein Büro – diesmal war ich sicher, dass es das letzte Mal sein würde. Wawers »Liquidatoren« beendeten ihre Tätigkeit und die Hauptbuchhalterin erhielt aus dem Ministerium die Anweisung, Mittel für die Gehälter des neuen Direktors und zweier anderer Personen bereitzustellen, einer »Initiativgruppe«, die am nächsten Tag damit beginnen wollte, das Museum zu übernehmen. Es war also wirklich das Ende, was ich natürlich mit Bedrückung erlebte, aber auch mit einem gewissen Gefühl der Erleichterung, dass der Nervenkrieg endlich zu Ende gehen und ich mein normales Leben wieder leben würde. Am wichtigsten war, dass zumindest einige Tausend Menschen die Ausstellung gesehen hatten.
Ich hatte dem Museumsteam schon für die vielen Jahre gemeinsamer Arbeit gedankt, ihnen noch einmal gesagt, dass es wichtig gewesen war, sie für die Entstehung des Museums zu investieren und es der Öffentlichkeit zu präsentieren, trotz allem, was im letzten Jahr geschehen war. Ich erhielt sogar ein Abschiedsgeschenk – einen Tennisschläger. Für Dienstag, 31. Januar 2017, verabredeten wir uns zur Mittagszeit zu einem letzten Foto des gesamten Teams vor dem Museumsgebäude am Bartoszewski-Platz. Ich kam in recht schlechter Laune ein paar Minuten vor zwölf an und gesellte mich zur großen Gruppe der Mitarbeiter, die bereits an Ort und Stelle waren und sich für das Gruppenbild aufstellten. Da rief mich ein Journalist der privaten Fernsehstation TVN24 an, der an einem Bericht über das Museum arbeitete. Die Information, die er mir übermittelte, war so außerordentlich, dass ich erst einmal nicht daran glauben konnte. Am Vortag hatte am späten Nachmittag das Woiwodschafts-Verwaltungsgericht in Warschau erneut den Fall behandelt und seine vorherige Entscheidung aufrechterhalten, also die Vereinigung der Museen gestoppt. Auf der Homepage des Gerichts war eine entsprechende Nachricht erst jetzt aufgetaucht. Wir machten das geplante Foto, aber in ganz anderer Stimmung: Statt Leichenschmaus war es ein Freudenfest, wir warfen unsere Mützen

in die Luft. Es war eine wahre emotionale Achterbahn, die immer schwieriger anzuhalten war.
Das Gericht bezog sich in seiner Begründung auf die zuvor vom Obersten Verwaltungsgericht angesprochene Frage, die letztlich für das Schicksal des Museums entscheidend sein sollte. Es nahm den Standpunkt ein, dass die Entscheidung des Kulturministers über die Vereinigung der Museen gerichtlicher Kontrolle unterliegt und nicht nur ein »Vorgang der inneren Führung« ist. Das Gericht führte weiter aus:[67]

> Für das Gericht sind Kultureinrichtungen wie Museen keine Institutionen, die organisatorisch dem Minister für Kultur und Nationales Erbe unterstehen, da der Minister lediglich die Gründungsaufsicht über sie ausübt, die hinsichtlich der damit verbundenen Vorrechte sowie Mittel durch das Gesetz über die Museen streng geregelt wird […] Es ist auch hervorzuheben, dass die in der Praxis entstehenden Zweifel an der Zulässigkeit des Verwaltungsgerichtswegs stets zugunsten des Rechts auf Gericht entschieden werden sollten.

Mit der neuen Gerichtsentscheidung eröffnete sich die Chance, das Museum ganz normal und mit einer vollständig fertigen Ausstellung für Besucher zu öffnen. Im Januar hatten es nur einige Tausend Menschen besuchen können, während der Aufbau noch nicht abgeschlossen war. Der Kulturminister hatte beim Obersten Verwaltungsgericht wieder Berufung eingelegt, doch wir gingen davon aus, dass dies zumindest einige Wochen dauern würde, und genau so viel brauchten wir. In größter Eile beendeten wir den Aufbau der Ausstellung, stellten die fehlenden Exponate in die Schaukästen und testeten die Funktionen der Multimediastationen. Unter normalen Bedingungen hätte das drei Monate in Anspruch genommen, erst dann wäre die Ausstellung eröffnet worden. Wir hatten aber nicht so viel Zeit. Gleichzeitig fand die technische Abnahme

67 Beschluss des Woiwodschafts-Verwaltungsgerichts Warschau, 30. Januar 2017, bip.warszawa.was.gov.pl.

des Gebäudes statt. Eine Herausforderung war auch die Prüfung der Videoüberwachung, ohne die wir das Gebäude nicht für die Öffentlichkeit hätten zugänglich machen können, schon allein wegen der Sicherheit der mehreren Tausend Exponate. Täglich wurde die Ausstellung auch von Dutzenden von Menschen besucht: Gruppen von Historikern und Museumsfachleuten aus verschiedenen Städten, TV-Teams aus aller Welt. Alle waren sich darüber im Klaren, dass dieser Schwebezustand nicht lange dauern würde.

»Selbst wenn Minister Gliński das Museum des Zweiten Weltkriegs schließt, wird die Konfrontation der unterschiedlichen Modelle polnischer Identität eine offene Frage bleiben«, schrieb Piotr Kosiewski in der Wochenzeitung Tygodnik Powszechny. Dies war eine der tiefgründigsten Kritiken der Ausstellung, die erschien, noch ehe sie offiziell eröffnet wurde. Ihr Verfasser verstand, dass die Ausstellung vorschlägt, den Krieg und die polnische Erfahrung auf eine Weise zu interpretieren, die weit über das militärisch-aufstandsgeschichtliche Modell herausgeht, das in der polnischen Tradition fest verwurzelt ist und von den polnischen Rechten derzeit mit großer Entschlossenheit verfestigt wird. Dabei wird gleichzeitig die Konfrontation mit weniger auf der Hand liegenden Themen verworfen, auch eine Perspektive, in der das »Polentum« in den unterschiedlichsten Zusammenhängen mit den Erfahrungen anderer Nationen gezeigt wird.[68]

Das PiS-Modell von polnischer Identität ist aber nicht das einzig mögliche, und das zeigt sich gut am Beispiel des Danziger Museums, wir haben es mit einer Konfrontation unterschiedlicher Modelle zu tun. Mit einem bewussten und starken Polentum, das es versteht, sich seiner Vergangenheit zu stellen und über sie zu sprechen. Einem Polentum, das sich realistisch, ja sogar kritisch betrachten kann, da es die Fähigkeit besitzt, Bedrohungen real zu beurteilen und daraus Schlüsse zu ziehen. Und mit einem anderen Polentum, das sich und andere unaufhörlich seiner Größe versichert, das »sich von den Knien erhebt«, eigentlich aber unsicher ist, immerfort

68 Piotr Kosiewski: Wystawa zbójecka [Eine räuberische Ausstellung]. In: Tygodnik Powszechny vom 27. Februar 2017.

furchtsam, das Angst hat, dass Polen in Kürze zu bestehen aufhört. Einem Polentum, das sich vor intellektuellem Mut und kritischem Denken fürchtet, obwohl eine solche Haltung der eigenen nationalen Kultur untreu wird, in der das Nachdenken über Mängel, Fehler oder Verschulden stets einen sehr wichtigen Platz hatte.
Einer der von uns geschulten Führer schrieb über seine Eindrücke einen Tag vor der Eröffnung des Museums auf Facebook. Hier ein Auszug aus Łukasz Darskis sehr langem Eintrag, da er für mich eine der emotionalsten Kritiken der Ausstellung ist, die zudem noch die Gefühlslage jener Tage widerspiegelt.

> Ich habe dort noch nicht zu arbeiten begonnen, doch mag ich dieses Museum nicht mehr. Weil ich jeden Besuch an diesem Ort aus mir herausheulen muss. So wie ich jeden Besuch in Stutthof mit einer zweitägigen Niedergeschlagenheit und dem Gefühl gewaltigen Schmerzes erlebe. Dennoch werde ich so oft wie möglich hingehen. Ich halte das für meine Pflicht gegenüber meinen Kindern, Enkeln und allen Erdenbürgern, die mit dem Alptraum in Berührung kommen, den Menschen anderen Menschen bereiten können. Mit einem systematisch durchdachten und kalkuliert durchgeführten Alptraum. Der mehr oder weniger organisiert umgesetzt wurde, aber stets mit eiserner Konsequenz. Aufgrund des Vorgehens von Sowjetrussland und NS-Deutschland wurden innerhalb von zwölf Jahren 14 Millionen Zivilisten ermordet. Zivilisten. Keine Soldaten. Ermordet, nicht getötet. Die einen ließ man verhungern; die nächsten wurden mit Kopfschüssen getötet; andere vergast; die nächsten wurden von Soldaten, Flugzeugen oder Panzern mit einer Maschinengewehrsalve zerfetzt; andere wurden in ihrer eigenen Scheune verbrannt oder zu so großer Anstrengung gezwungen, dass sie starben. […]
> Dies ist das erste Museum, das auf so entsetzliche Weise über den Zweiten Weltkrieg erzählt. Es ist geordnet und systematisch, es stellt hauptsächlich die zivile Perspektive dar: Opfer, Henker und Zuschauer. Auf den Fotos ist der Henker oft in der Uniform einer Militäreinheit zu sehen. Aber es ist stets ein

Zivilist in Uniform, der die Entscheidung fällt, zu vergewaltigen, zu plündern und zu morden. Oder zuweilen entzieht er sich der Entscheidung, sich dem Befehl zu widersetzen. Daneben stehen oft Gaffer. Mit offenstehendem Mund. Mit einem ins Gesicht geklebten Lächeln. Eine Erzählung über den totalen Krieg. Den Vernichtungskrieg. ES IST SCHRECKLICH. […]

Warum zum Teufel lade ich Euch dorthin ein? Wozu sich diese schrecklichen Eindrücke aufbürden? Aus drei Gründen. Erstens: Um eine recht große Abteilung des Museums zu besuchen, die »Widerstand« heißt. Die einzige Abteilung, die eindeutig Hoffnung verbreitet. Sie erzählt von der schönen und schmerzlichen Anstrengung von Millionen Menschen, die sich den von Russen und Deutschen gebrachten Grausamkeiten widersetzten. Man kann hier mehr als zwei Stunden verbringen. In einem Chaos der Gefühle, die in mir wie Granaten bersten, habe ich Ruhe gefunden. […]

Der zweite Grund: Um Euch zum Nachdenken und zu Gesprächen über dieses höllisch schwierige Thema anzuregen. Wir müssen reden, um uns dagegen zu stellen. Um auf die Zeit zu reagieren, um den Willen zu härten, um das Herz zu erweichen. Um schnell und stark auf das Böse zu antworten. Um so viele wehrlose Opfer wie möglich zu retten, am besten noch bevor sie zu solchen werden.

Der dritte Grund: Um das Museum vor den Versuchungen der Politiker zu schützen, die mit ihrer verblendeten Kleingeisterei dieses Werk zerstören wollen. Ein vom menschlichen Verstand ausgedachtes Werk. Eine komplizierte Struktur von Idee, Architektur, Plan, Wissen und Gefühlen. Viele Menschen haben sich jahrelang angestrengt, damit das Museum entsteht.

Wir haben das Recht, laut über das Unrecht zu sprechen, das wir Polen in einigen Jahrzehnten des Alptraums von Krieg und Kommunismus erfahren haben. Doch man kann das auf ganz unterschiedliche Weise tun.

> Das Museumsteam und alle Mitarbeiter haben eine Plattform geschaffen, dank derer sich alle am Dialog über das Thema des Bösen beteiligen können. Henker und Opfer. Jene, die am meisten gelitten haben, und jene, die am wenigsten gelitten haben. Alle haben wir Wunden und Blessuren, die sich öffnen, wenn wir schwierige Themen berühren. Nur Respekt vor der anderen Seite ermöglicht ein Verstehen. Das Museum des Zweiten Weltkriegs öffnet seine Tore für alle. Kommt so schnell wie möglich in dieses Museum. Seine Existenz in der jetzigen Form ist ernsthaft gefährdet. Es ist kaum mehr als ein Monat Zeit geblieben. Dann können die Mühlsteine der politischen Mühle es zu Staub zerreiben. Wenn Ihr nach dem Besuch im Museum Ähnliches fühlt und denkt wie das, was ich geschrieben habe, so seid bereit und geht zur Verteidigung des Museums auf die Straße.

Schließlich kam am 23. März 2017 der Tag, an dem viele Jahre meiner Arbeit und der Arbeit von Hunderten anderer Menschen gekrönt wurden. Zur offiziellen Eröffnung hatte ich Veteranen, Häftlinge aus den Konzentrationslagern, Leihgeber und Stifter eingeladen. Ich hatte auch den Kulturminister angeschrieben, doch wusste ich nur zu gut, dass er das Museum nicht besuchen würde, solange ich hier amtierte. Aus diesem Grund hatte ich keine anderen Politiker eingeladen, da ich mir darüber im Klaren war, dass nur diejenigen gekommen wären, die sich der Opposition verbunden fühlten, wodurch die Eröffnung des Museums einen politischen Charakter erhalten hätte, den ich vermeiden wollte. Ich eröffnete das Museum, indem ich als erste Besucherin die inzwischen 96-jährige Joanna Muszkowska-Penson in die Ausstellung führte – jene Verbindungsfrau des Bundes für Bewaffneten Kampf, die im Pawiak-Gefängnis und im Konzentrationslager Ravensbrück, später eine Aktivistin der Solidarność und Ärztin gewesen war. Nachdem sie dem Museum für die Sammlung ihre Briefe aus dem Lager übergeben hatte, war sie in den letzten Jahren zu einem guten Geist, ja sogar zu einem Symbol des Museums geworden und stand uns in den schwierigsten Momenten bei.

Frappierend war der bescheidene Charakter der Eröffnung, der ganz anders war als bei anderen Museen, die in den Jahren zuvor eröffnet worden waren, etwa beim Museum für die Geschichte der Polnischen Juden oder beim Europäischen Solidarność-Zentrum. Es gab keine staatlichen Würdenträger oder offizielle Ansprachen. Alle waren sich bestens bewusst, dass dies unsere Lage widerspiegelte – die eines Museums, das gegen den Willen der Führung des eigenen Landes eröffnet wird, die um alles in der Welt genau diesen Moment nicht zulassen wollte, die mit allen möglichen Mitteln versuchte, unsere Anstrengungen zunichte zu machen. Veteranen, ehemalige Häftlinge und Stifter, die wichtigsten Helden dieses Tages, waren Teil der gesellschaftlichen Bewegung, die unser Museum verteidigte. Die Journalisten sprachen am Tag der Eröffnung mit unseren Gästen, oft schon sehr alten Menschen, die ihre Befriedigung und Rührung nicht verbargen. Für sie spiegelte die Ausstellung ihr Leben wider.

Am Abend dieses Tages war der Kulturminister Gast in einer bekannten Nachrichtensendung im privaten Fernsehsender Polsat News. Auf die Frage der Journalistin, warum er an diesem Tag nicht in Danzig gewesen sei und ob er die Tatsache kommentieren könne, dass die Veteranen und Leihgeber über die Ausstellung begeistert seien, entgegnete Gliński mit einer geringschätzigen Frage: »Denken Sie, dass Leihgeber und Veteranen einen Vergleich haben, wie andere Museen aussehen?« Dann ging er zum Angriff auf das Museum über: »Das Problem beruht darauf, dass dies zu 100 Prozent ein staatliches Museum ist. Ich verantworte die Kulturpolitik und es ist ein Museum, das der Aufsicht meines Ministeriums untersteht. Leider kann ich diese Aufsicht seit mehr als einem Jahr nicht ausüben. Aus verschiedenen Gründen, unter anderem wegen der heftigen und aggressiven Medienkampagne.« Dann ging er die Gerichte an und meinte, dass »das Woiwodschafts-Verwaltungsgericht seit vielen Monaten die Klage nicht verhandelt, die mich daran hindert, meine verfassungsmäßigen Pflichten auszuüben, also die Vereinigung zweier Kultureinrichtungen«. Und dann erklärte er in einem Satz, wie die Gerichte arbeiten: »Auf telefonische Bestellung«. Er meinte damit sicher die im Expresstempo erfolgte Verhandlung über die

Vereinigung der Museen durch das Gericht Ende Januar, was die Auflösung des Museums unerwartet vertagte und uns unschätzbare Zeit zur Eröffnung des Museums gegeben hatte. Darin enthalten war wohl auch die Unterstellung, ich würde die Gerichte manipulieren, was ich als weiteren Ausdruck des verschwörungstheoretischen Denkens des Ministers betrachte, indirekt aber auch als Anerkennung für meine angeblich so großen Möglichkeiten.[69]

Seit den ersten Stunden nach der Eröffnung kamen Menschenmassen in das Museum, obwohl die Touristensaison noch gar nicht angefangen hatte. Am ersten Wochenende erlebten wir eine wahre Belagerung. Viele Personen gelangten gar nicht in die Ausstellung, sogar Menschen, die eigens aus anderen Städten gekommen waren, weil es keine Eintrittskarten mehr gab (aus Sicherheitsgründen dürfen sich gleichzeitig nicht mehr als 700 Menschen in ihr aufhalten). In den ersten beiden Wochen wurde die Ausstellung von 20.000 Menschen besucht. Die Teams an den Kassen kamen kaum nach. Wir hatten keine Möglichkeiten, weiteres Personal einzustellen und dadurch die Öffnungszeiten des Museums zu verlängern, was angesichts eines solchen Ansturms von Interessierten naheliegend gewesen wäre. Diese zwei Wochen, zwischen der Eröffnung des Museums und meiner Entfernung aus ihm, verbrachte ich täglich mehrere Stunden in der Ausstellung und führte Historiker, Museumsfachleute, Journalisten, manchmal auch »große Persönlichkeiten« wie Lech Wałęsa. Donald Tusk besuchte das Museum im April, als ich nicht mehr dort war. Ich konnte auch die Reaktionen anderer Besucherinnen und Besucher beobachten, einige sprachen mich an, dankten für das Museum und dafür, dass wir es trotz aller Widrigkeiten eröffnen konnten. In solchen Augenblicken hatte ich das Gefühl, dass es sich gelohnt hatte, all dies zu tun.

Gleichzeitig war es für mich offensichtlich, dass dies nur ein vorübergehender Zustand sein würde. Auch für die Öffentlichkeit war das klar. In der Gazeta Wyborcza erschien ein Text mit dem sym-

69 Piotr Gliński. Gość Wydarzeń [Piotr Gliński als Gast der Nachrichtensendung »Wydarzenia«]. In: polsatnews.pl vom 23. März 2017.

bolischen Titel *Das Museum des Zweiten Weltkriegs: Westerplatte oder Schlacht um England?* Autor Mikołaj Chrzan fragte:[70]

> Wir haben am Radaunekanal eine eindrucksvolle rote Pyramide, ein neues Symbol von Danzig. Es ist dort schon eine Ausstellung zu sehen, die an die Apokalypse des Zweiten Weltkriegs erinnert. Bald wird sich zeigen, ob diese Einrichtung – so wie die unweit gelegene Westerplatte – nach heldenhafter Verteidigung fallen wird? Vielleicht wird es auch gelingen, sie zu verteidigen?

Am 5. April 2017 hob das Oberste Verwaltungsgericht die Entscheidung des Woiwodschafts-Verwaltungsgerichts vom Januar über die Einstellung der Vereinigung der Museen auf. Es war der Meinung, dass die Entscheidung des Ministers über die Vereinigung der Museen ein Vorgang der inneren Führung sei und nicht durch Verwaltungsgerichte überprüft werden könne. Das Gericht entschied also nicht über die Frage, ob der Minister in Übereinstimmung mit dem Recht gehandelt oder ob er die Vorschriften verletzt hatte – wie das Museum, der Ombudsmann für Bürgerrechte und die Stadt Danzig in ihren Klagen argumentiert hatten. Dies stand im Widerspruch zur Auslegung durch das Woiwodschafts-Verwaltungsgericht und wurde von vielen Kommentatoren als Ausdruck des Zauderns in einer Situation angesehen, in der sich die Gerichte unter wachsendem Druck durch die Regierung der PiS befanden.[71]

Angesichts der Entscheidung des Obersten Verwaltungsgerichts legte der Ombudsmann Kassationsklage ein. Diese Klageschrift zeigt den Kern der Auseinandersetzung um das Museum, dessen Bedeutung unsere Institution weit überstieg und das Verständnis bürgerlicher Freiheiten und kultureller Autonomie, ja sogar das Wesen des demokratischen Rechtsstaates betraf. Adam Bodnar argumentierte,

70 Mikołaj Chrzan: Muzeum II Wojny Światowej. To Westerplatte czy Bitwa o Anglię [Westerplatte oder Battle of England]. In: Gazeta Wyborcza vom 29. März 2017.

71 Siehe z.B. Ewa Siedlecka: Prawo i sprawiedliwość dla PiS [Recht und Gerechtigkeit für die PiS]. In: Polityka vom 17.–23. Mai 2017.

dass Museen so wie auch andere Kultureinrichtungen gegenüber ihren Trägern, in diesem Fall gegenüber dem Kulturminister, autonome Einheiten sind:[72]

> Wenn man davon ausgeht, dass die Umwandlung oder auch Auflösung einer Kultureinrichtung ein Vorgang der inneren Führung ist, so könnten (staatliche oder kommunale) Behörden auf diese Art und Weise jedes Theater schließen, das ein ihrer Meinung nach politisch unerwünschtes Werk aufführt oder auch jede museale Ausstellung schließen, wenn sie nicht der aktuellen Geschichtspolitik entspricht; ihre diesbezüglichen Schritte würden keinerlei Kontrolle von außen unterliegen.

Der Ombudsmann meinte auch, dass die Weigerung des Obersten Verwaltungsgerichtshofs, sich zur Vereinigung der Museen zu äußern, das Justizgrundrecht verletze.
Nach dem Spruch des Obersten Verwaltungsgerichts gingen die Dinge sehr schnell, wie gewöhnlich ohne Informationen aus dem Kulturministerium über das weitere Vorgehen. Bereits am nächsten Tag tauchte im Museum die Direktorin der Abteilung für Kulturerbe, Paulina Florjanowicz, in Begleitung des neuen Direktors auf, des 33 Jahre alten Dr. Karol Nawrocki. Er hatte als Historiker in der Danziger Außenstelle des Instituts für Nationales Gedenken gearbeitet und sich bis dahin hauptsächlich mit der Geschichte der Solidarność in Elbing sowie mit Fußballgeschichte beschäftigt, während er keinerlei museale Erfahrung besaß. Er war eher dafür bekannt, dass er sich für den Kult der »verfemten Soldaten« einsetzte und sich in Fanclubs des lokalen Fußballvereins Lechia Gdańsk engagierte. Es war in Danzig ein offenes Geheimnis, dass er der PiS und vor allem Staatssekretär Sellin nahestand; er wurde schon seit einiger Zeit als mein Nachfolger gehandelt. Es hieß auch, dass der neue Posten Nawrocki öffentlich bekannt machen sollte, um ihm eine gute Ausgangsposition für den Wahlkampf um das Amt des Stadtpräsidenten im Herbst 2018 zu verschaffen; jedenfalls steht er

72 Kassationsklage des Ombudsmanns für Bürgerfragen vom 7. Juni 2017.

auf der kurzen Liste von Namen, die von der PiS für dieses Amt erwogen werden.

Paulina Florjanowicz, die sich in den vorherigen Monaten eifrig am Krieg gegen das Museum beteiligt hatte, informierte mich, dass das bisherige Museum formal bereits aufgelöst und vom Minister aus dem Museumsregister gestrichen worden sei, weshalb ich auch kein Direktor mehr sei, da die Einrichtung, die ich geleitet hatte, nicht mehr existiere. Später stellte sich heraus, dass das nicht ganz stimmte, da die Löschung des Museums und die Eintragung des neuen Museums des Zweiten Weltkriegs einige Tage in Anspruch nahm, in denen ich mein Amt weiter hätte ausüben können. Ich wollte aber nicht länger Widerstand leisten, um keinen Vorwand für Beschuldigungen zu liefern, dass ich an meinem Posten klebe.

Die Machtübernahme erfolgte in größter Eile und unter chaotischen Umständen. Die neue Institution hatte einige Tage lang keine Steuernummer, weshalb der Verkauf von Eintrittskarten eingestellt wurde. Unten, neben der Ausstellung, sammelten sich orientierungslose und immer wütendere Menschen. Es roch fast wie ein Staatsstreich, der recht unbeholfen und in manchen Elementen geradezu operettenhaft durchgeführt wurde. Die Medienkontakte wurden sofort von einem neuen Pressesprecher übernommen, der zusammen mit Nawrocki Einzug hielt. Wir wussten nicht viel über ihn, abgesehen davon, dass er Informatiker war und – wie er sich selbst in rechten Internetportalen darstellte – Katholik, Konservativer sowie »stolz darauf, Pole zu sein«. In den hier zu lesenden Texten stellte er explizit und öffentlich seine homophobe Einstellung zur Schau, indem er »homosexuelle Propaganda« in der zeitgenössischen Massenkultur »aufdeckte«, etwa in einer Serie über Sherlock Holmes sowie in *Pirates of the Caribbean*, wo der »verweiblichte und angemalte Johnny Depp« seine Unruhe hervorrief.[73] Es handelte sich um ein Element nicht nur einer weitrei-

73 Krzysztof Katka: »Homosceptyk« rzecznikiem Muzeum II Wojny Światowej [Ein »Homoskeptiker« als Sprecher des Museums des Zweiten Weltkriegs]. In: Gazeta Wyborcza vom 10. April 2017; Joanna Gierak-Onoszko: Skąd wziął się Tomasz Rakowski, »homosceptyk p.o. rzecznika Muzeum II Wojny Świa-

chenden personellen, sondern auch kulturellen Wende, die sich im Museum vollzog, so wie in ganz Polen.
Aufgrund des Arbeitsrechts hatte der neue Direktor die Pflicht, mir im neu entstandenen Museum des Zweiten Weltkriegs auch ein neues Arbeitsverhältnis anzubieten, doch beide Seiten wussten, dass ich dies niemals annehmen würde. Ich hätte dadurch die Rechtsbeugung (in meiner Überzeugung den klaren Rechtsbruch) legitimiert, den sich der Kulturminister hatte zuschulden kommen lassen – nicht davon zu reden, dass ich keine Lust hatte, als normaler Mitarbeiter und Untergebener von Dr. Nawrocki zu arbeiten. Dieser hatte mir übrigens gleich gesagt, dass er die Ausstellung so verändern wolle, wie dies Historiker mit »konservativer Empfänglichkeit« empfohlen hätten, wobei er Jan Żaryn erwähnte. Dabei gab er zu, dass er die Ausstellung erst einmal kennenlernen müsse, da er sie bei der Vorstellung am 23. Januar nur sehr flüchtig betrachtet hätte.
Am 7. April 2017 verließ ich das Museum und Danzig, um in mein Haus in Warschau zurückzukehren. Einen Tag später besuchte Michał Łuczewski das Museum, ein Soziologe an der Universität Warschau und zugleich ein bekannter Publizist aus konservativ-katholischen Kreisen. Er schrieb mir sogleich, um mir seinen Eindruck mitzuteilen. Ich zitiere diesen Brief, da er Zeugnis für diese Augenblicke im Museum ist, aber auch dafür, wie eine Person die Ausstellung empfindet, die weltanschaulich weit von mir entfernt, aber nicht von vornherein mit Vorbehalten befangen ist:[74]

> Gestern war es unmöglich, ins Museum zu gelangen – die Tickets waren schon am Morgen ausverkauft, die Menschen standen viele Stunden in Schlangen; Versuche, dies institutionell zu lösen, fruchteten auch nicht, da die Leute in den höheren Stockwerken des Managements Angst davor hatten, mir eine Eintrittskarte für die »alte« Ausstellung zu geben, da dies (so empfand ich es) bei der neuen Mannschaft

towej« [Woher kommt Tomasz Rakowski, »Homoskeptiker und Sprecher des Museum des Zweiten Weltkriegs«]. In: POLITYKA.PL vom 15. April 2017.
74 Brief von Michał Łuczewski an Paweł Machcewicz vom 9. April 2017.

> schlecht ankom_men würde. Sicher wissen Sie das alles. Aber ich bin hineingekommen! Das ist das schönste Museum, das ich je gesehen habe. Ich war vielfach gerührt – zu Tränen –, die gewaltige Größe dieses Ereignisses ist ausgezeichnet gezeigt worden. Aus polnischer Perspektive. Schön (auch wenn das ein schlechtes Wort ist) und wahrhaftig wird die Beteiligung Polens an der Annexion des Olsa-Gebiets gezeigt. Ich war stolz darauf, dass wir nicht versucht haben, das zu vertuschen. Jedwabne habe ich wiederum besser als jemals zuvor verstanden – selbst wenn ich mit meinen Studenten seit Jahren Wassersztajns Zeugnis lese. Ich weiß nur nicht, inwiefern es glaubwürdig ist, doch in der Ausstellung gibt es nur einen kleinen Ausschnitt daraus.
>
> Der Führer, dem ich mich anschloss, war beseelt und stellte die polnische Perspektive noch stärker in den Vordergrund. Er sagte unter Bezug auf den entsetzlichen Satz von Stauffenbergs an seine Gattin: »An diesem Ort könnten Sie denken, die Deutschen seien böse Menschen. Denken Sie nicht so. Denken Sie, dass jeder von uns durch diverse Einflüsterungen zu einem solchen Menschen werden kann.«
>
> Ich könnte noch viel schreiben, doch alles führt zu einem. Sie können sagen: *exegi monumentum* – für uns.

Einige Tage später richtete Joanna Muszkowska-Penson einen dramatischen Aufruf an Minister Gliński, die Ausstellung nicht zu verändern. Die Ravensbrück-Überlebende schrieb:[75]

> Ich wende mich als eine der letzten Personen an Sie, die den Zweiten Weltkrieg überlebt haben. Ich möchte, dass Sie die Erfahrung meiner Generation ehren und mit den destruktiven Maßnahmen aufhören, die das Museum des Zweiten Weltkriegs in Danzig beschädigen und damit auch das Gemeinwohl. Schon dreimal war ich in diesem Museum und kann

75 Joanna Muszkowska-Penson: Odebrał mi Pan miejsce pamięci [Sie haben mir den Ort der Erinnerung genommen]. In: Gazeta Wyborcza vom 12. April 2017.

> ohne Zögern sagen, dass dies ein Ort ist, der Demut lehrt. Trotz seiner entsetzlichen Aussage weckt es Hoffnung darauf, dass das Gute über das Böse siegt. Darum muss man es sehen! Sie haben die Ausstellung nicht gesehen, beurteilen und kritisieren sie aber. [...] Sie haben uns, Veteranen, versichert, Sie würden sich um die Form der polnischen Erinnerung sorgen. Da wir über dasselbe sprechen, möchte ich bitten, dass Sie es dem Museum erlauben, in der Form zu bestehen, in der es Prof. Dr. Paweł Machcewicz, Dr. Janusz Marszalec, Prof. Piotr M. Majewski, Prof. Rafał Wnuk und andere geschaffen haben, die sich seit Jahren anstrengen, um an die Opfer dieses schrecklichsten aller Kriege zu erinnern. [...] Ich habe auch einen sehr persönlichen Grund hierfür. Meine Freundinnen, Mitgefangene aus der Minderjährigenzelle (15–17 Jahre), die in Ravensbrück ums Leben kamen, entweder weil sie erschossen wurden oder weil sie Opfer bestialischer Versuchsoperationen wurden, haben heute keine Gräber. Für mich ist das Museum der einzige Ort, wo ihnen die Erinnerung zurückgegeben wird. Sie haben mir diesen Ort genommen.

Einige Tage später wurden zwei meiner engsten Mitarbeiter entlassen: Rafał Wnuk, der die neuen Arbeitsbedingungen als gewöhnlicher Mitarbeiter in der von ihm aufgebauten wissenschaftlichen Abteilung nicht annahm, sowie Piotr M. Majewski, dem der neue Direktor noch nicht einmal eine Weiterbeschäftigung anbot. Von den vieren, die den größten Anteil am Entstehen des Museums hatten, nahm nur Janusz Marszalec die neuen Bedingungen an. Er tat dies in dem vollen Bewusstsein, in dieser Umbruchphase aus der Nähe beobachten zu können, was die neue Direktion macht, aber er wollte auch bei den jüngeren Mitarbeitenden bleiben, für die dies auch eine schwierige Zeit war. Bald darauf wurde ebenfalls Alicja Bittner entlassen, die im vorausgegangenen Jahr die Hauptlast der täglichen Medienkontakte übernommen hatte. Anstelle der Entlassenen wurden neue Leute eingestellt, darunter lokale Aktivisten der PiS, aber auch ein Assistent von Staatssekretär Sellin. Piotr Kosiewski schrieb einen Text für die Wochenzeitung Tygodnik Powszechny und betitelte ihn *Das unterworfene Museum*.[76] Daraufhin antwortete Piotr Semka mit einem Artikel, der in triumphalistischen Tönen daherkam und in dem er seine Befriedigung darüber zum Ausdruck brachte, dass ich abgesetzt worden war; er rief dazu auf, energisch mit dem abzurechnen, was wir aufgebaut hatten. »Paweł Machcewicz, der bisherige Museumschef, hat die Einrichtung nach Gutsherrenart als seine Privatangelegenheit angesehen.«[77] Semka hob auch seine Verdienste im Kampf gegen das Museum hervor: »Ich weiß, welchen Preis man für seine Meinung zu zahlen hat, denn seit einem Jahr wischt sich Paweł Machcewicz den Mund mit meinem Namen ab und beleidigt mich gelegentlich auf außerordentlich scharfe Weise. Wenn dies der Preis dafür war, dass er die in zutiefst empörenden Ausstellungspläne fallengelassen hat, dann war es das wert.«[78] Ein anderer Journalist der Rechten, Andrzej Potocki, rief mich dazu auf, mich öffentlich bei Piotr Semka zu entschuldigen.

Ein Element für die symbolische Aneignung eines feindlichen Raums und für die Austreibung der bösen Geister war die Weihung des Gebäudes, die vom Danziger Erzbischof vorgenommen wurde. Die Feierlichkeit wurde von einem Johannes-Paul-II.-Chor aus Kielno (Kölln) begleitet, der unter anderem patriotische Kriegslieder sang wie *Wojenko, wojenko* (Kriegchen, Kriegchen), *Serce w plecaku* (Das Herz im Rucksack) und *Przybyli ułani pod okienko* (Die Ulanen sind zum Fenster gekommen). Das war wahrlich ein ganz anderes Verständnis von Krieg als das, was in der direkt angrenzenden Ausstellung zu sehen war.

Erzbischof Głódź ließ es nicht bei der Weihung des Gebäudes bewenden, sondern bezog sich in seiner Fronleichnams-Homilie auf das Museum. Er sprach vom »Dämon des Fortschritts und der Moderne, der große Verwüstungen bewirkt, etwa im westlichen Europa«. Auch erinnerte er an die aus öffentlichen Institutionen verschwindenden Kreuze, an »Christophobie«, an allergische Reaktionen auf

76 Piotr Kosiewski: Muzeum podbite [Das unterworfene Museum]. In: Tygodnik Powszechny vom 10. April 2017.

77 Piotr Semka: Nowy początek w muzeum [Neuanfang im Museum]. In: Do Rzeczy vom 18. April 2017.

78 Ebenda.

Christen und ihren Glauben, ihr Ethos, ihre Kultur und Sitten. Dies brachte ihn auf unser Museum, das »aus dieser Strömung von Fortschritt und Moderne erwächst«. Er zeigte sich empört darüber, dass es die Leidensgeschichte der katholischen Kirche nicht erwähne, was jedoch überhaupt nicht den Tatsachen entsprach.[79]
Ein Symbol für die neue Art der »historischen Sensibilität«, die sich im Museum ausbreitete, war auch eine Äußerung des Direktors des Instituts für Nationales Gedenken, Jarosław Szarek, der die in den Bordellen der Konzentrationslager zu sexuellen Dienstleistungen gezwungenen weiblichen Häftlinge als Prostituierte bezeichnete.[80]

> Hier [im Museum des Zweiten Weltkriegs] gibt es Tausende von Tonnen Beton, Millionen von Złoty des polnischen Steuerzahlers, 33.000 Quadratmeter und auf diesen 33.000 Quadratmetern sind 15 cm [sic] Rittmeister Pilecki gewidmet. Und in welchem Kontext – gleich neben den Prostituierten in den Konzentrationslagern. So wird hier über den Zweiten Weltkrieg erzählt. Wir können uns eine solche Erzählung nicht erlauben. Hierher kommen Menschen aus der ganzen Welt.

Veränderungen in der Ausstellung kündigte vor allem auch der Kulturminister höchstpersönlich an:[81]

> Die Ausstellung wird sich langsam verändern, da es dort meiner Meinung nach unzulässige Manipulationen gibt. Die Per-

79 Jarosław Makowski: Katolicyzm tak, Bóg nie [Katholizismus Ja, Gott Nein]. In: NEWSWEEK.PL vom 16. Juni 2017.

80 Skandal w MIIWŚ! Szarek: Tylko 15 cm dla rotmistrza Pileckiego! »I to w jakim kontekście – nieopodal prostytutek w obozach koncentracyjnych« [Skandal im M2WK! Szarek: Nur 15 cm für Rittmeister Pilecki! »Und in welchem Kontext – neben den Prostituierten in Konzentrationslagern«]. In: WPOLITYCE.PL vom 28. April 2017.

81 Wałęsa to Myszka Miki wykorzystywana w walce politycznej. Rozmowa Jacka Nizinkiewicza z wicepremierem i ministrem kultury Piotrem Glińskim [Lech Wałęsa ist die Mickymaus, die im politischen Kampf ausgenutzt wird. Jacek Nizinkiewicz im Gespräch mit Vize-Ministerpräsident und Kulturminister Piotr Gliński]. In: RZECZPOSPOLITA vom 6. September 2017.

> son Maximilian Kolbes kommt nicht vor. Irena Sendler ist irgendwo hinter einem Hydranten versteckt. Der Rittmeister Pilecki wird ganz bescheiden gezeigt, die Bezeichnung »verfemte Soldaten« existiert nicht. Es ist richtig, was Prof. Żaryn geschrieben hat, dass es hier fast nichts über die polnische Kirche gibt. Polen war und ist ein katholischer Staat.

Bald darauf ergänzte der Kulturminister dies in einem Brief an die Ausstellungsmacher um sattsam bekannte ideologische Vorwürfe: »Sie haben ein ideologisches Museumsprojekt der ›sog. europäischen Geschichtsversion‹ verwirklicht. [...] Wir wollen in Polen kein zweites Haus der Europäischen Geschichte.«[82] Diese Urteile wichen extrem von der Meinung des Großteils jener mehreren Hunderttausend Besucherinnen und Besucher ab, die die Ausstellung bereits vor dem Kulturminister gesehen hatten. Aber offensichtlich handelte es sich bei ihnen in der Mehrzahl um »Spitzel und Hassprediger der Straße«, die nicht Polen, sondern dem Ausland dienten, wie der Kulturminister in dem zitierten Interview Menschen nannte, die andere Ansichten vertraten als er selbst.

Die erste Änderung, die von der neuen Direktion umgesetzt wurde, war wie erwähnt die Entfernung eines Teils der Ausstellung »Es war einmal der Eimermacherhof ...« über die Geschichte des Stadtteils und das Museum selbst. Direktor Nawrocki entfernte eine multimediale Präsentation über die Geschichte des entstehenden Museums, das Vorgehen des Kulturministers und die Verteidigung der Autonomie des Museums. Als Zeichen des Protestes gegen diese Zensur verließ Janusz Marszalec das Museum, der letzte aus unserem Kleeblatt, die wir das Museum von Anfang an geschaffen hatten.

Noch vor dem »Umsturz« am 6. April hatte ich vielfach gemeinsam mit meinen drei Kollegen erklärt, wir würden, sollte sich die Notwendigkeit ergeben, die Integrität der Ausstellung auf der Grundlage des Urheberrechts verteidigen. Sie ist urheberrechtlich geschützt, genauso wie ein Buch. Minister Gliński kann anordnen, mit schwe-

82 Brief des Ministers für Kultur und Nationales Erbe, Piotr Gliński, an Paweł Machcewicz, Piotr M. Majewski, Janusz Marszalec und Rafał Wnuk vom 19. September 2017.

rem Gerät die ganze von uns geschaffene Ausstellung zu beseitigen und an ihrer Stelle eine ganz andere, neue zu installieren. Zum Beispiel eine, die von den »Rezensenten« und dem neuen Direktor verantwortet wird. Es wäre jedoch eine Verletzung des Urheberrechts, aber auch der historischen, intellektuellen und künstlerischen Kohärenz der Ausstellung, einige Elemente ohne Einverständnis der Urheber zu beseitigen. In Zukunft können sich natürlich neue historische Tatsachen oder technische Möglichkeiten einstellen, die Veränderungen begründen werden. Das geschieht aber nie von einem Tag auf den anderen, gleich nach der Eröffnung eines über acht Jahre hin entstandenen Museums, sondern ist Ergebnis langfristiger Prozesse. Der arbiträre Wunsch eines Ministers oder seiner politischen Partei kann keine Begründung dafür sein. Denn nicht dies ist die Ordnung, in der Museen und historische Ausstellungen existieren, sondern sie unterliegen ganz anderen Gesetzen und einem anderen Rhythmus. Ihre Perspektive sollte zur aktuellen Parteipolitik größtmögliche Distanz haben. Die 1993 eröffnete Hauptausstellung im Holocaust-Museum in Washington ist bislang von 40 Millionen Menschen besucht worden, und erst jetzt beginnt die Diskussion darüber, ob sie zu ergänzen ist, etwa indem die Täter der Verbrechen umfangreicher dargestellt werden.
Im April 2017 veröffentlichten wir eine juristische Stellungnahme des Anwalts Maciej Ślusarek, eines der bekanntesten Urheberrechtsanwälte Polens, der sich bereit erklärt hatte, die Ausstellungsmacher des Museums des Zweiten Weltkriegs zu verteidigen, würde es zu einem Gerichtsprozess über die Integrität der Ausstellung kommen. Ich möchte hieraus zitieren, da man nach den vielen Äußerungen Jarosław Kaczyńskis und anderer Politiker der Regierungspartei (ganz abgesehen von Erzbischof Głódź) davon ausgehen muss, dass das Urheberrecht die letzte Bastion vor arbiträren, politisch motivierten Veränderungen der Ausstellung sein kann. Wie Ślusarek argumentiert,[83]

83 Expertise von Maciej Ślusarek, Kanzlei Leśnodorski, Ślusarek und Co. 24. April 2017.

> ist jede schöpferische Äußerung mit intellektuellem Charakter, die in jedwelcher Gestalt festgehalten wird, unabhängig von ihrem Wert, ihrer Bestimmung und ihrer Darstellungsweise ein Ausdruck schöpferischer Arbeit. [...]
> [...] gestützt auf eine Analyse der Vorschriften und der Rechtsprechung und unter anschließender Bezugnahme auf die Besonderheiten des Gegenstands der vorliegenden Analyse, der Ausstellung im Museum des Zweiten Weltkriegs, unter Berücksichtigung der Art und Weise, wie sie realisiert wurde und wie komplex die zu ihrem Entstehen führenden Pläne waren, stellt sie zweifellos ein Werk im Sinne des Gesetzes über das Urheberrecht und verwandter Rechte dar.
> Es ist darauf zu verweisen, dass das Werk in der vorliegenden Situation nicht nur aus der in Zusammenarbeit mit der Firma Tempora entstandenen endgültigen Version der Ausstellung besteht, sondern auch aus dem Drehbuch der Ausstellung in der Autorschaft von Prof. Dr. hab. Paweł Machcewicz, Dr. hab. Piotr M. Majewski, Dr. Janusz Marszalec sowie Dr. hab. Rafał Wnuk. Diesen Personen steht als Urhebern der Ausstellung das unveräußerliche Urheberrecht zu; alle Veränderungen in diesem Werk dürfen nur mit Zustimmung aller Urheber vorgenommen werden.
> Dies bedeutet, dass jedweder Eingriff in die derzeitige Gestalt der Ausstellung [...] eine Verletzung des unveräußerlichen persönlichen Urheberrechts der Ausstellungsmacher ist [...] und auch auf der Grundlage des Strafrechts verhandelt werden kann. Die Urheber haben das Recht, die Einstellung aller Verletzungen (Eingriffe in die Ausstellung) zu verlangen, und sollte es zu solchen kommen [...], haben sie das Recht, die Rückführung der Ausstellung in ihren Ursprungszustand zu verlangen.

Es ist freilich ungewiss, wie lange es in Polen noch unabhängige Gerichte geben wird, doch man wird sich immer noch an europäische Gerichte wenden können. Ich glaube auch daran, dass die Rechtstaatlichkeit früher oder später in Polen wiederhergestellt wird

und die für ihren Bruch Verantwortlichen zur Verantwortung gezogen werden, was auch die arbiträren Eingriffe in die Ausstellung betrifft. Sollte sie verändert werden, wird man sie in Zukunft in ihren Ursprungszustand zurückversetzen können.
Auf das Museum bezog sich im Juli 2017 Jarosław Kaczyński, der seinem Lager immer wieder strategische Richtlinien vorgibt, wie man etwas zu interpretieren habe und was damit zu tun sei. Diesmal äußerte er sich in einem besonders dramatischen Augenblick, nach einer Welle von Massendemonstrationen zur Verteidigung der unabhängigen Gerichte. Der PiS-Vorsitzende begann damit, dass die Deutschen ihre Verpflichtungen gegenüber Polen nie abbezahlt hätten und dass sie uns ihre Geschichtspolitik aufzwängen würden. Er meinte:[84]

> […] zum Beispiel das Museum des Zweiten Weltkriegs in Danzig, eine Art Geschenk Donald Tusks für Angela Merkel, das ist nichts anderes als dass man zu einem Teil der deutschen Geschichtspolitik wird. Das ist ein Museum, das Teil der deutschen Geschichtspolitik ist. Wenn wir es ändern wollen und wenn der Kulturminister es ändert, geht der Ombudsmann für Bürgerfragen gerichtlich dagegen vor und die Gerichte ordnen die Rücknahme der Änderungen an. So eine Lage haben wir heute in Polen, deshalb diese Reform [des Gerichtswesens], auf die wir immer wieder zurückkommen. Weil das eine superwichtige Sache ist und weil sie unbedingt notwendig ist.

Und so sind endlich alle Fäden zusammengekommen: Museen, Phobien gegenüber anderen Nationen, Geschichtspolitik und Gerichte. Wären diese Gerichte schon früher der Regierungspartei unterstellt worden, hätten wir keine Chance gehabt, die Eröffnung des Museums herbeizuführen und unsere Ausstellung öffentlich

84 Kaczyński: Muzeum II WŚ w Gdańsku wpisuje się w niemiecką politykę historyczną [Kaczyński: Museum des Zweiten Weltkriegs in Danzig wird zum Teil der deutschen Geschichtspolitik]. In: Polska Agencja Prasowa vom 28. Juli 2017.

zu präsentieren. Solange sie geöffnet und prinzipiell unverändert bleibt, solange wird ihr keine Lüge schaden können. Und nach wie vor ziehen unübersehbare Menschenscharen ins Museum, nicht für alle reichen die Eintrittskarten. Innerhalb der ersten beiden Monate nach der Eröffnung, bis zum 17. Mai 2017, wurden 100.000 Besucherinnen und Besucher gezählt, nach einem halben Jahr waren es schon 300.000. Jetzt, zum Erscheinungszeitpunkt, sind es noch viel mehr. Für alle diese Menschen ist das Museum des Zweiten Weltkriegs gemacht worden, sie sind es, die bei seiner Beurteilung das letzte Wort haben.

Eine nicht abgeschlossene Geschichte

Was ist die Moral dieser ganzen Geschichte? Ich denke, dass sich in der Auseinandersetzung um das Museum des Zweiten Weltkriegs einige grundlegende Fragen treffen: Wie ist das nationale Erbe zu verstehen, welche Rolle haben Geschichte und Kultur, wie sollen wir die Gegenwart betrachten?

Im Zentrum der häufigsten Vorwürfe gegen das Museum stand, dass in ihm nicht nur die Erfahrungen der Polen, sondern auch anderer Nationen gezeigt werden. Wir haben angeblich kein polnisches, sondern ein »europäisches«, »kosmopolitisches« Museum geschaffen, das sich durch »Pseudouniversalismus« auszeichne. Wenn man zu verstehen versucht, was sich hinter diesen ideologischen Beschwörungsformeln verbirgt, so entdeckt man die tiefe Überzeugung, dass alleine die Darstellung der polnischen Erfahrungen als Teil der europäischen und globalen Geschichte eine Bedrohung für die polnische Eigenart und Besonderheit ist. Demnach sollten wir uns ausschließlich mit uns selbst befassen, nachweisen, dass wir als Volk das schwerste Schicksal hatten, aber auch größtes Heldentum erreicht haben, mit dem sich keine andere Nation vergleichen kann. Diesem Denken zufolge kann die Präsentation des Schicksals anderer Länder in einem Museum, das doch einem globalen Konflikt gewidmet ist, das Bild Polens nur gefährden. Es ist das Bild eines ständig bedrohten »Polentums«, das im Grunde mit Unsicherheit und Furcht genährt ist. Wie sonst sollte man die Behauptungen verstehen, dass es ein nationales Verbrechen sei, in der Ausstellung neben dem Warschauer Aufstand auch die Aufstände von Paris, in der Slowakei oder in Prag zu zeigen, oder den Polnischen Untergrundstaat und die Heimatarmee neben anderen Konspirationen und Widerstandsbewegungen im besetzten Europa? Die Geschichte einer jeden Nation ist auf ihre Weise außergewöhnlich, sie unterscheidet sich von den Erfahrungen anderer Völker, und wenn man sie nebeneinander zeigt, so kann dies nur dazu dienen, Unterschiede und Ähnlichkeiten zu erkennen. Wenn man davor Angst hat, verzichtet man von vornherein auf einen Dialog, darauf, unsere Geschichte anderen zu zeigen, aber auch fremde Erfahrungen zu verstehen. Wir würden uns in einer »belagerten Festung« einigeln, die Zugbrücken hochziehen, die Mauern bewaffnen und behaupten – eigentlich an uns selbst gerichtet –, dass wir außergewöhnlich und am allergroßartigsten waren. Nur welchen Nutzen hat das für die nationale Gemeinschaft? Und warum erwarten wir, dass andere dieser unserer Geschichte zuhören werden, wenn wir selbst nichts über fremde Erfahrungen hören wollen?

Ich denke, dass die Angriffe auf den »europäischen«, »internationalen« Charakter des Museums des Zweiten Weltkriegs als Teil einer in den letzten Jahren anschwellenden Welle von Isolationismus, Nationalismus und sogar Fremdenfeindlichkeit zu sehen sind. In der polnischen Variante sind sie Teil von Aktivitäten, die zur Schwächung der Beziehungen unseres Landes mit Europa führen, zu einem langsamen »Herausführen« Polens aus der Europäischen Union, die immer häufiger nicht als Verkörperung des demokratischen Westens dargestellt wird, dem wir in den Jahrzehnten von Unfreiheit und Isolierung angehören wollten, sondern als Ursprung von Bedrohung für unsere Identität. Das ist natürlich kein rein polnisches Phänomen, sondern Teil einer viel umfassenderen Tendenz, internationale Zusammenarbeit, europäische Integration, Globalisierung, ja sogar die Gemeinschaft allgemein-menschlicher Werte abzulehnen. Dasselbe geschieht in Ungarn unter der Regierung Viktor Orbáns, ähnliche Parolen verkünden der Front National in Frankreich, die Alternative für Deutschland oder die Anhänger von Donald Trump. »Die ideologische Schlacht, die die Welt zerreißt, zeigt sich perfekt an dem Kampf um das polnische Museum. Der Versuch, eine Erzählung über den Zweiten Weltkrieg zum Schweigen zu bringen, die den Schwerpunkt auf dessen internationalen Charakter legt, ist sozusagen ein weiterer Schritt zur Zurückweisung der Globalisierung«, bemerkt eine amerikanische Autorin, die auf die Parallelen zwischen den Angriffen auf das Museum und der Mentalität amerikanischer und europäischer Isolationisten verweist. Sie fügt hinzu:[1]

> Wenn wir uns von der globalen Dimension des Kriegs abwenden, wird es unmöglich, irgendwelche Berührungspunkte zwischen dem Krieg in Syrien und dem zu erkennen, was Polen im Zweiten Weltkrieg erlebt hat. Das Museum macht darauf aufmerksam, indem es in dem die Ausstellung beendenden Film Flüchtlinge aus Syrien zeigt. Dieser Film erzählt die Nachkriegsgeschichte der Welt, einer Welt, die immer noch von bewaffneten Konflikten erfüllt ist. Wenn man diese Bezüge ganz ausblendet, ist es viel leichter, die Grenzen vor Flüchtlingen zu schließen …

Dies war eine prophetische Bemerkung, da die Beseitigung gerade dieses Films die erste Veränderung in der Dauerausstellung war, die umgesetzt wurde, nachdem die PiS die Kontrolle über das Museum übernommen hatte.

Die Einstellungen, mit denen das Museum konfrontiert war, sind natürlich keineswegs nur ein zeitgenössisches Problem, sondern sie sind viel tiefer in der polnischen Vergangenheit verwurzelt. Schon viele Historiker haben sich mit der Feindschaft gegenüber der »Ausländerei« befasst, vor allem gegenüber dem Gedankengut aus dem Westen, einer Feindschaft, die für die sarmatische Adelsmentalität im Polen des 17. und 18. Jahrhunderts konstitutiv war. Ein Ausländer war, wie Janusz Tazbir schreibt, »ein Träger von Bedrohungen so grundlegender Werte wie einerseits Staatsverfassung und Religion, andererseits Sprache, Sitte und historischer Tradition, also von Elementen, aus denen sich das polnische Nationalbewusstsein zusammensetzte«.[2]

1 Hana Kozlowska: History repeating. The ideological battle dividing the world is perfectly illustrated by this fight over a Polish museum. In: Quartz vom 19. August 2017.

2 Janusz Tazbir: Stosunek do obcych w dobie baroku [Das Verhältnis zu Fremden im Zeitalter des Barock]. In: Zofia Stefanowska (Hg.): Swojskość i cudzo-

Polen war nun nicht mehr nur »Vormauer der Christenheit«, sondern eine aus jeder Richtung belagerte Insel, umgeben von Feinden, die es sich unterwerfen wollten, auch indem sie ihm fremde Vorbilder aufdrängten. Kulturelle Kontakte ins Ausland wurden verurteilt, auch Reisen in fremde Länder oder das Studium dort. Jerzy Michalski merkt hierzu an:[3]

> Ein wesentliches Merkmal des sog. Sarmatismus war es, davon überzeugt zu sein, dass sich Polen grundsätzlich vom Rest Europas unterscheide und diese angebliche Tatsache zu unterstützen. Dies beschränkte sich nicht ausschließlich auf die bereits im 16. Jahrhundert begonnene und im Laufe des 17. Jahrhunderts weiterentwickelte Doktrin von der Überlegenheit Polens und der Polen über die übrigen Staaten und Nationen Europas, sondern drückte sich auch in der Überzeugung aus, dass die in anderen europäischen Ländern herrschenden Verhältnisse für diese vielleicht gut sind, sich für Polen aber nicht eigneten, da einzig die in Polen herrschenden Verhältnisse für dieses geeignet seien, vor allem in Hinblick auf den polnischen Nationalcharakter.

Diese Spannung zwischen der Offenheit für andere Länder, der Übernahme von Erfahrungen und Vorbildern aus dem Westen, um Polen zu stärken, sowie der Kultivierung polnischer Eigenart und dem Sich-Verschließen in einer Festung der Tradition und des Eigencharakters zog sich durch die gesamte Zeit der Teilungen Polens. Auf faszinierende Weise hat Jerzy Jedlicki in seinem Buch *Welche Zivilisation die Polen brauchen* die verschiedenen Varianten dieser beiden Haltungen verfolgt und hier viele Dilemmata berührt,

ziemszczyzna w dziejach kultury polskiej [Das Eigene und das Fremde in der Geschichte der polnischen Kultur]. Warszawa 1973, S. 80–112, hier S. 84, 91.

3 Jerzy Michalski: Sarmatyzm a europeizacja Polski w XVIII wieku [Sarmatismus und die Europäisierung Polens im 18. Jahrhundert]. In: Stefanowska: Swojskość i cudzoziemszczyzna, S. 113–168, hier S. 114.

die auch heute überraschend aktuell sind.[4] Bohdan Cywiński wiederum hat überzeugend gezeigt, welche wichtigen Elemente der sarmatischen Mentalität in der moderneren mentalen Variante des »Pole = Kathole« (*polak-katolik*) übertragen und konserviert wurden. Cywiński rekonstruiert in seinem Buch *Genealogie der Unbeugsamen,* wie sich dieses Autostereotyp nach dem Januaraufstand 1863 herausbildete, als es sich in scharfem Gegensatz zu denjenigen Geistesströmungen befand, die Polen als Teil von Westeuropa sahen und Beziehungen zu ihm nicht als Bedrohung für polnische Tradition und polnischen Glauben sahen, sondern als Chance für Entwicklung und für die Wiedererlangung der Freiheit. Cywiński hat wohl die intelligenteste Analyse der Weltanschauung »Pole = Kathole« vorgelegt, die Sympathie oder zumindest Empathie nicht vermissen lässt. Diese Weltanschauung hat seiner Meinung nach in ihren grundlegenden Merkmalen die Teilungszeit weit überlebt. Ein Element dieser Einstellung war die Überzeugung, dass »Polen zu seinem spezifischen Weg verurteilt war, es sollte seine eigene, ganz besondere Berufung verwirklichen; eine Beteiligung an der – sozialen oder zivilisatorischen – Geschichte Europas war für Polen weder notwendig noch in Wirklichkeit möglich.«[5]
Die Gefahr kam jedoch nicht nur von außen. Eine noch größere Gefahr kam von denen, die ein anderes Modell polnischer Identität und eine andere Sicht auf die nationale Tradition verkörperten. Cywiński weiter:[6]

> Die völlige Gewissheit, andere von der Richtigkeit der eigenen Ansichten überzeugen zu können, die als einzig erlösende und – schlimmer noch – als die einzig ehrlichen betrachtet werden, hat die Möglichkeiten abreißen lassen, sich mit irgendjemandem außerhalb der eigenen Gemeinschaft zu verständigen […] In den ideologischen Gegnern wollte er keine

4 Jerzy Jedlicki: Jakiej cywilizacji Polacy potrzebują. Studia z dziejów idei i wyobraźni XIX wieku [Welche Zivilisation brauchen die Polen? Studien zur Ideengeschichte des 19. Jahrhunderts]. Warszawa 1988.

5 Bohdan Cywiński: Rodowody niepokornych [Genealogie der Unbeugsamen]. Warszawa 2010, S. 260.

6 Ebenda, S. 263.

> Partner anerkennen, er verachtete sie, sah in ihnen doppelt Abtrünnige – in konfessioneller und in nationaler Hinsicht. Er wollte nicht an ihre Überzeugungen glauben, er zog es vor, einen Mythos zu errichten, demzufolge andere weltanschauliche, politisch-nationale oder gesellschaftliche Konzeptionen als die eigenen stets auf bösem Willen, Schwäche oder rundweg Verrat beruhen. Indem er sich als den einzigen rechtgläubigen Erben der geistigen Tradition Polens betrachtete, sprach er seinen Gegnern das Recht ab, diese fortzusetzen und schrieb ihnen zu, im besten Fall den zerstörerischen Einflüssen des Westens zu erliegen, oder aber jüdischen Anstiftungen, oder einer ideologischen Diversion, die von Petersburg oder Berlin gesteuert wurde …

Während der Angriffe auf das Museum hatte ich oft den Eindruck, es handele sich um einen neuen Akt derselben Konflikte und Einstellungen, von denen in Bezug auf eine andere Epoche *Genealogie der Unbeugsamen* erzählte, das zu den wichtigsten Lektüren meiner Studienzeit zählte. Und zwar nicht nur deshalb, weil einer der Rezensenten sein negatives Urteil unserer Ausstellung mit der Behauptung beendete, ihr Hauptziel solle es eigentlich sein zu zeigen, »wer wir heute sind und warum wir so und nicht anders sind: Freiheitsliebend, Katholiken, Patrioten usw. – vor allem aber stolz auf unsere Geschichte«.
Das wäre freilich allzu naheliegend. Es geht um etwas erheblich Weitreichenderes – um die Überzeugung, ein eigenes Monopol auf polnische Identität und Patriotismus zu besitzen, sowie das Recht, diejenigen aus der nationalen Gemeinschaft auszuschließen, die diese Werte anders verstehen. Aber auch die Vision eines stets bedrohten Polens, das dazu gezwungen ist, seine Andersartigkeit und Außergewöhnlichkeit um jeden Preis zu verteidigen, da diese selbst geschwächt werden können, indem in ein und demselben Museum die Erfahrungen anderer Völker gezeigt werden, die ebenfalls während des Zweiten Weltkriegs gekämpft und gelitten haben.
Ein anderes frappierendes Merkmal der Angriffe auf das Museum war die Ablehnung der zivilen Lebenswelten bei der Darstellung

der Kriegserfahrungen, die etwas Schlechteres, weniger Wichtiges seien als das Schicksal der Soldaten, das in der Ausstellung ja auch gezeigt wird. Einerseits ist das in einem Land verblüffend, das so schreckliche zivile Opfer erlitten hat und dessen Kriegserinnerung bis heute gerade durch die Erfahrungen der Zivilbevölkerung geprägt ist. Das demonstrieren die umfassenden soziologischen Untersuchungen, die vom Museum des Zweiten Weltkriegs 2009 in Auftrag gegeben wurden. Insofern ist die polnische Kriegserinnerung eine ganz andere als die Erinnerung etwa in Amerika, denn unter den dortigen Opfern gab es – abgesehen von zahlenmäßig relativ geringen Opfergruppen wie in Pearl Harbor und in den japanischen Lagern – nur wenige Zivilisten. Man erinnert sich dort fast ausschließlich an den Krieg im Pazifik und in Europa, was sich an der Gestaltung des Museums des Zweiten Weltkriegs in New Orleans zeigt.

Andererseits spiegelt diese Geringschätzung der Perspektive der Zivilbevölkerung die in Polen gefestigte Überzeugung wider, dass der militärisch-aufständische Teil unserer Tradition wichtiger und wertvoller sei als andere, »zivilere« Formen des Dienstes für Vaterland und nationale Gemeinschaft. Im 19. Jahrhundert war dies der klassische Streit zwischen den Anhängern des Aufbegehrens und denjenigen, die sich für eine »organische Arbeit« einsetzten. Wenn man über die Erfahrungen des letzten Kriegs spricht, so kann man kaum von einem so eindeutigen Dilemma sprechen. Im Übrigen waren die gesellschaftlichen Einstellungen in der Teilungszeit nie bipolar; die Aufstandsveteranen wurden oft zu begeisterten Anhängern einer positivistischen Aufbauarbeit.

Was nun den Zweiten Weltkrieg und den polnischen Widerstand betrifft, so ist wohl am wichtigsten, dass wir uns nicht nur an die Soldaten erinnern, sondern auch an das Phänomen des sich selbst organisierenden Polnischen Untergrundstaates, der demokratisch, politisch und weltanschaulich pluralistisch war und an dem sich mehrere Hunderttausend Menschen beteiligten. Wenn wir die Teilnahme am geheimen Bildungswesen hinzuzählen, vergrößert sich diese Zahl weiter. Die Erzählung über den Polnischen Untergrundstaat ist im Museum des Zweiten Weltkriegs sehr ausgebaut, sie ist eine der wichtigsten Abteilungen der Ausstellung. Doch hat das nicht die Aufmerksamkeit der rechten Kritiker gefunden, die wie ein Mantra wiederholten, dass sie mehr über Soldaten haben wollen, aber auch über das »Stählen von Charakteren« im Krieg. Ich denke jedoch, dass die Millionen von Menschen, die die Ausstellung besuchen werden, das Museum – sofern keine großen Veränderungen vorgenommen werden – mit einem viel umfassenderen, reicheren Bild über das polnische Schicksal im Krieg verlassen, das die ausgetretenen Wege verlässt. Vielleicht wird es zum Anstoß für eine vertiefte Reflexion sowohl über die Vergangenheit als auch über die Gegenwart, darüber, wie das Ethos der Arbeit für das Gemeinwohl nicht nur unter Kriegsumständen zu verstehen ist. Genauso lässt sich das Nachdenken darüber, was Krieg bedeutet, wie die mit ihm einhergehende Gewalt, wie Leiden, wie Heldentum zu verstehen ist, kaum in einfachen, erbaulichen Formeln fassen. Wer die Ausstellung besucht, wird selbst nach Antworten suchen.

Die dritte Dimension des Streits um das Museum ist das beispiellose Eingreifen von Politikern in die Form und das Schicksal eines Museums. Das Wesen des demokratischen Rechtsstaates, dessen wir uns nach 1989 erfreuten, war die Autonomie von Geschichte und Politik gegenüber den Regierenden. Die hartnäckige Kampagne gegen das Museum des Zweiten Weltkriegs, die von der Regierung und der Regierungspartei betrieben wurde, verletzt diese Werte und nähert uns an Verhaltensstandards aus der Volksrepublik Polen oder aus dem gegenwärtigen Russland von Wladimir Putin an. Dort gibt es den bereits berichteten Fall, dass die Behörden das dem Gulag gewidmete Museum in Perm geschlossen haben, und an derselben Stelle eine neue Institution mit einer neuen Ausstellung eröffneten, die all dem widerspricht, was zuvor von ehemaligen Häftlingen und der gesellschaftlichen Organisation »Memorial« geschaffen worden war. Außerdem wurde »Memorial« beschuldigt, ein »Agent des Auslands« zu sein. Im demokratischen Polen hat es nie zuvor ein so weitreichendes Eingreifen der Politiker in den Bereich der Geschichte gegeben, nie wurden so drastische Maßnahmen gegen Kultureinrichtungen vorgenommen. Wenn der Kulturminister im Parlament erklärt, die gewonnenen Wahlen gäben der Regierungspartei das Mandat dazu, historische Ausstellungen zu verändern und Museen, die einem nicht gefallen, zu schließen, so entsteht ein Präzedenzfall, der nach jedem weiteren Machtwechsel Nachahmung finden kann. Die Geschichte und die Kultur werden politisiert und instrumentalisiert, ja sogar »verparteilicht«.

Meiner Überzeugung nach kann man nach dem, was geschehen ist, nicht mehr von einer Geschichtspolitik sprechen, die im Interesse des polnischen Staates betrieben wird. Die Regierung der PiS hat sich mit großer Heftigkeit und Energie, mit einer Gewissheit, die bessere Ziele verdient hätte, angestrengt, die Eröffnung des größten Geschichtsmuseums in Polen zu verhindern. Eines der von Beginn an formulierten Ziele dieses Museums war es, der Welt die polnische Geschichte zu zeigen, aber auch sich mit Interpretationen der Geschichte kritisch auseinanderzusetzen, die die Umsiedlungen der Nachkriegszeit, vor allem von Deutschen, ins Zentrum der Aufmerksamkeit stellten. Das Museum des Zweiten Weltkriegs wurde eröffnet, noch ehe es gelang, in Berlin das den »Vertreibungen« gewidmete Museum zu eröffnen (das »Sichtbare Zeichen«), das in der polnischen Öffentlichkeit so große Unruhe hervorgerufen hatte. Anstatt das Danziger Museum zu unterstützen, nennen es die polnische Regierung und die Regierungspartei einen Bestandteil »deutscher Geschichtspolitik«. Das ist jenseits allen Anstands, aber auch allen rationalen Denkens, ganz zu schweigen vom Handeln im Namen des Gemeinwohls. Vom einstigen Konzept einer Geschichtspolitik, wie es von konservativen Intellektuellen zu Beginn des 21. Jahrhunderts formuliert worden war, sind nur rauchende Trümmer geblieben, vielleicht eine Karikatur. Anstatt die nationale Gemeinschaft zu stärken wird sie nun gespalten, interne Feinde werden zerstört – dazu dient nun die Geschichte.

Alles dies beschädigt auch den elementaren Pluralismus, ohne den ein demokratischer Raum nicht bestehen kann. Den Kritikern des Weltkriegsmuseums habe ich stets entgegengehalten, dass sie alles Recht der Welt hätten, andere, eigene Museen zu errichten, in denen sie andere Interpretationen des Kriegs und der polnischen Schicksale zeigen. Doch ist das nicht einfach, es bedarf hierfür Kompetenzen, schwerer Arbeit und Zeit. Man hat eine sehr gefährliche

Abkürzung gewählt. Anstatt eigene Institutionen zu schaffen, hat man beschlossen, die Arbeit von Menschen mit anderen Ansichten zu diskreditieren und zu zerstören, von Menschen, die stigmatisiert, ja geradezu aus der nationalen Gemeinschaft ausgeschlossen werden. Das ist ein im Grunde autoritäres Vorgehen. Die historischen Museen in Polen sollen die Sicht der Regierungspartei widerspiegeln, für andere kann es im öffentlichen Raum keinen Platz mehr geben. Aber kann eine solche »gesellschaftliche Ingenieurskunst«, eine Operation des Verstandes, gelingen, nachdem sich die Regierenden weitere Museen mit »unangemessenen« Ausstellungen »unterworfen« haben, die nicht von den »eigenen« Leuten geschaffen wurden, und mit der Zeit auch noch viele weitere Kultureinrichtungen?

Ich hege ernstliche Zweifel. Das hat noch nicht einmal in der Volksrepublik Polen funktioniert, in der schon nach 1956 die Regierenden auf konsequente Versuche einer ideologischen Vereinheitlichung verzichteten und im Bereich der Kultur die Existenz eines beschränkten pluralistischen Raums zuließen, in einigen Aspekten gab es sogar Freiheit. Józef Tejchma, der – ebenso wie heute Piotr Gliński – Kulturminister und zugleich stellvertretender Ministerpräsident war, ermöglichte es in den 1970er Jahren Andrzej Wajda, den *Mann aus Marmor* zu drehen. Seine Genossen hielten den Film für »umstürzlerisch« und ließen ihn nicht für den normalen Verleih zu, doch wurden seine Kopien nicht zerstört. Er wurde dann Teil des polnischen Filmkanons, zu einer wahren Legende. So gesehen ist der Eifer bei der Gleichschaltung der polnischen Geschichte und Kultur etwas Neues, was in Polen nach dem Sturz des Kommunismus ohne Beispiel ist.

Selbst wenn aber auf Anordnung der Regierenden die Ausstellung im Museum des Zweiten Weltkriegs weiter verändert wird, so wird sie doch schon von mehreren Hunderttausend Menschen besucht worden sein; Millionen haben den Streit um das Museum verfolgt. Eine derartige Bewegung zu seiner Verteidigung hatte es in Polen nie zuvor gegeben. Obwohl vom Kulturminister als Außenstehende verachtet, sind die Menschen, die sich dafür engagieren, Teil der polnischen Gesellschaft, für die die im Weltkriegsmuseum gestellten Fragen wichtig sind. Sie verteidigen eine Interpretation polnischer Identität, die sich ständig darum bemüht, die eigene Vergangenheit und das eigene Selbstverständnis zu begreifen und die sich nicht den Erfahrungen anderer Nationen verschließt. Die Auseinandersetzung um das Museum ist eine neue Phase der Debatten um das Verständnis der polnischen Geschichte, der Tradition und des Patriotismus, aber auch der Frage, wie diese mit der Zugehörigkeit zu einer größeren menschlichen Gemeinschaft zu vereinbaren sind. Diese Fragen haben sich viele Generationen von Polen gestellt, sie haben uns zu denen gemacht, die wir heute sind.

Abbildungen

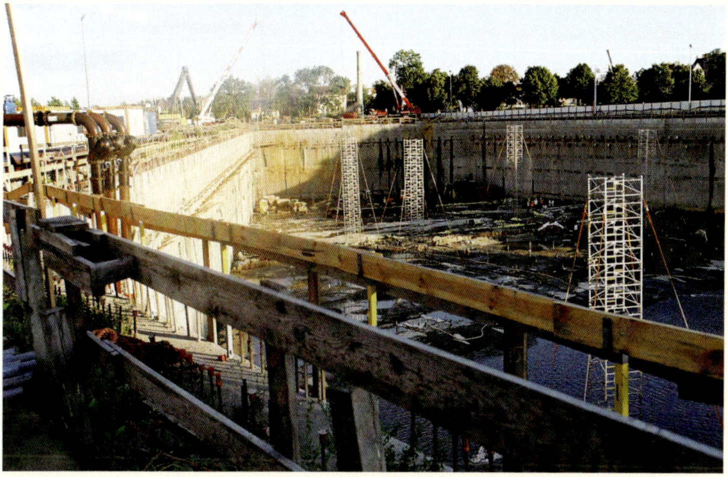

Abb. 1
Die Baugrube des Museums ließ Ende 2014 erkennen, welch große Dimensionen das Gebäude haben würde. Foto: Anna Machcewicz

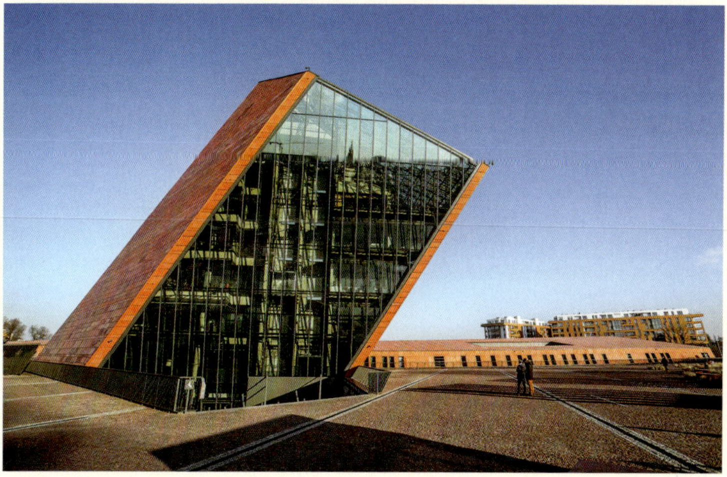

Abb. 2
Der aus dem Boden ragende Keil des Museumsgebäudes prägt seit kurzem die Danziger Stadtlandschaft. Foto: Dominik Jagodziński

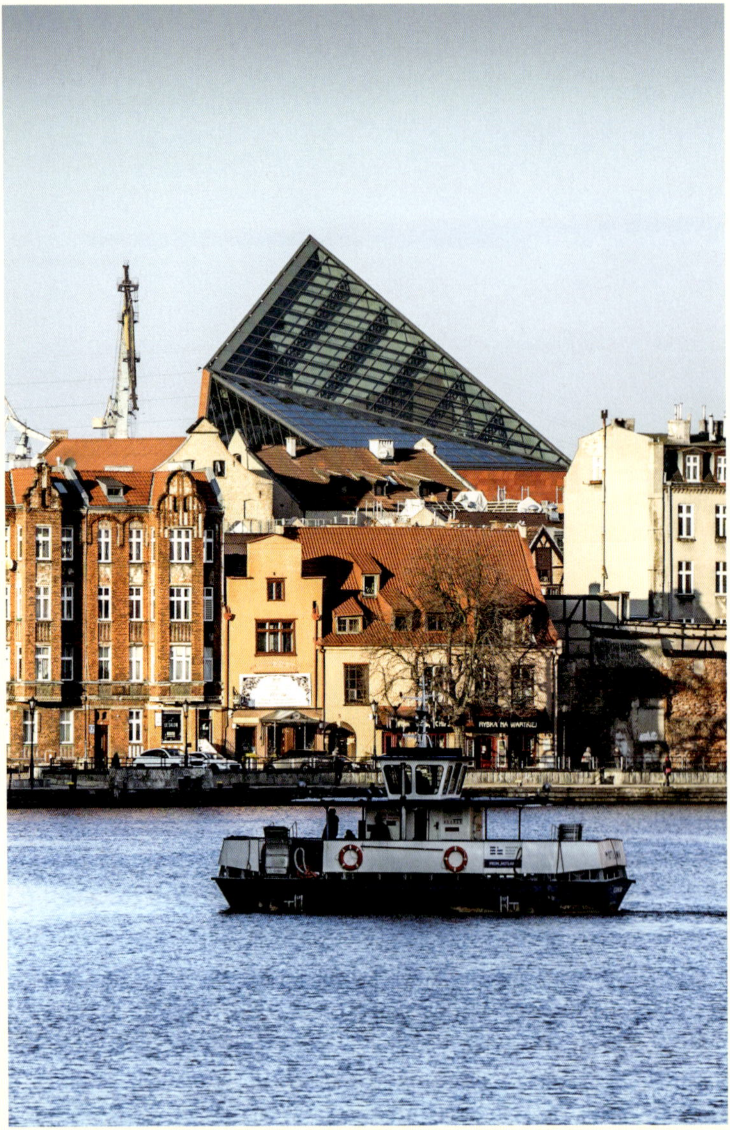

Abb. 3
Auch von der historischen Innenstadt aus ist das Museum gut zu sehen.
Foto: Dominik Jagodziński

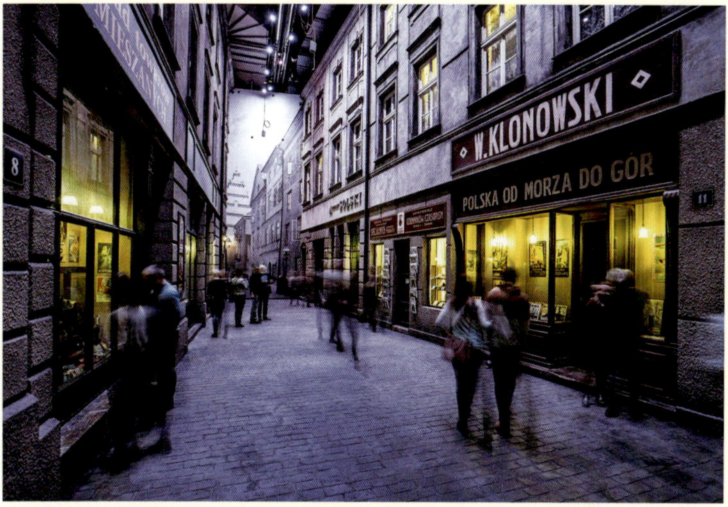

Abb. 4
Eine Warschauer Straße vor dem Zweiten Weltkrieg als Teil der Museumsausstellung
Foto: Dominik Jagodziński

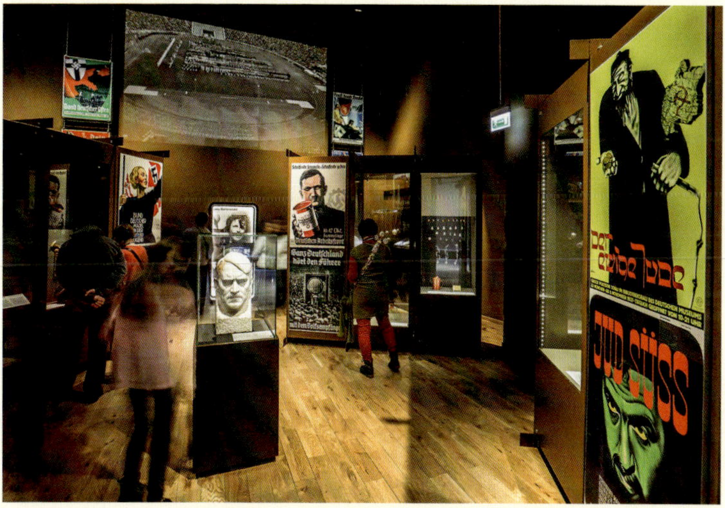

Abb. 5
Der Aufstieg des Nationalsozialismus. In der Glasvitrine ein von Josef Thorak geschaffener Hitlerkopf, der 2015 in Danzig gefunden wurde. Foto: Dominik Jagodziński

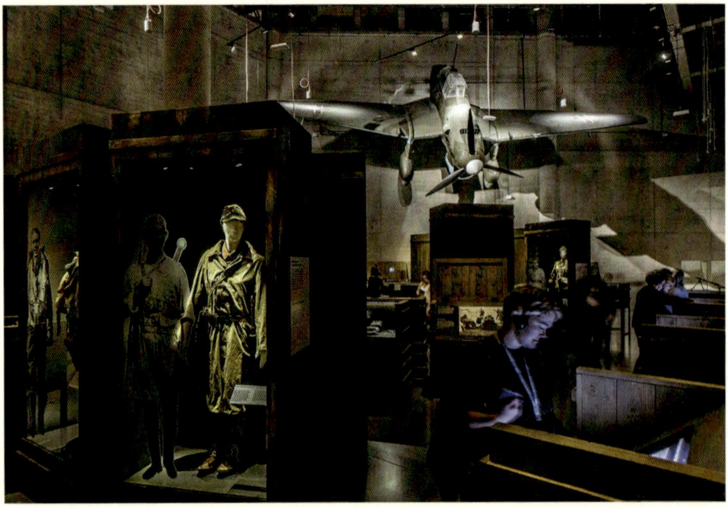

Abb. 6
Ein Saal beschäftigt sich mit Militärtechnik, Uniformen und Soldatenleben. Foto: Dominik Jagodziński

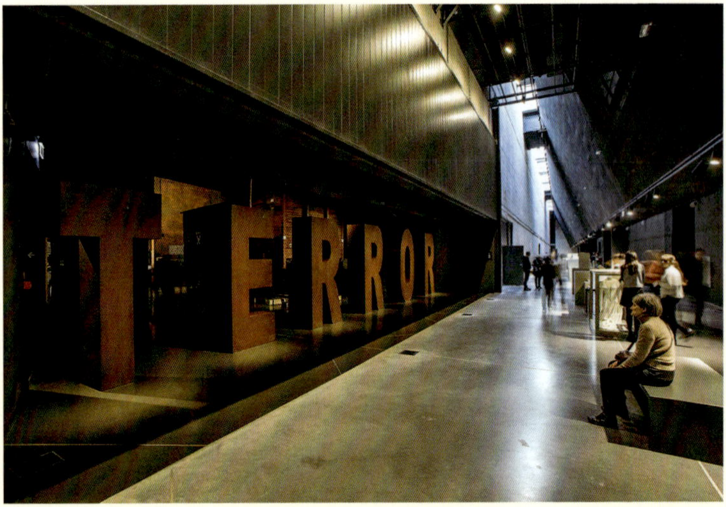

Abb. 7
Die Besucher laufen von der Hauptachse der Ausstellung durch große Buchstaben, die das Wort »Terror« formen. Foto: Dominik Jagodziński

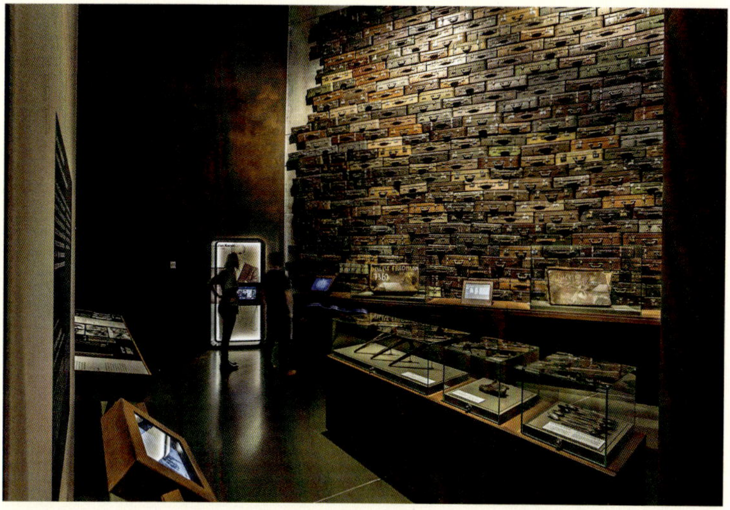

Abb. 8
In der Abteilung über den Holocaust wird u.a. symbolisch eine Wand mit leeren Koffern präsentiert. Foto: Dominik Jagodziński

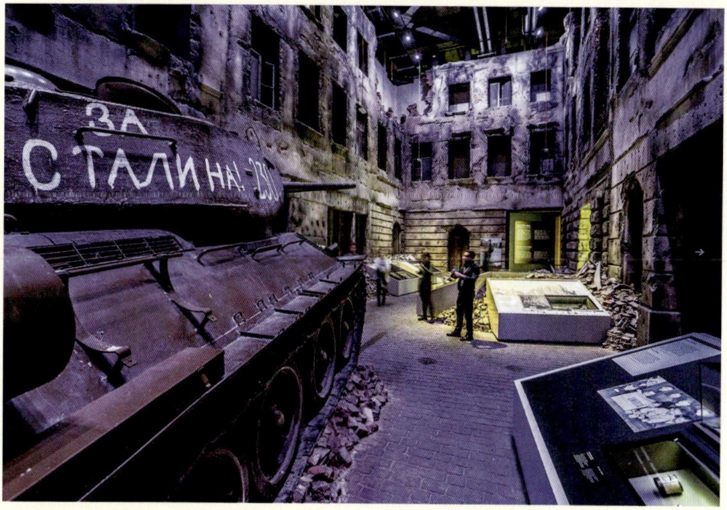

Abb. 9
Eine zerstörte Straße im Jahr 1945 mit einem sowjetischen T-34-Panzer
Foto: Dominik Jagodziński

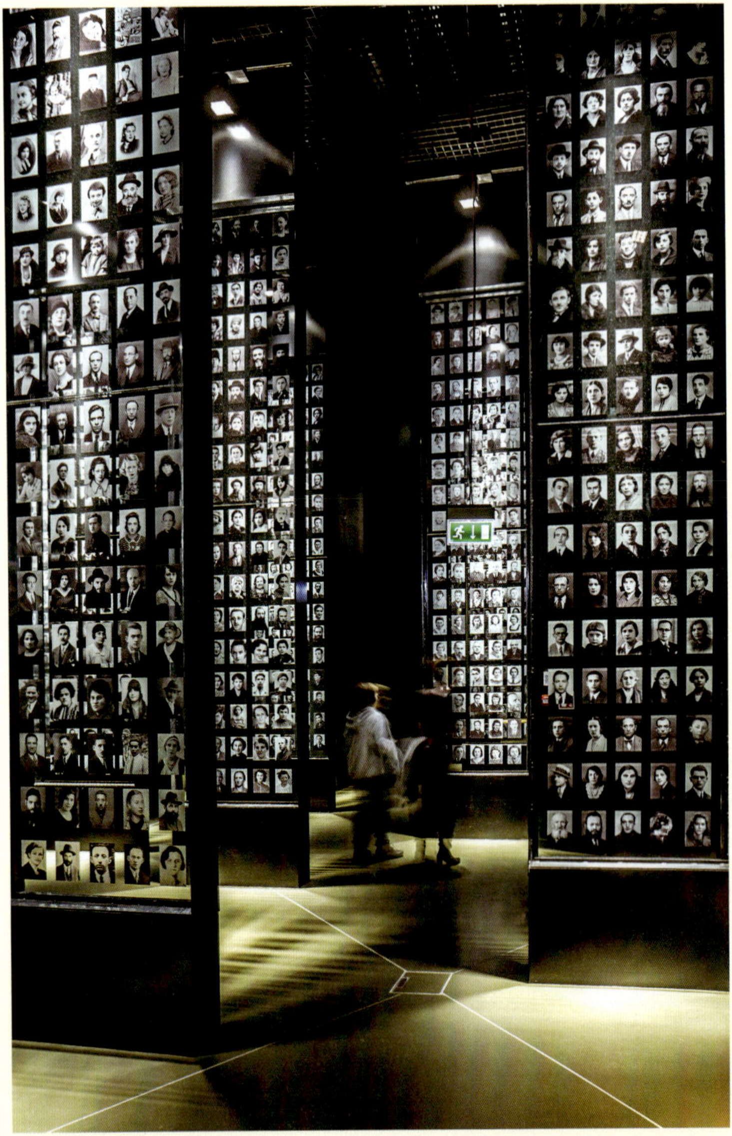

Abb. 10
Im Museum kommen die einfachen Menschen zu Wort
Bilderwände mit Opfern des Holocaust. Foto: Dominik Jagodziński

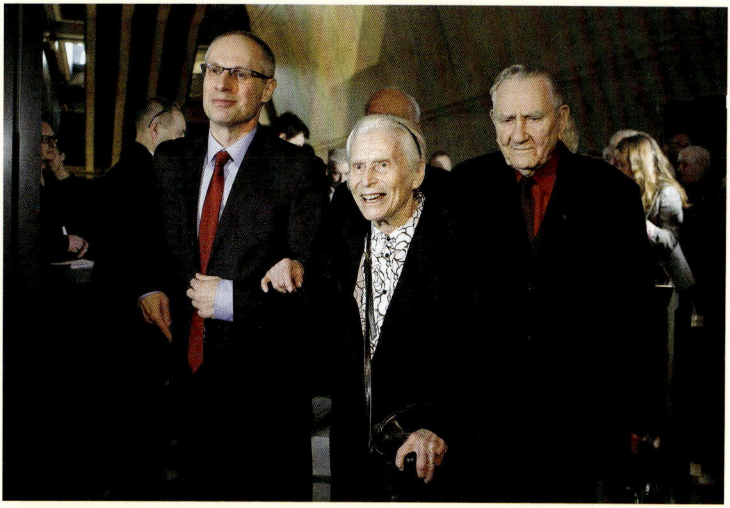

Abb. 11
Der damalige Museumsdirektor Paweł Machcewicz eröffnet zusammen mit der 96 Jahre alten Joanna Muszkowska-Penson das Museum, 23. März 2017.
Foto: Jan Rusek / Agencja Gazeta

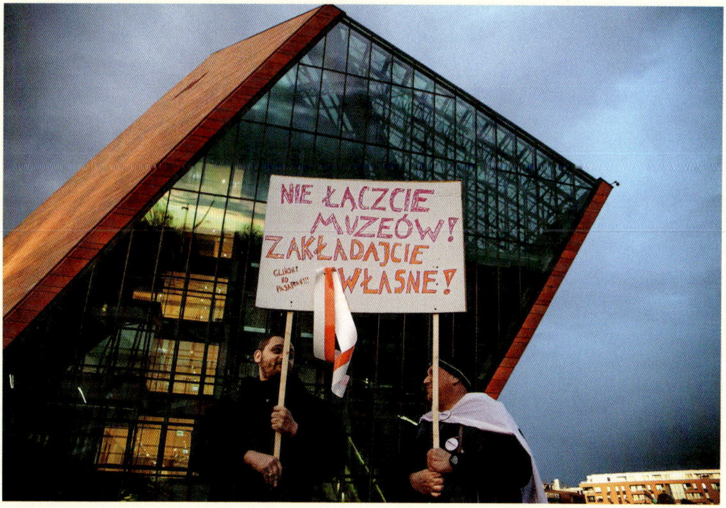

Abb. 12
Protest gegen die Übernahme des Museums durch die Regierung der PiS, 5. April 2017
Aufschrift: »Vereint keine Museen! Gründet eigene!«
Foto: Renata Dąbrowska / Agencja Gazeta

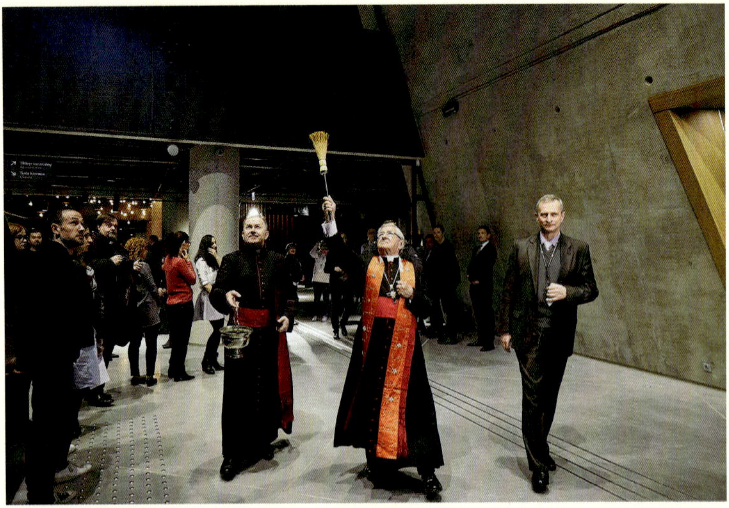

Abb. 13
Der Danziger Erzbischof Sławoj Leszek Głódź weiht auf Einladung der neuen Direktion das Museum, 8. Mai 2017. Foto: Kosycarz Foto Press

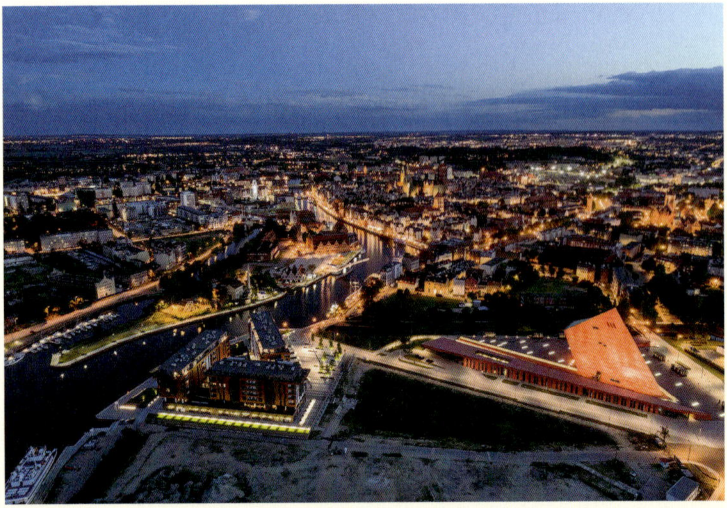

Abb. 14
Das Museum in der Abendstimmung am Rande der historischen Innenstadt
Foto: Kosycarz Foto Press

Bibliographie

Gail Anderson (Hg.):
Reinventing the Museum. Historical and Contemporary Perspectives on the Paradigm Shift. Walnut Creek 2004.

Manuel Becker:
Geschichtspolitik in der »Berliner Republik«. Konzeptionen und Kontroversen. Wiesbaden 2013.

Lena Cichocka, Agnieszka Panecka u.a. (Hg.):
Polityka historyczna. Historycy – politycy – prasa [Geschichtspolitik. Historiker – Politiker – Presse]. Warszawa 2005.

Bohdan Cywiński:
Rodowody niepokornych [Genealogie der Unbeugsamen]. Warszawa 2010.

Raul Hilberg:
Perpetrators, Victims, Bystanders. The Jewish Catastrophe 1933–1945. New York 1992.

Maria Janion:
Die Polen und ihre Vampire. Studien zur Kritik kultureller Phantasmen. Herausgegeben und mit einer Einführung von Magdalena Marszałek. Aus dem Polnischen von Bernhard Hartmann und Thomas Weiler. Berlin 2014.

Jerzy Jedlicki:
Jakiej cywilizacji Polacy potrzebują. Studia z dziejów idei i wyobraźni XIX wieku [Welche Zivilisation brauchen die Polen? Studien zur Ideengeschichte des 19. Jahrhunderts]. Warszawa 1988.

Robert Kostro, Tomasz Merta (Hg.):
Pamięć i odpowiedzialność [Erinnerung und Verantwortung]. Kraków, Wrocław 2005.

Piotr T. Kwiatkowski, Lech M. Nijakowski, Barbara Szacka, Andrzej Szpociński (Hg.):
Między codziennością a wielką historią. Druga wojna światowa w pamięci zbiorowej społeczeństwa polskiego [Zwischen Alltag und großer Geschichte. Der Zweite Weltkrieg im kollektiven Gedächtnis der polnischen Gesellschaft]. Gdańsk, Warszawa 2010.

Edward T. Linenthal:
Preserving Memory. The Struggle to Create America's Holocaust Museum. New York 2001.

Tomasz Łubieński:
Ani triumf, ani zgon [Weder Triumph noch Tod]. Warszawa 2004.

Muzeum II Wojny Światowej w Gdańsku (Hg.):
Międzynarodowy konkurs architektoniczny [Internationaler Architekturwettbewerb]. Gdańsk 2010.

Piotr Osęka:
Syjoniści, inspiratorzy, wichrzyciele. Obraz wroga w propagandzie marca 1968 [Zionisten, Inspiratoren, Unruhestifter. Das Feindbild in der Propaganda vom März 1968]. Warszawa 1999.

Robin Ostow (Hg.):
(Re)Visualizing National History. Toronto 2008.

Caroline Joan (Kay) S. Picart, David A. Frank:
Frames of Evil. The Holocaust as Horror in American Film. Carbondale 2006.

Piotr Piotrowski:
Muzeum krytyczne [Das kritische Museum]. Poznań 2011.

Tadeusz Rutkowski:
Adam Bromberg i »encyklopedyści«. Kartka z dziejów inteligencji w PRL [Adam Bromberg und die »Enzyklopädisten«. Eine Seite der Geschichte der Intelligenz in der Volksrepublik Polen]. Warszawa 2010.

Zofia Stefanowska (Hg.):
Swojskość i cudzoziemszczyzna w dziejach kultury polskiej [Das Eigene und das Fremde in der Geschichte der polnischen Kultur]. Warszawa 1973.

Tomasz Szlendak (Hg.):
Dziedzictwo w akcji. Rekonstrukcja historyczna jako sposób uczestnictwa w kulturze [Erbe in Aktion. Historisches Reenactment als Möglichkeit der kulturellen Teilhabe]. Warszawa 2012.

Paul Williams:
Memorial Museums. The Global Rush to Commemorate Atrocities. Oxford, New York 2007.

Rafał Wnuk, Paweł Machcewicz, Oliwia Gałka-Olejko, Łukasz Jasiński (Mitarbeit: Jan Daniluk):
Museum of the Second World War. Catalogue of the permament exhibition. Gdańsk 2016.

Edgar Wolfrum:
Geschichtspolitik in der Bundesrepublik. Der Weg zur bundesrepublikanischen Erinnerung 1948–1990. Darmstadt 1999.

Anna Ziębińska-Witek:
Historia w muzeach. Studium ekspozycji Holokaustu [Geschichte in Museen. Eine Studie über die Ausstellung des Holocaust]. Lublin 2011.

Personenregister

Polnische Profile

Herausgegeben von Dieter Bingen und Peter Oliver Loew

1: Maria Jarosz

Spannende Zeiten

Aus dem Leben einer polnischen Soziologin

2013. X, 204 Seiten, 18 Abb., br
135x200 mm
ISBN 978-3-447-10024-3 *€ 24,– (D)*

Spannende Zeiten: Die polnische Soziologin Maria Jarosz beschreibt ihr Leben zwischen den Ghettoerfahrungen als Kind und der wissenschaftlichen Karriere, zwischen den Freuden an der Forschung und den Schrecken der Wissenschaftsorganisation im kommunistischen Staat, zwischen Inklusion und Exklusion. Dabei analysiert sie en passant Mechanismen realsozialistischer Lebenswirklichkeit und wirft einen durchaus kritischen Blick auf die Transformationszeit.

Maria Jarosz, geboren 1931, gehört zu den führenden Vertreterinnen der polnischen Soziologie. Sie ist Professorin am Institut für Politische Studien der Polnischen Akademie der Wissenschaften sowie Autorin und Herausgeberin zahlreicher Bücher.

„Die Beschreibung von Ereignissen aus dem persönlichen Leben der Autorin (...) – das sind die bisweilen erschütternden, bisweilen paradoxen und lustigen Erinnerungen eines Menschen, der zunächst vor allem um sein Leben gekämpft hat und später um die wissenschaftliche Wahrheit.“ *Cezary Kosikowski, Państwo i Prawo*

2: Sławomira Walczewska

Damen, Ritter und Feministinnen

Zum Frauenrechtsdiskurs in Polen
Mit einem Vorwort von Claudia Kraft und Sigrid Metz-Göckel sowie einem Nachwort der Verfasserin
Aus dem Polnischen von Ursula Kiermeier

2015. XXI, 212 Seiten, br
135x200 mm
ISBN 978-3-447-10395-4 *€ 22,– (D)*

Woher kommt die polnische Frauenbewegung und wo steht sie heute? Sławomira Walczewska schildert in ihrem streitbaren Essay Geschichte und Gegenwart der Frauenemanzipation in Polen von den Vorreiterinnen des 19. Jahrhunderts bis zu den sehr kontroversen Ergebnissen der sozialistischen „Gleichberechtigung“ der Geschlechter und den Veränderungen nach dem demokratischen Umbruch. Ihr für den wichtigsten polnischen Literaturpreis *Nike* nominiertes Buch gehört in Polen heute schon zu den modernen Klassikern der feministischen Literatur. Für die deutsche Fassung wurde der Text aktualisiert, ergänzt sowie mit einer Einleitung von Claudia Kraft und Sigrid Metz-Göckel versehen.

„‚Damen, Ritter und Feministinnen‘ ist die erste so umfassende Darstellung zur Geschichte der erwachenden ‚Selbständigkeit‘ der Frauen – und kann gar nicht hoch genug eingeschätzt werden. (...) Die Verfasserin zeigt hervorragend, wie paradox der Emanzipationsdiskurs ist – offen und verdeckt zugleich, zu den offiziellen Sprachregelungen passend und dabei auch vollkommen revolutionär.“ *Inga Iwasiów*

„Großartige Fragmente über das ‚häusliche Matriarchat‘. Diese Abschnitte des Buches sind vom literarischen Standpunkt aus Essayistik erster Güte.“ *Michał Głowiński*

Polnische Profile

Herausgegeben von Dieter Bingen und Peter Oliver Loew

3: Zygmunt Mycielski

Ein Aristokrat im kommunistischen Polen

Tagebücher eines Komponisten 1950–1970

Herausgegeben von Matthias Barelkowski

2017. VI, 288 Seiten, 4 Abb., br
135x200 mm
ISBN 978-3-447-10887-4
⊙E-Book: ISBN 978-3-447-19672-7
je € 29,– (D)

Zygmunt Mycielski (1907–1987) war eine schillernde Persönlichkeit: Komponist und Spross einer hochadligen Familie, Musikpublizist und kritischer Beobachter seiner Gegenwart, weltläufiger Schöngeist und bekennender Homosexueller im kommunistischen Polen. Seine Tagebücher sind eine faszinierende Lektüre. Sie geben Einblicke in den schwierigen Alltag der 1950er und 1960er Jahre, kommentieren das überraschend vielfältige kulturelle Leben der Zeit und zeichnen das Lavieren eines Unangepassten nach, der sich seine Freiheiten trotz allgegenwärtiger Beschränkungen zu bewahren weiß. Nicht zuletzt lassen Mycielskis Beobachtungen und Selbstbeschreibungen die jüngere Vergangenheit Polens in einem neuen Licht erscheinen.

Band 3 der *Polnischen Profile* präsentiert die Tagebucheinträge dieses faszinierenden „Aristokraten im kommunistischen Polen". Die Texte wurden vom Herausgeber Matthias Barelkowski ausgewählt, übersetzt sowie mit einer Einführung und Anmerkungen versehen. Ein Personenregister erschließt den Band.

4: Danuta Gwizdalanka

Der Verführer

Karol Szymanowski und seine Musik

2017. VIII, 292 Seiten, 13 Abb., br
135x200 mm
ISBN 978-3-447-10888-1
⊙E-Book: ISBN 978-3-447-19673-4
je € 29,– (D)

„Wir wissen, daß Polen uns zwei große Menschen gab: den elegischen Ekstatiker Chopin und den ekstatischen Elegiker Szymanowsky. […] Seine Persönlichkeit ist unter den neuen Musikern die schärfst profilierte", schrieb 1920 der Musikkritiker Hans Heinz Stuckenschmidt. Danuta Gwizdalanka zeigt den Schöpfer der *Mythen* und der rätselhaften Oper *König Roger* in verschiedenen Rollen und Situationen: Mit der Familie – als liebender Sohn und fürsorglicher Bruder. Unter Freunden – immer in Erwartung von Interesse und Hilfe. Unter den ihn (vergebens) anhimmelnden Frauen – und im dionysischen Gefolge „wunderbarer Jünglinge". Diese Porträtgalerie wird ergänzt durch eine Darstellung seiner bedeutendsten Werke sowie eine Beschreibung seines verschlungenen künstlerischen Wegs, der vom Wiener Expressionismus über orientalisch inspirierte Sensibilität und in Byzanz wurzelndem Pathos bis hin zu einer Vitalität führte, mit der ihn die Bergbewohner der Tatra angesteckt hatten. Besonders ausführlich kommen zudem die langjährigen Kontakte Szymanowskis nach Deutschland zur Sprache – vom Debüt mit den Berliner Philharmonikern bis hin zur unfreiwilligen Verwicklung in den „Fall Furtwängler" dreißig Jahre später. Im Hintergrund der Erzählung über den narzisstischen Komponisten erstreckt sich das Panorama Europas in der ersten Hälfte des 20. Jahrhunderts, ein Kontinent der Kriege, Revolutionen und Grenzverschiebungen.

VERLAG PUBLISHERS
HARRASSOWITZ